刘国光

经济论著全集

（计划经济向商品经济和市场经济转型过渡时期的探索 1989—1990 年） 第 8 卷

知识产权出版社
全国百佳图书出版单位

目 录

总量上坚持紧缩　结构上抓紧调整[*]

——在《改革》杂志召开的中国改革
向何处去座谈会上的讲话
（1989年2月）

　　当前，在治理经济环境的过程中，我们再一次遇到了一个"两难"问题：坚持紧缩，就会加剧资金周转困难，造成流通的梗阻和生产的"滑坡"；放弃紧缩，新一轮的通货膨胀就会如脱缰的野马，难以收拾。怎么办？看来唯一的办法就是总量上坚持紧缩，结构上抓紧调整。这个说来并不新鲜，但要真正做到，还需很大的决心，花很大的力气。

　　其实，这个"两难"问题，我们也不是头一回碰到。1985年采取紧缩政策后，1986年年初就碰上这个问题。那时总量紧缩的方针，坚持不下去了。因为流通领域、生产领域发生的困难，招来一片叫唤声。当时，理论界也叫唤，有人危言耸听，说什么紧缩政策造成了多少亿多少亿国民收入的损失。地方、部门、企业，在周转的困难中，叫喊得更加厉害。于是银根全面放松，结果导致了后来通货膨胀日益加剧的局面。我看，这类叫唤，这次也要起来，而且声音会越来越大，就看我们在这种压力面前是否动摇，能不能挺住了。如果挺不住，那么，1986年年初的故事就要重演，新一轮更加激烈的通货膨胀必将勃起，而且，由于没有抓紧时机对不合理的、低效的经济结构进行大的调整，经济机体

＊　原载《改革》1989年第2期。

的沉疴必将在持续的通货膨胀中加重加剧，有可能演变为长期滞胀。那当然是我们不愿意看到的。

要成功地在总量上坚持紧缩，就必须利用总量紧缩的时机，抓紧结构调整。上次紧缩方针之所以夭折，原因之一在于"一刀切"，没有同时抓紧结构调整。本来，经济紧缩时期，也是结构调整的有利时机。西方市场经济通常也在经济周期的低谷阶段进行大的经济调整，大量淘汰经济中的肿胀、低效部分，那是自然淘汰的过程。我们是公有制为主体的经济，为什么不能利用当前紧缩的大好时机，对不合理的、肿胀的、低效的经济结构，进行有意识、有计划的调整呢？

现在好像并没有人反对结构调整，讲结构调整的话也不少听见。但是人们对于结构调整要付出巨大代价、要承受巨大牺牲这一点，似乎认识不足，心理准备不足。要知道，不挤掉膨胀多年积累起来的大小脓包，不淘汰一大批重复建设重复引进的项目和一大批浪费能源、资源、低效、无效的企业，就不可能在总量紧缩的前提下，保证那些真正的有效供给和高效供给不致"滑坡"并能有所增长，进而优化生产结构，使之走向合理化、高效化的道路。总而言之，只有让该垮的垮掉，才能把该保的保住，该促的促上。不付出相当的代价，是难以成功地走出低谷的。但是现在似乎有一种心态，那就是：最好不要伤筋动骨，大家都平平安安，舒舒服服，在歌舞升平的繁荣景象中度过这个低谷。他们看不到繁荣中的浮肿和水分，不想触动那些肿瘤，特别是自己身上的肿瘤。这样哪能治好环境、整好秩序，走出低谷呢？现在需要的，是从上到下，都要树立一种认识，就是要准备度过一段相当艰苦的日子，可以说是渡过一个难关，两三年内全民都要自觉承受紧缩带来的困难，包括实际生活水平可能暂时下降，共渡难关，这样，中央治理经济环境的决策才能得到真正的落实；舒舒服服是过不去这一关的。然而，目前大家普遍缺乏这种意识，不少人以为目前的困难只要磨蹭一下就能挺过去，这种心态很令人担忧。在这种心态支配下，对于治理和整顿，就会有令不行、有禁不止，上有政策、下有对策。比如社会集团消费，1988年计划压缩20%，实际执行结果比前年还增长了20%多。如果各项紧缩措施照此执行，整治的前景就很堪虞了。所以，舒舒服服过低谷这一心态，非改变不可。全民承受暂时牺牲准备共渡难关的意识，非树不可。

当然，总量上坚持紧缩，结构上抓紧调整，需要许多配套的政策措施，有许多操作性的具体问题要解决。但是，最重要的还是对治理和整顿要有毫不动摇的决心和韧性。如果上上下下都有此决心和韧性，对整治经济的重大意义有充分认识，对付出代价共渡难关有充分的思想准备，再加上政策措施配套对头，那么，经过两三年切实的努力，我们一定能够完成中央提出的治理和整顿的任务，把中国的改革开放事业推向前进。

消除经济过热要加强和
改善宏观管理[*]

——《中国计划管理》杂志记者专访
（1989年2月）

　　从体制上来说，我国目前正处在新旧体制并存时期，而传统经济体制中本身就存在需求扩张和投资饥渴，存在一种促使经济过热、增长过快的倾向。在旧体制向新体制过渡时期，这种倾向得到了进一步的强化。因为随着投资权力的下放，投资渠道的增多，从中受益的地方和企业，并未形成新的自我约束机制，还是软预算、大锅饭。这就不可避免地助长了经济过热的势头。加上社会集团消费膨胀，结果使社会总需求远大于总供给，引发了严重的通货膨胀。

　　同时，造成经济增长过热也有宏观管理问题，还有经济发展战略问题。我们在发展与改革方面，有些急于求成，改革要快，发展也要快。当然，每年工业发展计划指标并不高，但实际上超过很多。有人说这是客观原因造成的。其实，如果我们在财政信贷和货币发行上，采取克制的紧缩方针，着眼于今后长期稳定的发展，还是能控制经济增长过热的。

　　我国在宏观经济管理方面，是有一些值得认真吸取的经验教训的。

---

[*]　本文系《中国计划管理》杂志记者平鸿丰专访，发表于该刊1989年第2期。

比如说，乡镇企业的发展是件好事，它可以促进我国从二元经济结构向一元结构转化，促进我国工业化、现代化建设。这几年，乡镇企业已经吸收农业劳动力7 000万人，取得了很大的成绩。但乡镇企业发展上也存在着一些问题。如规模上大了一些，结构上也不尽合理，而且浪费大、技术差、效益低。如果我们一开始在宏观上能控制乡镇企业发展的规模，少转移一两千万人，在结构上给予合理指导，乡镇企业的发展可能会更合理，更好一些。

还有，沿海地区利用自身优势，发展外向型经济是正确的，但不宜一哄而起，应控制总的发展规模，做到适度发展。近两年我国出口总值占国民生产总值的比重，比一些发达国家还高。这是不是恰当，值得研究。出口换汇是必要的，但我国原材料短缺，很多国内急需的物资，拿出去换外汇，这恐怕不一定合适。

总之，我们搞沿海地区发展战略也好，发展乡镇企业也好，方向是对的，但应同时注意控制发展规模和速度。这样才有利于改革与发展。

为什么我们在改革与发展上总是急于求成呢？刘国光同志认为，这和我们不重视研究改革与发展的关系，不重视为改革创造一个良好的经济环境有关。他说，创造一个有利于改革进展的经济环境，本来对这个问题大家认识上比较一致，但近几年这个问题不被重视。有一种观点认为改革只能在紧张环境中进行，还有的同志宣扬"赤字财政"无害，通货膨胀有益。不能不认为这对宏观决策和宏观管理产生了一些不利的影响。年年喊压缩固定资产投资规模、压缩总需求，有时也确实在生产困难、资金紧张时，抓一下经济过热问题，但由于理论上对这个问题没有清醒的认识，所以，经济过热问题始终没有得到根本解决。

现在，中共十三届三中全会提出了治理经济环境、整顿经济秩序、全面深化改革的方针，这是非常正确的，表明我们已经开始重视经济环境和经济秩序问题。这应当成为我们认识上的一个转折点。

消除经济过热，抑制通货膨胀，在当前主要是加强和改善宏观管理。因为，对于原有体制上需求扩张的毛病，通过深化改革来解决，不是很快能奏效的。而加强和改善宏观经济管理，一个重要前提是要重新认识发展与改革的关系，确立为改革创造一个良好的经济环境的方针。良好的经济环境，根本一点就是要使总需求和总供给保持大体平衡。这应该成为治理、整顿的一个目标，因为改革只能在社会总需求与总供给大体平衡的环境中进行。

如何看待在治理、整顿中较多地采取行政手段问题，刘国光同志对此谈了他的看法。在治理、整顿中，为了压缩固定资产投资规模，压缩社会集团消费，甚至为了冻结某些物价，中央政府就是要收回一些权力，较多地采取一些行政手段。这是不可避免的，不能称之为"旧体制复归"。因为现在新的体制还未建立起来，间接控制手段基本上还不起多大作用，不采用行政手段是不行的。在这种情况下，较多地采用一些行政手段，是为了稳定经济，为了给改革创造一个良好的环境。而且，改革的最终目的，也不是要完全废除行政手段。即使在发达的市场经济国家，有些行政手段也还是必要的。20世纪70年代初，美国的通货膨胀十分严重，当时的美国政府采取了冻结物价、冻结工资的措施。实践证明这个行政手段如果用得妥当，还是有效的。在过渡时期特别是在当前的整治阶段，我们就更不能排除行政手段。

当然，我们在利用行政手段时，要做到心里有数，同时要注意尽量采用经济手段，使行政手段、经济手段和法律手段相结合。刘国光同志是主张尽量采取经济手段的。

如果把储蓄利率提高到物价上涨率之上，可以稳定消费者的心理，从而抑制消费，增加储蓄。贷款利率要相应提高，这可以限制住一部分无效低效投资。因为现在的利率实际上是负利率，这等于鼓励大家竞相投资。利率提高以后，效益真正高的企业可以承受，而低效的、浪费的、靠投机倒把来生存的企业，则可以被淘汰掉一部分，从而把产业结构和企业结构的调整向前推进一步。

如何保证治理、整顿能取得应有的成效问题有以下三点意见。

第一，要重视产业结构调整。结构调整只靠提高利率不行，还要相应实行正确的产业政策和财政政策。产业政策的实质就是鼓励或允许什么产业发展，不鼓励或不允许什么产业发展。因此，要按照产业发展序列，合理调整产业结构。由于我们目前的价格体系不合理，有的产业虽符合发展方向，但因行业性价格偏低，利率提高也可能危及这些产业的发展。所以，财政上还要采取如贴息等办法，支持这些产业的发展。

像挤脓包似的把低效企业挤掉，需要付出一定的代价和牺牲，经历一个痛苦的过程。市场经济国家在发生经济危机时，都是通过萧条阶段，淘汰掉一大批企业，使产业结构得到强制性的调整。但我们害怕倒闭和失业。我们不能怕这个东西。如果我们在调整过程中，既没有企业倒闭，也没有人员失业，那么，恐怕很难调整好产业结构，很难提高宏观经济的效率。当然，在调整中，我们也要采取一些办法，如鼓励企业之间的兼并，加快社会保障制度的建立等，来解决倒闭和失业问题。这也是一个重大的改革。

第二，正确认识我国目前总供给与总需求之间的关系。刘国光同志认为，总的来说，我国总供给不是不足，当然相对于需求来讲，供给确实是不足。然而，问题在于我们目前的需求是膨胀了的需求，是过度投资、过度消费造成的。因而，我们不能简单地得出我国供给不足的结论。速度是表现供给的，我们的工业增长速度，每年递增百分之十几，够高了。所谓供给不足，一方面是需求膨胀造成的，另一方面供给结构上是有问题的。比如像加工工业搞得过多，楼堂馆所建了不少，而原材料、能源、交通运输跟不上去。因而在调整结构时，就要压缩无效供给或低效供给，同时要努力把资源用到有效的短线产品中去。由于发展速度太高，超过我们资源的能力，因此，我们不能笼统地提倡增加总的供给，那等于要加热已经过热的经济。反之，总的供给要压缩，发展速度也要降下来，这样才有可能调整结构，增加真正的有效供给。

第三，坚定不移地贯彻执行十三届三中全会确定的正确方针，不能一遇困难就退缩或者是怀疑三中全会提出的方针。治理经济环境、整顿经济秩序，恐怕至少要花两年的时间，而现在实行紧缩的财政信贷政策，已经发生资金周转困难。1989年上半年，问题可能会更严重。因此，在这种情况下，我们要挺住，要坚决执行中央确定的调整方针。不能像1986年那样，先是实行紧缩的财政金融政策，一旦遇到困难，地方、部门、企业哇哇一叫，就马上统统放开，结果导致形成今天通货膨胀加剧的局面。

我们应当有思想准备，因为我们也许要度过一段相当困难的时期，可以说是渡过一个难关，全民要忍受紧缩带来的困难，共渡难关，舒舒服服是过不去这一关的。然而，目前大家普遍缺乏这种意识，这是很令人担忧的。

只要我们坚决执行中央确定的正确的方针，抓紧进行经济调整，深化改革，我们一定会度过眼前的困难时期，迎来能够促进经济持续稳定发展、有利于改革的经济环境。

私有化是不是中国的出路*

——《半月谈》记者专访

（1989年2月）

　　私有化是不是中国的出路？我可以肯定地说，不是。所谓"化"，即全面实行的意思。这样的私有化在中国是不可能行得通的。

　　我国过去是单一的国有化经济发展方向，小集体变大集体，大集体变国有，无论农村还是城市，都是这样。这无疑是一个僵化的经济模式。而我国今后所要建立的是有计划的商品经济，是以公有制为基础的市场取向型经济，在所有制结构上采取多种所有制混合结构比较适宜。在中国这样一个经济文化落后的大国搞私有化，只能重蹈印度经济走向官僚资本主义的覆辙，而我们知道印度经济是相当落后的，其发展比我国缓慢得多。目前我国市场经济还很不发达，而且民主和法制还很不成熟，在这样的经济政治的格局下实行私有化，势必助长官僚资本即权力与金钱的勾结和相互转化。在我国，权力与官倒的关系是一目了然的。无权力而有金钱的私倒，若不与权力结合，也难发大迹，即便不与大权结合也得与小实权结合，这样最终导致经济上的严重腐化，国家对整个经济失控。不要说有计划的商品经济无法建立，就是与西方的自由资本主义也相距甚远。

　　其次，在我们这样一个拥有十几亿人口的大国，国家不掌

* 原载《半月谈》1989年第4期。

握一定的经济实力是难以想象的。即使在私有化程度较高的英、法等国，也不是将所有企业都私有，国家仍然掌握相当实力的资产。企业效率的高低，与所有制形式没有必然的联系，有足够的例子可以证明，只要管理得当，国营企业也可以同私有企业一样经营得很好。当然，国营企业有一些掣肘因素，企业背着许多经营以外的包袱，这都会影响它的经营效果。但私有企业因经营不善而倒闭的也不在少数。关键是要建立平等竞争的市场机制，使国有、私有、合作经济都能够各施所长。实际上在美国、联邦德国、意大利等国家，有相当部分的企业既非完全国有也非完全私有，相当部分的企业资产属于代表公众利益的民间组织所有。随着经济形势的变化特别是各国政权的更迭，国有和私有往往是呈波浪状前进的，某个时期国有成分多一些，另个时期私有成分多一些，完全的国有化或私有化是没有的，也不大现实。

但总的来看，我国经济体制还需要向更多的市场取向型转化。在这个意义上讲，目前我国非公有经济成分在国民经济中所占比例还很小，远远不够，还需要大发展。在现有2%多涉私经济成分的基础上，可以再发展一些个体、私营经济，大中型企业可以搞股份制，包括吸收民间股份。今后我国应当建的是以公有制经济为主体的"混合经济"模式，既有国有经济，又有集体、合作经济，还有个体、私营经济。在微观上，企业内部及企业与企业之间也是这样，有私有股，也有国有、集体股，社团股。企业间的联合，事实上已出现国有与集体的联合，集体与个体的联合，中外合资企业等。这才是大趋势。

刘国光
经济论著全集

第
8
卷

经济形势、理论和政策*

（1989年2月）

　　为期四个多月的调整紧缩，已在某些方面初见成效，但从整体上看效果还不显著，离预期目标相距尚远。然而，已推出的调整紧缩措施似有疲软之势，不但企业因资金紧张①而要求放松信贷控制，而且经济理论界也开始出现了"防滑坡""反滞胀"的呼声，要求经济再一次"软着陆"。能否坚持已获初始效果的"治、整、改"方针，能否从根本上改变贪高求快的宏观指导思想，使改革和发展沿着"稳中求进"的路子走下去，不但对我们仍是一个严峻的考验，而且影响到从根本上突破"双轨制"的大步整体配套改革是否能在20世纪90年代上半期如期出台。我们认为，应当立足长远，认清形势，坚持"稳中求进"和供求管理相结合的既定策略，认认真真地搞好今明两年的调整治理工作，为制度创新式改革的大步推进创造一个比较有利的条件。

---

* 系刘国光主持的中国社会科学院经济学片形势分析小组的研究报告，由陈东琪根据讨论意见起草、刘国光修改定稿。

① 企业资金紧张并不是在1988年紧缩开始之后才出现的现象，而是由1988年7—8月份抢购以及居民对未来高通货膨胀的预期引起的。由于预期的作用，居民和企业都加速提款，以满足当前消费和进行实物储备，免受贬值之苦，这样，大量银行储蓄存款就转化成了居民手持现金，加剧了银行贷款资金的紧张；另一个原因是资金在银行外部的"体外循环"，而这也不是紧缩之后才有的现象。因此，不应把银行资金紧张归之于紧缩。

一、经济形势与我们的困难

1988年，我们在企业改革、沿海开放和经济实力的加强等方面都取得了很大成就，但也是改革时期继1984—1985年之后又一个高速增长、过热发展的年份。这种"高速""过热"主要表现在工业尤其是加工制造业超常规扩张，而农业与能源、原材料及运输等基础工业低速增长，这种产业、产品增长速度的强烈反差①，引致产业、产品结构进一步非均衡化。由工业尤其是加工制造业产值支撑的名义总供给虽然增加很多，但是由农业与能源、原材料及运输等基础工业提供的有效供给却相对较少。因能源增长跟不上工业扩张速度，至少全国约1/5的工厂将陷入停止开工或开工不足的状态。如果考虑到工业制造品质量下降的情形，单是工业制造品本身的有效供给与其名义总供给之间也是有很大差距的。这样综合考虑，全社会有效供给和有效需求之间的缺口要比统计上讲的2 243亿元这个数字更大。总之，经济系统中的有效供给不足，有效需求过旺，结构非均衡化，过强的市场压力，潜伏着的粮荒和能源恐慌，以及上上下下在数量上贪高求快的热情和冲动，并不亚于1958年和1978年，形成"三八"②式发展年份。

1988年第四季度推出的"治、整、改"措施，压基本建设投资，降低工业增长速度，控建楼堂馆所，抑制社会集团购买力，

---

① 1988年和1984年相比，工业总产值增长速度增加3.7个百分点（包括村以下工业），农业总产值增长速度减少10.3个百分点。1987年工农业增长速度比为3∶1，1988年猛然扩大到7∶1以上。粮食总产量由1984年正增长5.2%变成1988年的负增长2.3%。

② 系指1958年、1978年和1988年三个高速发展年份。1988年虽然与过去的"大跃进"和"洋跃进"不同，但在宏观指导思想上存在着急于求成，要求改革、开放和发展都想快的倾向。

以及治理流通秩序等，只是在一定程度上抑制了"过热"和膨胀升级的势头，因为时间短，经济系统反应的灵敏度低，以及一些地方和部门抱观望、等待、应付甚至抵触的态度，紧缩效果不明显，降温目标尚未实现。

常规经验表明，在竞争市场经济和集权计划经济的条件下，紧缩期为6—11个月一般就能取得预期效果。现在，由于新旧两重体制并存，加上"双向分权"改革在给企业部分放权的同时强化了地方分权，一方面中央政府集中控制能力减弱；另一方面规范式间接调节尤其是银行和法律调节的功能不强，就使得我们目前的紧缩可能要更长时间才能奏效。我们必须采取扎扎实实的措施和步骤给经济降温，下决心多花一点时间切脓包，割肿块。这就更需要我们冷静分析形势。

（一）工业高速走势仍很强劲

1988年第四季度虽然开始治理整顿工作，但经济过热现象并未消退。从1988年全年来看，工业增长速度实际上是逐季爬坡的，第一、二、三、四季度的工业增长率顺序为：16.7%、17.6%、18%和18.8%。1989年第一季度工业总产值增长率估计降到10%左右，较1988年同期增长率跌6~7个百分点，速度仍不算低。如果紧缩不力，甚至让刚出台的调整措施半途而废，即使夏季继续掉1~2个百分点，而到秋冬两季则又可能再度骑"飞车"。这样，1989年年初定的8%的计划指标将会超过。

（二）货币金融形势可能更趋紧张

这几年，我们一再讲要控制货币发行，但实际结果老是超发，1988年货币投放量，相当于1949—1984年35年投放总额的86%，基本相当于本已是货币超发年份的1984—1986年的累计货币投放数量。而且，1989年1月又创货币投放的月度最高峰。目

经济形势、理论和政策

前，货币超发量估计在500亿元以上。由于吸纳资金的摊子大，"蜻蜓点水"式的工程多，收入扩张惯性存在，地方信贷扩张竞赛，加上大量通货急速变成居民手持现款从而造成社会上虚假性资金紧张，致使货币扩张的拉力可能愈益变大。

（三）供求缺口仍显拉大势头

1988年供小于求的缺口增长率达42.6%，总量失衡较前两年又有所加剧。[①]短期内，我们应当通过增加有效供给（主要是农产品和能源等基础工业品）和缩减有效需求这两手办法来缩小供求缺口。但现有措施还很乏力。一方面，还没有找到能足以刺激农业和基础工业长期稳定增长的行之有效的办法；另一方面，影响经济协调运行的过旺需求并未明显压下来。虽然初期紧缩可压300多亿元新增固定资产投资，减少一部分控购商品范围内的集团购买力，但是总需求膨胀至少还有三个重要来源：一是固定资产存量具有很大的吸纳追加投资的累积惯性，不调整存量，单纯砍新摊子所需投资增量，难以从根本上解决投资需求膨胀问题；二是控购商品范围内的集团购买力减少了，但又出现了控购商品范围之外集团购买力上升的情形，这就是1988年在控购约束下社会集团购买力为什么还增长20.3%的缘由之一；三是在职工工资表上的收入（工资、账面奖金和津贴）增长很快（1988年全民、集体和合营单位的职工工资比1987年增长22.1%）的基础上，各单位还存在数额相当大的隐蔽性收入膨胀。这都会加剧市场上的供求矛盾。如果考虑到居民的通货膨胀预期，在负利率的情况下，居民手持现金必然增加并保持在相当高的水平。在当年结

---

① 据国家统计局报告，在有关部门对1988年506种工业品的排队中，有41.5%的产品供不应求；而141种农副产品中，供不应求的占39%。如果通货扩张趋势不减，物价上涨水平不降，企业和家庭的预期也将随之强化，市场需求（包括各种派生需求）便可能放大，供求缺口又会进一步扩大。

余购买力中，居民手持现金1988年年末比1987年年末扩大近两倍（增率为185.7%）。1988年9月1日开始3年期保值储蓄，1989年2月1日利率又调高2~3个百分点，但还不足以从根本上调整居民在储蓄和持币待购间作出向后倾斜式选择的心理，因此市场上短期购买需求仍将居高不跌。

（四）物价和市场形势不容乐观

由于1988年粮、棉、油全面减产，基础工业增长比加工工业增长落后12个百分点左右，而流通中货币充斥，如果不慎，有可能诱发由农业和能源危机牵头的全面性短缺危机，出现新量级的市场恐慌和物价飞涨。特别值得注意的是，最近物价涨势又出现了几个新动向：（1）结构推动。由于产品、产业政策不合理倾斜，宏观结构管理与市场的结构均衡过程不对称，价格理顺的改革措施常常只能满足有限局部均衡和静态均衡，因此，周期性"比价复归"再次出现，这种以结构非均衡引致的"比价复归"将推动物价总水平上涨。（2）区域竞赛。为了进行有选择的结构性价格调整，中央不得不下决心小幅度、小范围提高过于偏低的产品价格；在此调价过程中，哪个区域早提价和多提价，它就可以一方面多吸纳外区资源，另一方面可以相对较早和较多地获取涨价收益，因此区域间常常展开抢先涨价竞赛和攀比，这也会推动总价格水平过快上涨。（3）预期作用。现在，企业和居民不但有对未来高通货膨胀的长期预期心理，而且对每次价格改革的预期也很强烈。结果，一方面是企业根据预期囤积商品；另一方面是居民根据预期加速提款，参与抢购，这都会推动涨价。（4）市价冲击。前几年物价变动特征是牌价（计划价）推动市价，现在由于市场辐射范围扩大，牌价开始跟着市价走。由于短缺迫使市价上涨，结果牌价不得不上拉。所有这些新动向都说明，要使1989年物价水平控制在计划范围内，难度很大，需要下一番功夫。尤其是在各项调整紧缩措施还没有到位，经济生活中还潜伏着可能妨碍下步改革的不稳定因素时，已经被校正过来的宏观政策指导思想不能因为理论风向的改变而还原。

二、紧缩时期政府政策对理论的选择

实行经济紧缩，抑制生长过旺的有效需求，必然相对收缩工业生产、工业投资和消费的规模，尤其需要降低不切实际的工业增长速度，使工业波动线向下回落。面对这种现象，经济学家中间难免会产生各种反应，出现一些争论意见。最近经济学界就把"滞胀"问题当作1989年经济理论研究的"热点"，许多报纸杂志也争相刊登有关"滞胀"分析的文章。"滞胀论"观点会同新闻宣传报刊的舆论，大有形成为一种左右政府政策的"新思潮"的趋势。

本来，经济学家各自用怀疑、批判（学术的批判）的眼光来分析和研究问题，尤其是用新的思维来批评那些被新的改革实践所证明为不正确的"定论"，无可厚非，而且这正是繁荣中国经济学的必由之路。应当看到，预测中国经济可能因紧缩造成滞胀，并提醒政府在实施紧缩政策时要作多方面的考虑和防范，不是没有益处的。但是，经济学家独立研究问题、提出新的观点、承担批评政府政策的责任是一回事，而政府从客观实际出发并根据对短期和长期作出全面权衡并据此对经济学理论观点作出选择又是另一回事。政府不应当不加选择地采纳每一种"新观点"，不应当跟随未加深入论证的"新观点"的波动而让政策频繁波动，不应当经常改变经广泛讨论的策略方针，尽管作具体决策时需适当考虑到各种政策性批评意见。譬如，在当前，对"滞胀"问题宜有正确认识，政府政策不能在一片"防滑坡""反滞胀"的呼喊声中而更弦易辙，更不能因害怕陷入也许属于某种幻觉的

"滞胀"而就此放弃实行仅4个多月的紧缩政策。因为这样做，不但将使初期紧缩前功尽弃，而且可能使今后的经济运行出现"胀上加胀"①而后又诱发类似于20世纪60年代初那样的"虚假繁荣后的大衰退"局面。

从经济学观点看，目前存在于一些经济学家头脑中的滞胀幻觉，是缘于将中国经济同西方经济及苏东经济的简单类比，而且将标准经济学中的时期或时距概念同时点概念相混同了，将短期紧缩的可能情形与长期发展的潜在趋势相混淆了。

严格说来，滞胀（stagflation）作为停滞（stagnation）和通货膨胀（inflation）混合并存的现象，通常表现为一个持续过程，需用含多个年份的时期（或时距）而不是时点来测量。②再现滞胀现象的"谢尔曼曲线"描述的是美国整个20世纪70年代宏观经

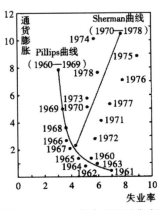

---

① 有一个现象值得注意，这就是现在的地方政府、企业和居民，往往对中央政府的宏观控制采用巧妙的"逆风向调节"或"反向反应"：你要压缩固定资产投资，我反而加速要求项目，加速投资，加速施工，争取在"动真格"的前夕把事情办完：你要限制贷款，我反而加紧找门路争取较多的信贷款项；你要抑制消费，鼓励大家储蓄，我反而赶紧从银行取存款，争取在涨价前买回我今后需要的物品。在这样一种情形下，紧缩期太短，不但已有的紧缩措施起不到稳定经济的作用，而且可能使膨胀加速。因此，紧缩期不能太短，紧缩必须到位。

② 这可以从美国经济学家Hoawrd J.Sherma对美国1970—1978年经济的描述可以看出。我国经济学家宋则行教授也指出："所谓滞，主要是指经济增长率显著下降，失业状况恶化与通货膨胀加剧（物价急剧上升）这种现象长期并存的情况来说的。""滞存是一种持续相当长时间的现象。"（见宋则行：《发达资本主义国家经济的滞存与八十年代的展望》，载《世界经济资料》1983年第1期，第1、4页）表中数字系年平均增长率。

美国1960—1978年失业和通货膨胀
变化趋势

参见谢尔曼*Stagflation*。

济趋势，并非某个别年份，而由"菲利普斯曲线"涵盖的20世纪五六十年代也并非不存在破坏"失业和通货膨胀交替换位"关系的特别年份。撇开"胀"这一面不说，单从"滞"来看，它作为一种趋势现象存在于含若干年份的时期和动态过程中。根据这种理解，几个发达资本主义国家的经济在近一二十年来的确存在停滞现象，但是中国经济则不然。[①]我们现在且不论在相同时期中国经济增长为何在其他大国经济出现停滞趋势时反而"加速"（需另文论及），而关心的是应当采用何种标准来判断中国经济是否陷入停滞，以及即使紧缩时期出现低速增长时政府应作何决策的问题。

根据对我国1980—1988年经济增长的平均趋势分析，我们得出如下增长区间的划分：

Ⅰ　11%以上为超常规经济增长区间；

Ⅱ　7%~10%为正常繁荣的经济增长区间；

Ⅲ　4%~6%为中低速推进的经济增长区间；

Ⅳ　1%~3%为基本停滞的经济增长区间；

Ⅴ　零值及零值以下为衰退萧条的经济增长区间。

如果以年份计，从1950—1988年的39年间，我国有6个年份处于区间Ⅳ和Ⅴ，有17个年份处于区间Ⅰ，有16个年份处于区间Ⅱ和Ⅲ。如果1989年的经济增长从区间Ⅰ降到区间Ⅱ，即达到

[①] 中国和几个发达国家1960—1985年的经济增长趋势　　（%）

年份 ＼ 国家	美国	英国	法国	联邦德国	日本	中国
1960—1970	3.9	1.8	5.7	4.7	11.2	5.4
1971—1980	3.1	1.8	3.6	2.8	4.9	9.3
1981—1985	2.4	1.7	1.1	1.3	4	11.3

资料来源：《中国统计年鉴（1987）》，第38、862、863页；《世界经济资料》1983年第1期，第1页；《世界经济译丛》1984年第11期佐藤经明文。美国、联邦德国、日本第一、二行数字取GNP，第三行取GDP值，英国、法国取GDP，中国取社会总产值。

7.5%的增率，并不意味着经济停滞或衰退，而是正常繁荣。从含若干年份比如说10年的时期趋势来看，我们将经济增长稳定在7%~10%，即在区间Ⅱ中作出选择，也不能认为中国经济陷入长期停滞了，因为我国前期的经济基本上是沿着以数量上过度扩张为特征的超常规增长路线走下来的。所以说，为了给经济降温，宏观政策让经济增长率从区间Ⅰ转入区间Ⅱ是正常合理的，并不是什么停滞，政府政策不能被"停滞幻觉"所左右。

当然，如果采用力度较大的调整紧缩措施，经济增长率在某一个年度或某几个季度进入区间Ⅳ甚至区间Ⅴ也不是没有可能。但是如果它对缓解总量失衡、实现结构改造、提高效益和改善质量产生了明显效果，并为今后制度改革的深化创造比较宽松的环境，也是可以忍受的。在我们这样一个短缺强度很大的国度里，要想舒舒服服、在一片歌舞声中解决需求膨胀问题，要想使改革、开放和发展的速度同时都很快，不付出一点代价，不经受一点痛苦，是相当困难的。而且近四十年的实践表明，我们付出的代价主要不是因为紧缩本身，而是因为紧缩前的"过热"。紧缩是对"过热"的调整，是不得已而为之。中国经济周期出现大起大落，一个重要原因是高速观念支配下的过度数量扩张。"大衰退"产生于"大跃进"。今天，有的经济学家仍认为"经济增长没有两位数就不算繁荣"，当政府决定将"两位数"经济增长率降到7.5%时，他们便认为这是"停滞"。这说明，高速观念在我们一些同志的头脑里仍然根深蒂固，"大跃进"思想随时都有可能影响政府的行为。因为，政府在形成宏观决策时，需要对理论作出正确的选择。

三、新紧缩政策的基点：结构均衡化

除了担心紧缩引致停滞外，有的同志还担心总量紧缩难以解决结构失衡问题。其实，要想真正解决"结构问题"，就必须解决"总量问题"。二者彼此关联，互为因果。当然这有一个政策的基点问题。从目前的形势要求来看，这次以整顿和治理为重点的新紧缩政策应当以结构调整为基点。用总量紧缩促进结构调整，以结构调整实现总量紧缩。具体来说，就是要在给工业尤其是加工制造业的增长速度降温的同时，促使农业和能源等基础工业有一个较快的发展。当然，这里讨论的是短期（宏观调节）问题，而不是长期（制度变革）问题。

中国经济发展过程中的大跃进实际上是工业大跃进，近几年的情形更是如此。由于经济系统的总增长能力在短期内难以急速扩大，靠借债发展经济同样受系统内部的因素约束，工业加速吸纳资源势必使农业增长资源（如资金、农业生产资料和熟练劳动力等）萎缩，所以工业大跃进必然同时伴随着农业大衰退和停滞。以改革十年为例，1979—1984年工业增长和农业增长均处在区间Ⅱ并且工业大于农业的差只有两个百分点；但是在1985—1988年，工业增长高升到区间Ⅰ，而农业增长下落到区间Ⅳ，两个基本产业形成鲜明的增长反差，1988年这种一个向上一个向下的反向运动之差竟然达|18|。[①]这种产出增长的反差又是与投入增长的反差一致的。就政府的资本投入来说，20世纪60年代农业投资占总投资的比率为17.7%，70年代逐渐减少，但1981年还有6.6%。1984年农业生产丰收，与此同时工业加速投入，结果1985年、1986年和1987年的农业投入每年较1981年（该年农业投入水平本来就很低）少2~3个百分点，3年环比增速分别为4.5%、3%和4.8%，在这样的投入水平下，农业产出怎么会

---

① 1988年，农业产值增长2%左右，包括村及村以下工业的产值达20%。如果用粮食业和工业相比，其反差为|22|以上，因为粮食产量比1987年减少2.3%。一般来说，"工业增长区间"的划分比前述的"经济增长区间"的划分可以普遍上移2~3个百分点。

刘国光

经济论著全集

第

8

卷

不衰退或持续徘徊呢？为了为农业政策的失误辩解，为了证明用高工业投入来支撑高工业产出的政策是正确的，为了维护高工业发展速度，有的同志用自然灾害和其他非经济因素来解释农业的衰退。这是说不过去的，因为农业4年徘徊无论如何不能归之于连续4年的自然灾害！在一定程度上可以说，近几年工业超常规增长（区间Ⅰ）是由农业超低速增长（区间Ⅳ）来支撑的。靠牺牲农业来发展工业，实行偏向工业的强倾斜产业政策，这是宏观产业结构政策的基本失误。也是历史痼疾在新形势下的反映！

除了上述基本产业的不合理倾斜外，还存在工业内部结构的不合理、不协调的问题。其一，从工业产品的生产流程来看，以能源、采掘、原材料等为基本内容的初始产品生产的增长速度，落后于以加工制成品为内容的末端产品生产的增长速度。1988年加工工业增长23%，而采掘、原材料工业只增长了10.8%，后者落后前者12.2个百分点。这种产出结构的不合理倾斜又是与前期投入结构的不合理倾斜有关的。比如，均按当年价计算，煤炭工业和机械工业在1984—1986年期间的基本建设新增固定资产增长速度呈反差趋势。煤炭工业1986年比1984年增长1.8%，其中1985年比1984年下降20%，而机械工业1986年比1984年增长32.4%，其中1985年比上年增长27.5%。这样一种投入反差结构怎么能不引致近两年以煤炭为引线的电力或能源危机呢？其二，从工业的企业结构来看，也开始出现了过度、过快向乡村企业倾斜的情形。1988年，全部工业增长20%，而乡村工业增长35%以上。应当肯定，为了改造我国传统的农村经济结构，解决农村剩余劳动力的就业难题，就必须从农村工业化上找出路；在农村私人工业还难以起步的情况下，发展乡村工业是一个必然选择。但是这有一个可承受的速度问题。一下子让农村2/3的劳动力都来办工业，都来开矿、烧砖、制造机器，表面上看可以加速工业化，但实际上欲速则不达。①我国20世纪50年代末全民大炼钢铁就是一个教训。迄今为止，我国乡村工业是一种以典型的外延扩张为特征的数量型工业，我们能不能通过稳定乡村工业的增长速度让其逐步向以技术创新为诱因的内涵发展阶段过渡呢？

另外，从外贸和内贸的结构来看，我们的政策指导也不是没有问题的。改革时期较传统计划经济时期更为开放，更为强调外贸在整个国民经济运行中的作用，这个总方略是完全正确的。但是近两年在对外开放的具体政策指导上出现了急功近利的现象，国内市场供求矛盾加剧在一定程度上与外贸过速扩张是有关的。由于快速扩张的进口主要是生产未来产品的设备和技术，所以加剧内贸困境的又主要是过速扩张的出口。按海关统一口径，我国1981—1986年年均出口增长速度为9.5%，而1987年和1988年两年分别高达27.5%和20.8%。显然，出口贸易相对扩张太快是近两年内贸市场上需求过旺的原因之一。

以上分析表明，我国经济中出现的总需求过旺和发展速度过热与结构的政策性倾斜是互为因果的；脱离"结构失衡"解释不了"总量失衡"，而"总量失衡"又必然引致和加剧"结构失衡。"单纯的"供给论""结构论"和"反滞胀论"总是把上述两个方面对立起来，不大愿意从校正政策指导思想的角度来解决总量失衡问题，不大赞成紧缩需求。其思想基点有二：一是认为控制和紧缩需求"只能治标不能治本""只能治病不能治命"，说有效地控制需求只能通过制度尤其是企业资产产权制度改革才能实现，或者用流行的说法是"唯一的出路在于改革"。言下之意是，用加强宏观控制的办法紧缩需求与制度改革是相矛盾的。

① 西方资本主义工业化过程用了两三百年时间，我们不必亦步亦趋地重复它们的工业化道路，应当缩短从农业社会到现代工业社会转变的过程；但企图用几年时间来完成这一任务，这也是不现实的，这是一种可能会产生巨大反作用的"工业化乌托邦"。

二是认为紧缩需求与发展速度相矛盾，如果压缩需求要以降低工业速度为代价，那是不可取的。这两个论点都不能成立。[①]用强调结构和供给问题的意义来否定总需求紧缩不但是片面的，而且也与立足于下一步大步深化改革的策略相矛盾。

当然，总需求紧缩政策也有一个立足点或基点的问题。自1988年第四季度开始的新紧缩政策只有以改造结构、提高效率和改善质量为立足点或基点才有出路。但是必须清楚的是：不采取强有力的总需求管理措施，比如不下决心收缩通货、压低工业速度、缩小加工制造业投资需求、稳定乡村工业数量扩张率和适当稳定出口贸易的增长，在资源（资金、物资和技术等）总量短期内难以扩大的情况下，要想让农业特别是粮食、能源等基础工业和国内市场有效供给有一个大幅度提高，几乎是不可能的。这样看来，结构均衡化又客观地提出了坚持紧缩政策的要求。

四、对近期宏观调整的若干考虑

按照既定策略贯彻紧缩措施，应该达到使过度需求削减和使有效供给增加的双重目的。如图1所示，一方面使需求曲线由 dd 向左移至 $d'd'$，另一方面让供给曲线从 SS 向右移至 $S'S'$。由于需求数量减少了 $OC'-OB'$，从点 C 移至点 B，供给数量增加了 $OB'-OA$，从点 A 移至点 B，在其他条件不变的情况下，价格水平

① 严格来说，制度改革是一个比较长期的过程，它对于短期的总量平衡和结构调整无能为力。假设企业产权制度改革的最终完成还要10年时间，那么在这10年中就难以指望用它来解决当前的供求非均衡化和结构非均衡化问题。正如短期调节不能替代长期调节一样，长期调节也不能反过来替代短期调节。"病"不治，"命"难保，"标"不治，"本"亦难存。看来，可行的办法是将"长期解决"和"短期解决"结合起来，临时"救火"和永久性防范结合起来。而且，即使是企业产权制度这样的长期问题已经解决好了，那时也还会存在短期调节和紧缩；我们的国营企业即使变成了西方国家那样的受硬预算约束的企业，实现控制和国家干预仍然需要。

便会从点D下降至点B，实现了理论意义上的结清均衡，并可实现物价稳定的宏观政策目标。

图1具有充分的理论抽象性质，是一个假想的宏观调整过程图。但是它向我们证明：（1）供求缺口AC既不能单纯看成是有效供给

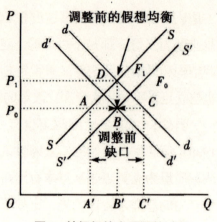

图1 某假想的宏观调整过程

不足，又不能完全等同为有效需求过剩，需求过度部分相当于BC，而AB表示有效供给不足；（2）宏观调整政策必须"双管齐下"：一方面增加供给AB，一方面压缩需求BC部分。要想让供给水平从点A去适应点C，或者让需求水平从点C去适应点A都是不现实的，我们只能选择供求管理相结合的政策；（3）总供求的理论结清均衡选择点A，势必造成经济的全面衰退；而视C点需求水平为合理的，在有效供给水平短期内只能在SS线上作出选择，或者至多也只能在$S'S'$线上作出选择时，理论均衡价格水平就会提高到F_1点或F_0点。在实际调整过程中，选择以B为中心的"向心调整"（图1中三个箭头）是可行的和现实的。

为了实现以点B为中心的"向心调整"，在增加供给方面的迫切任务是刺激农业和能源生产，提高粮、林、牧、副、渔和能源等基础工业品的产量。这都需要有政府投入的增加来扶持。尤其是种植业，没有政府投资的大力帮助，不但短期萧条困境难以摆脱，而且有可能陷入长期停滞，成为今后工业化过程的"瓶颈"产业。短期内刺激农业供给的途径，主要是调整政府对农业的宏观管理政策。（1）增加政府对农业的投资；（2）严格限制非农用地；（3）严格限制农业生产资料涨价；（4）站在农民的角度整顿粮食和牧副产品市场，对价格作适当调整，并扩大自

由销售；（5）政府对农用物资和贷款可适当给一些优惠等。当然，我们可以通过土地产权制度改革和农副产品价格自由化来刺激生产，但考虑到短期内各种因素约束尤其是"价格系统的链条效应"，这种"制度解决"恐怕难以马上奏效。所以，应在立足于长期变革的基础上，先抓好短期调节。

在紧缩需求方面的迫切任务，有以下几项值得考虑：

1. 紧缩通货与银行改革

紧缩需求的关键是紧缩通货。现在的问题是如何才能实现这一目标。从原则上讲，前两年所采用的"经济增长率+物价上涨率"公式缺乏科学性。用"比上年增长多少"这一指标来确定本年货币投放数量的明显错误是：假定上年货币投放量是一个科学的量，它忽视了货币流通速度的变化、货币信用能力的放大或收缩及货币资本使用规模的变动等因素。因此新计算公式或至少应考虑：（1）前期货币存量及其是否过多；（2）货币流通速度的变动；（3）合理的价格水平的变动；（4）经济货币化程度；（5）银行和货币资本使用规模的变动；（6）货币信用能力的收缩和放大的情况等。

货币投放量按科学的计算公式确定后，应当由全国人大审定并有法律形式的备案，超发按法律程序追究责任。为了使责任和权力对应，中央银行系统应当独立于国务院直控之外，由人大直接管辖；并且中央银行对分行实行垂直领导，其官员任命、职员就业及其收入和福利分配一律由国家优先决定；各专业银行接受中央银行和本行上级双重领导但服从前者的协调；同时可考虑撤销中央银行省级分行，全国建立8~10个以中心城市为依托的分行。

2. 利率调节

由于国营企业缺乏完全的成本约束和利润预期，尤其是对资本边际效率不存在灵敏反映，因此我国利率调节的功能不像西方市场经济那么健全、有效。但是随着改革的深入进行，利率对经济的调节作用逐渐显示出来。尤其是近年复兴起来的私人企业、乡村企业以及在原有规模基础上扩充了的集体企业，直至城乡居民，均对利率有反映，其行为经常包含对利率和物价的权衡并作出趋利避害的选择。因此现在可以多考虑用利率调节来调整投资需求和消费需求。当然，从长期来看，利率调整应是有弹性的，可上可下，灵活浮动。而这又要求物价变动不单纯是往上强拉。因此，利率政策必须和其他政策配合运用。

3. 税收调节

调整企业需求和家庭需求的另一个办法是正确使用税种和税率。有四点可以考虑：（1）紧缩期中可将建筑税改为差别投资税，并较大幅度地提高其税率，比如土建投资税可在原来10%的水平上加倍征收，其他投资可视情况差别递减，但不能低于已有的10%（对外资企业酌情对待）；（2）强化税法约束，凡偷税、漏税者依法惩治，并重新核定地方豁免税权，尽量缩小各级政府豁免税权范围；（3）整顿国税征收机构，让国税机构与地方政府脱钩并独立操作，可以考虑按前述中央银行机构独立化方式来设置和管理；（4）加快完善分税制。在我国目前条件下，看来不宜采取全面增税政策，但实行部分上调的差别税政策可予以适当考虑。

4. 拨、贷限制和收入、消费限制

由国家计委会同有关部委对产品、产业和企业的发展趋势作一次全面核查，确定资金拨贷限制系列并发榜公布，对那些高能耗低效率的产品、产业和企业实行削减和停止直接拨贷款，让其被吞并；近期停止对一切高级楼、堂、馆、所建设拨贷款；限制用公款买小汽车；除对预算外收入继续征收10%的调节基金外，还应对近几年已获国家优惠的地区和部门征收高于平均利润的收益，或部分撤销其优惠。在拨贷限制中，银行通过对贷款用途的审核，应对新增固定资产投资、用作改造固定资产存量的投资以及流动资本投资有分类限制标准，不但要限制增量投资，而且要限制存量投资，以达到通过银行调整全社会固定资产存量、让企业优胜劣汰的目的。在收入限制方面，除了控制总量工资外，还应采取措施控制工资表之外的隐性收入膨胀。至于消费限制，除了价格调节（目前只能选择有限几种不影响基本生活的产品）外，可以考虑实行一项新的"居民支出计划"，在吸引居民储蓄的同时，国家应通过出售国有小企业和公房的办法吸纳居民手中的货币，尤其应肯定和鼓励私人资本的形式，使短期消费基金一部分转化成国家收入，一部分变成可增值的生产资本。

5. 消费品市场调整

根据目前的状况，可以对消费品市场的组织和管理作适当调整。比如可以吸收前期对烟酒的市场管理经验，撤销彩电、冰箱和其他耐久性高档消费品按牌价凭票供应的办法，采用专营、放价、收特种消费税的三位一体的办法，杜绝灰市交易，增加财政收入，用市场稳定市场。我国消费品市场可能在近期造成恐慌的领域，不是耐久高档消费品，而是以粮棉油肉菜牵头的生活必需品。我们对此应有相应措施。另外，国家从出售国有小企业、公房和有偿转让部分地产使用权及发售股票、债券所获得款项应专户存储、专款冻结一段时期，在冻结期内严禁用作再投资和再贷款。

6. 削减政府开支

在紧缩期中，政府要下决心紧缩机构，紧缩开支，将其限制在国民经济发展所允许的最低限度上。近几年，中央和国务院直属机构和各级地方政府机构都不同程度地假借改革、开放的名义超编扩大机构，其开支（包括公款买小汽车等）的扩张是构成需求膨胀的重要因素。下一步改革有必要在各级政府机构上动一次大手术，把对政府职员的"优化组合"与企业职工的"优化组合"结合起来。1948—1949年"艾哈德改革"成功的原因之一，是大幅度缩减政府雇员及其开支，当时，仅经济部雇员就缩减了34.9%。我国如果实实在在地进行行政改革，精官简政，也减少政府职员1/3左右，不但财政困境当可部分缓解，而且可以提高政府的工作效率，从而为提高企业的劳动生产率起一个表率作用。

用结构调整来加快农业、能源和运输等"瓶颈产业"的发展，提高可直接参与市场交易的有效供给的水平；用总量控制来制约长线的孤军突进，平抑可能造成市场震荡的过旺需求。总之，增加供给，紧缩需求，平衡总量，优化结构，这应当成为当前宏观管理的基本指导思想，也是1988年、1989年两年调整紧缩的基本政策目标。事情越来越清楚地表明，那种忽视需求控制的"供给管理"政策主张，那种"只有高速才是繁荣"的理论观点，对我国改革时期尤其是改革中的调整时期的经济是不适应的。

需要强调的是，在调整紧缩时期，改革并不是无所作为，不是停顿，更不是让体制复归；如果策略选择正确，将供求管理政策和制度改革有效地结合起来，不但可以巩固和消化已有的改革成果，而且可以有选择地深化改革。这里至少可以列出以下几点：（1）在实行刺激农产品供给的政策时，土地产权制度改革可顺势推进，农产品市场尤其是粮食市场可以逐步扩大，既可以在国家指导或国家直接参与下形成按公平互惠交易原则行事的期货市场，又可以适当让自由市场延伸；（2）在强化通货控制时，金融机制改革也可随之深化，加快银行与行政脱钩，使银行逐步获得市场经济的"调节中心"的地位；（3）在压缩投资需求时，利率调节作用扩大，额度限制范围逐渐缩小，事实上加快了商品经济的发育成长；（4）在限制居民对流动性消费品的需求时，如果按等价交换原则向居民出售公房，加速住宅私有化，这不但可以实现居民收入的有限分流，改变流动性消费品市场的恐慌状态，而且实际上推进了住宅福利制度的改革；（5）鼓励私人购买国有小企业（以独资或合股方式），不但可以相对减少消费基金，阻止高消费，同时又能加快私人资本积累过程，扩大私人资本规模，等等。由此可见，这一次的调整和以前任何一次调整不一样，它不是为调整而调整，而是为改革和长期发展而调整；调整不但不妨碍改革，反而可以推动改革，成为深化改革的契机。

紧缩总量　调整结构*

——《人民日报》记者专访
（1989年3月5日）

目前，在治理经济环境的过程中，我们确实遇到了"两难"问题——坚持紧缩，会加剧资金的紧缺和资金周转的困难；放弃紧缩，新一轮的通货膨胀就会如脱缰野马，难以收拾。怎么办？看来必须抓"两手"，一手抓总量的紧缩，一手抓结构的调整。

今日的"两难"并非头一次遇到。1985年，针对当时经济过热，曾采取了总量紧缩方针，但到1986年年初就招来一片抱怨声，甚至理论界也有人以紧缩造成"国民收入巨额损失"为由，反对紧缩。其结果是银根全面放松，过热的经济尚未"软着陆"又重新腾起。1987年第四季度再次紧缩也未能坚持下去，致使通货膨胀日益加剧。

为什么会一紧就叫，一叫就松，一松就胀呢？

这与一种似是而非的理论有关。这种理论认为，治理经济环境不能着眼于压缩总需求，而应着力于增加总供给。但是，剖析近几年的国民经济，造成总量失衡的主要根源是总需求过旺，而不是总供给不足。总供给在统计上表现为产值速度，从这些年每年递增10%以上的工业速度来看，总供给的增长是不低的。我们现在遇到能源、原材料、外汇、资金的"瓶颈"，正反映出相对于我国目前资源的承受能力来说，工业生产的总供给绝对量不是

30　　* 本文系《人民日报》记者董焕亮专访，发表于该报。

过少而是过多，问题在于供给结构不合理。所以，笼统地提增加总供给，就等于在已经过热的经济上加热，这显然是不妥的"药方"。正确的办法应是在控制需求总量上釜底抽薪，同时，调整供给结构，以增加真正的有效供给。

紧缩时期应当是进行结构调整的大好时机。我们要充分利用这个时机，灵活调度资金，灵活运用信贷、财政政策，支持那些真正提供有效供给的企业增加生产，进而优化产业结构、产品结构和企业结构。至于那些重复建设、重复引进、效益低下、浪费资源的工厂，则应像挤脓包一样坚决挤掉、淘汰掉。否则，如果不抓紧时机对不合理的、低效的经济结构进行大的调整，经济机体的沉疴必将在持续的通货膨胀中加重加剧，有可能演变为长期滞胀。这是我们应当竭力避免的。

实现治理经济环境的目标，是需要付出相当代价的。刘国光同志认为目前有一种不正确的心态令人担忧，那就是大家都想不伤筋动骨，在歌舞升平的景象中舒舒服服地蹚过经济的低谷。这样的精神状态，难以承受紧缩的考验。比如社会集团消费，人人皆知需要压缩，但又不愿压缩到自己头上。1988年年初计划压缩20%，实际执行的结果反而比1987年增长20%多。如果各项紧缩措施照此执行，也会名紧实松，欲减实增，收效甚微。因此，从现在起，上上下下都要做好承受局部的暂时的痛苦的思想准备。企业办不好要关停并转；产品没有竞争力要被淘汰。紧缩的过程，势必成为扶优限劣、择优汰劣的过程。当然，紧缩期间，在社会保障制度、公共福利制度和公平分配政策（包括税制改革）等方面必须加快改革步伐，建立必要制度，以期缓解倒闭和失业给部分人员带来的困难，激发全体人员的积极性。

对当前经济问题的一些看法*

——新华社记者专访

（1989年3月）

退回去恢复旧体制或全盘私有化这两条路都不能走，以公有制为主体的混合所有制比较符合中国实际。

当前，对改革中出现的问题和困难，有两种倾向性意见。一种认为问题出在市场化上，是放权让利造成的，只有收权，只有集中管理才能控制价格，建立经济秩序。这些人主张恢复旧体制。另一种认为当前出现的问题、困难，靠治理整顿、靠公有制不仅问题解决不了，改革也走不下去了，只有全盘私有化才是出路。这两种倾向性意见，没有系统论证，只有议论。

这两种认识都是站不住脚的。改革确实走到了关键时刻，但还得有信心。一是不能回到老路上去。过去僵化模式造成的恶果是所有社会主义国家的实践都证明了的，走回头路是没有出路的。二是走资本主义私有化的道路也不行。在中国现在的政治经济格局下，私有制的结果只能是官僚资本主义化，得不出西方自由资本主义的结论。所以，这两条路都不能走。现在世界经济的发展，显示出一种格局，就是混合所有制方向，比较符合中国实际市场取向型方向，又符合公有制为主体的目标。因此，混合经济在中国今后相当长的时期内是可行的。这关系改革的前途问题。

---

　　* 本文系记者曹绍平专访，原载《内参选编》1989年第11期。

当前经济中的困难和问题，既有体制上的原因，也有政策上的毛病，即急于求成，改革上想快，发展上也想快。

当前我国经济中的困难和问题是怎样造成的？也有两种看法：一种认为，中国的通货膨胀是由于体制上的原因，这是任何国家改革不可避免的，发展中国家也不可避免，政策上没有什么大的失误。一种认为，主要不是体制上的原因，而是政策选择上的失误。

这两种看法都有片面性。通货膨胀与体制有联系。现在是新旧体制并存，旧体制本身就存在投资饥饿、投资膨胀的趋势。两种体制并存又促进了这种过热倾向，因为投资主体、投资渠道多样化，使"热"源更多了。另外，财政分灶吃饭后，地方财政权力增大，企业尚未形成自我约束机制，这样就进一步推动了通货膨胀。但是，也不能单纯归咎于体制，还有政策上的毛病，发展战略与宏观政策上的毛病，就是想快，急于求成，改革上想快，发展上也想快。改革本身需要条件，有些需要花钱。所以改革需要有一个比较宽松的环境，有一定财力、物力的后备，总需求与总供给需要大体平衡。我们既想改革快，又想发展快，造成能源、物资、原材料进一步紧张。

赤字财政的错误理论和主张影响了我们的决策。经济理论界有些人认为赤字财政、通货膨胀可以刺激经济的发展，并以亚洲"四小龙"、拉美国家为例。这种错误的信息和主张，影响了我们决策。在中国不能搞通货膨胀政策，因为中国是需求过旺、物资紧缺的国家，不是需求不足、物资过剩的国家。没有一个国家把通货膨胀作为政策，但被迫是有的。但中国有人这么主张，说什么轻微的通货膨胀在一定程度上有刺激经济的作用。台湾一位经济学家认为，通货膨胀政策是盗窃政策，不知不觉地把你的钱拿走了。通货膨胀是鸦片烟、吗啡，抽起来就止不住。这就是说，有政策的失误，这种失误出于想快，出于好心，但没有考虑中国的国情和改革的环境。

紧缩中迎来了两难：坚持紧缩可能造成生产滑坡，流通梗阻；放弃紧缩，会出现更严重的通货膨胀，但紧缩的方针不能变。

当前治理整顿中遇到了两难问题，就是这样也难，那样也难。坚持紧缩，可能造成生产滑坡，流通梗阻；放弃紧缩，新的更大的通货膨胀就会腾空而起。这两难过去也遇到过。1984年第四季度出现几个过热，1985年紧缩，到1986年年初各方面就叫喊起来，不仅实际部门，理论部门也在叫喊。在这种情况下，重新放开，物价又上涨，所以1987年年底，中央又提出双紧双压，又碰到叫喊，1988年又重新放开。本来经济是软着陆，但实际上还没有着陆就又重新飞起来，通货膨胀愈演愈烈。现在又有类似的叫喊，看我们是否能顶住。顶不住，经济结构扭曲、效益低下得不到及时调整，中国将出现经济停滞和价格上涨并存的局面。是不是没有出路，不是。摆脱困境的出路是总量坚持紧缩，结构上抓紧调整，增加有效供给。笼统地讲增加供给不对，总供给统计上表现为产值速度，1988年工业增长20%还不够吗？再增加总供给就是进一步提高速度，就是很危险的。

治理整顿要伤筋骨，是一个痛苦的过程，全党上下要有准备付出代价、承受痛苦的决心。

现在从上到下有一种心态不利于治理整顿。这种心态就是希望治理整顿度过低谷的过程，是一个舒舒服服、不伤筋骨、皆大欢喜的过程，这是度不过去的。治理整顿要伤筋骨，因为一些企业要关停并转，有些人的就业就有问题，现在我们不敢下手。现在同20世纪60年代不同，60年代初一声号令2 000万人就回乡去了。我认为全党上下要有一个承受实际生活水平暂时下降的痛苦、准备付出代价、承受痛苦的决心。没有这样一个过程，没有这种思想准备，治理整顿就有可能走过场。60年代初万众一心很快度过去了，现在只要有决心，很快也能度过去。问题是现在人心不齐，要我去承受痛苦，让别人发财，这不行。所以要有配套措施调整，我相信在中央决心下面，在全国人民共渡难关的共识下面，采取正确的措施，治理整顿的任务会得到解决的，改革的前途是光明的。

对当前经济问题的一些看法

谈谈目前中国经济的调整[*]

（1989年3月）

  中国的经济，经过最近十年的改革和发展，从1988年第四季度开始进入为期两年到三年的调整时期。这并不是如有些评论家所说是中国改革的停顿，而是为了纠正过去几年改革和发展过快带来的偏差，通过治理和整顿，以巩固改革的成果，并为进一步深化改革奠定坚实的基础。

  之所以要进行这场调整，直接的和主要的原因，是出现了比较激烈的通货膨胀和市场紊乱，1988年零售物价总水平比上年上涨18.5%，职工生活费用总指数上涨20.7%，第三季度发生了群众竞相向银行提取储蓄存款和抢购商品的现象，政府不得不放慢原定的物价改革的步伐，集中力量治理通货膨胀和整顿流通秩序。中国经济学界对于出现这种问题有不同的解释：有的强调经济体制上的原因，说这是经济体制改革走到这一步必然要发生的；有的则强调政策上的原因，说这是发展政策和宏观经济管理上的失误造成的。事实上，这两方面的原因都有。

  从体制方面的原因来说，中国正处在新旧两种体制并存的时期，传统的吃大锅饭的集中行政管理体制并未消失，而竞争性的市场机制还不能很有效地运转。传统体制本身就包含着投资饥

[*] 本文系1989年3月日中学术交流协议会在东京举办的第九次日中学术交流会议上发言的部分内容，曾发表于《财经问题研究》杂志1989年第4期；《改革·稳定·发展——稳中求进的改革与发展战略》，经济管理出版社1991年版。

渴、追求数量等促使经济过热的倾向，在旧体制向新体制过渡时期，这种倾向得到了进一步的强化。因为随着权力下放，投资的主体和渠道越来越多元化，从权力下放中受益的地方政府和企业并未能形成自我约束的机制，这就进一步推动了投资和消费需求的双膨胀，从而使社会总需求大大超过总供给，导致了严重的通货膨胀。

经济过热和通货膨胀的发生，除了上述体制上的原因外，还有经济发展政策和宏观经济管理上的原因。这主要是急于求成的欲望造成的，不但经济改革要求快，而且经济发展也要求快。比如乡镇企业的发展，沿海对外开放，等等，都是中国现代化进程中必须做的事情，方向并没有错，但是要求太急，各个地方又互相攀比，追求产值速度，追求开放速度，于是搞成经济发展过热过快的势头，超过了国家物力、财力所能承受的程度。加之财政预算和货币发行卡得不紧，财政赤字和信用膨胀有增无已，货币供应量的增长大大超过经济的实质增长，遂使通货膨胀愈演愈烈。

正因为中国的经济过热问题来自经济体制和经济政策两个方面的原因，所以治理这个问题也要从这两个方面着手。当然，治本的办法是结束新旧双重体制并存的局面，彻底用新经济体制代替旧经济体制，建立企业的自我约束机制、市场的公平竞争机制和宏观的调控机制，以消除导致需求膨胀、经济过热的体制根源。但是以上这些用新体制取代旧体制的彻底的改革，并非一朝一夕之功，而治理经济过热和通货膨胀又是迫切不能拖延的问题，所以在经济政策上放慢发展速度，在宏观管理上采取财政和信贷双紧缩的方针，大力压缩投资和消费需求，就是当务之急了。

自1988年秋天实行紧缩政策以来，物价上涨过猛的形势有所缓和，但是，紧缩过程中又遇到了一个"两难"问题：如果继续坚持紧缩的方针，就会加剧资金周转的困难，造成流通的梗阻和生产的"滑坡"。1988年秋以来，由于收缩银行信贷，在农产品收购和工业企业流动资金等方面，都发生了很大的困难；1989年一季度，工业增长速度开始明显下降。但是，如果放弃紧缩的方针，则新一轮的通货膨胀将会如脱缰野马，难以收拾。这个"两难"问题，中国经济不是头一回碰到。1985年针对当时经济过热，也曾采取过紧缩政策，但到1986年年初就坚持不下去了，因为流通领域和生产领域发生的资金周转困难，引来了一片叫唤声，要求放松银根，特别是地方政府、企业叫唤得更厉害。在各种压力下面，习惯于传统体制的"父爱主义"，政府不得不将银根全面放松，结果招致了后来通货膨胀日益加剧的局面。现在，类似的叫唤又起来了，其声响将越来越大，就看决策当局在这种压力面前能不能挺住了。如果挺不住，那么，1986年上半年的情形，就会有重演的可能，而其后果将比上次更为严重。特别是连年经济过热和双重体制并存加剧了产业结构的扭曲，农业、能源、原材料生产和交通运输等大大滞后，以及企业结构向低效高耗的乡村小企业倾斜，这些结构扭曲和效益低下等问题如果没有能趁这次紧缩时机进行调整得到纠正，中国经济就有可能陷入与东欧某些国家相类似的局面，即剧烈的通货膨胀和延续的经济停滞并存的局面。如果出现这种局面，就会给中国未来的改革和发展造成很大的障碍。

摆脱"两难"困境的出路是有的，那就是：总量上坚持紧缩，结构上进行调整。所谓总量紧缩，就是通过控制信贷和货币的投放总量，来压缩投资和消费的需求总量，并适当降低过高的工业生产增长速度。所谓结构调整，就是通过投资结构、信贷结构的调整和生产企业的关、停、并、转，淘汰和改造一批低效的、无效的、浪费资源的生产建设单位，支持和扶植为国民经济和市场所急需的短缺产品和高效的生产单位，以促进产业结构、产品结构和企业结构的合理化，尽可能增加农业、能源、原材料和市场短缺产品的有效供给。所有这些，都需要对发展战略和宏观政策作出适当的调整。

鉴于1985—1986年经济调整中途夭折的教训和1988年经济过热的严重后果，看来这次中国决策当局对治理经济环境和抑制通货膨胀是下了很大的决心的。直到最近，国务院主要领导人一再强调银根必须继续实行从紧的方针，1989年货币信贷必须坚决执行控制总量、调整结构、保证重点、压缩一般的方针，争取1989年的货币发行和物价上涨都明显低于1988年。为达此目标，国务院在降低过高的增长速度，进一步压缩固定资产投资规模、增加对农业的投入争取农业丰收、大力增加有效供给、压缩社会集团购买力等方面，作了一系列的部署。

在当前中国的条件下，治理经济环境和整顿经济秩序，在某些方面还免不了较多地运用直接的行政手段，如中央政府收回一部分下放的权力，重新采用一些指令性的指标控制，等等。有人指责这是"旧体制复归"，这并不正确。当然，治理和整顿，最好是采用经济手段，加强间接调控，这样才符合改革的方向。但是，现在新的企业机制、市场机制和宏观管理机制都还没有建立起来，间接的调控手段基本上还不起多大作用，拒绝采用直接的行政手段是不行的。在这种情况下，较多地采用一些行政手段来稳定经济，是为了给改革创造一个良好的经济环境。在利用行政手段时，我们要做到心中有数，努力不要给进一步的改革设置障碍；同时要尽量采用经济手段，把经济手段、行政手段和法律手段结合起来。笔者个人是主张尽量采用经济手段来达到稳定经济的目的的。例如利率，就是一个非常重要的手段，笔者一再建议把目前的负利率提高到正利率，可惜现在还注意不够，由于种种原因，不大敢用这种手段。

我在这篇短文的开头就讲了当前中国的经济调整并不意味着

改革的停顿。在政府宣布的方针中，是把治理环境、整顿秩序同深化改革三者并提的。当然某些重要的改革步骤，如大面积的价格改革，需要一个比较宽松的经济环境，目前不能不推迟进行。从这里也可以看到，治理环境以达到稳定经济，正是为了给进一步推进价格改革等重大改革创造一个适宜的环境。不仅如此，治理经济环境、整顿经济秩序本身，也离不开改革措施的配合。如前所述，根治需求膨胀的体制原因，有赖于对企业体制、市场体制、宏观管理体制进行彻底的改革。当前，总量控制、结构调整任务的完成，也要求有选择地加快一些改革措施，如加快实行住宅商品化，出售国有小企业等改革，以回笼货币抑制消费。又如，继续完善企业承包经营责任制，推进企业联合、兼并及大中企业的股份制试点等改革，以增强企业的活力和自我约束，提高经济效益，增加有效供给。再如，建立和完善新的社会保障制度、福利制度的改革，以处理经济调整过程中可能出现的社会不安定因素，等等。所有这些改革，现在正在逐步进行，它们各有自身的改革使命，同时都有利于完成治理和整顿的任务。我相信，经过1988年、1989年两年或者稍长一点时间的治理环境和整顿秩序，中国的经济将走上一个比较稳定的发展阶段，改革将获得一个比较良好的经济环境，这对于推进改革大业，是十分重要的。

中国如不坚持紧缩会出现可怕新通胀*

——香港中国通讯社记者专访

（1989年4月3日）

对于当前经济紧缩中出现的问题和困难，有些人呱呱叫。如果听这些叫唤，就放开，放松银根，那就会导致一轮新的、可怕的通货膨胀出现。

实际情况就是这样：坚持紧缩，在资金、生产、流通方面，都会遇到种种困难；如不坚持紧缩，新一轮的，很可怕的物价上涨就会出现。有没有出路呢？刘国光说："有的，就是在投资需求的总量上坚持紧缩，但在结构上灵活调整。抓紧这个时机淘汰一批高耗低效的企业，使我们的经济机体健康起来。当然，这个工作不是很简单的，因为一说调整就涉及利害关系，涉及人，所以需要一系列政策与它适应。"

生产紧缩期间，本希望对由于需求过热造成的那些高耗低效产品能被淘汰，而支持那些低耗高效产品的生产。但因为一刀切，很多该紧缩的没有紧缩，不该紧缩或不该大幅度紧缩的却紧缩了。比如一些经济效益好的大企业受影响较大，今年一二月它们的生产增长率很低。相反，镇乡企业都发展很快。它们效率低、消耗大，挤占了已很紧张的交通、能源和原材料等。

---

* 本文系《中国时报》（泰国曼谷）记者许少玲专访，发表于该报。

经过半年来的努力，整顿工作已取得了一定的成效，具体表现在通货膨胀逐渐稳定下来；工业发展速度已从去年的将近20%降到10%以下；这几个月的物价上涨也较平稳；居民储蓄额在上升，当然也因为采取了一系列措施，如提高利率，开办保值储蓄，有奖储蓄等。

现在有一种心态，希望能平平安安、舒舒服服、皆大欢喜地度过经济的低谷。刘国光认为，这是不现实的，而是要付出代价，作出牺牲，甚至付出生活水准暂时下降的代价的。现在的困难在于：大家不那么万众一心。因为有的人在苦，有的人却在发财，而发的又是不义之财！他认为，只要心理准备较好，认识一致，又能万众一心，政府的政策措施又较妥当，是可以渡过难关的。

当前我国经济改革和发展中的几个问题*

——《羊城晚报》记者专访稿
（1989年5月17日）

一、紧缩带来两难　需要付出代价

在当前的经济生活中，我们实行治理整顿和坚持紧缩的方针，紧缩总需求，调整产业结构。在治理整顿和紧缩中遇到了"两难"：坚持紧缩，生产和流通中资金更紧，造成生产"滑坡"，流通梗阻；不坚持紧缩，全面放松银根，新的更大的通货膨胀会腾空而起，更难以控制。这两难过去也遇到过。1984年第四季度出现几个过热，1985年紧缩，到1986年年初不仅实际部门和企业在叫喊，理论部门也在叫喊。在这种情况下，重新放开，物价又上涨。1987年年底，中央又提出双紧双压，又碰到叫喊。1988年又重新放开。现在实行紧缩中，还遇到盲流，货币也管不住，出现现金在银行"体外循环"。本来经济是软着陆，但实际上还没有着陆就又重新飞起来，通货膨胀愈演愈烈。现在又有类似的叫喊，看我们能否顶住。如果没有坚定的决心，在各方面叫喊面前顶不住，经济结构继续被扭曲，效益低下的产业或企业得不到及时调整，我国将出现经济停滞和价格上涨并存

---

* 本文系《羊城晚报》记者蓝桂良专访，发表于该报。

的局面。我们制定政策，只能两利相衡取其重，两害相较择其轻。当前摆脱困境的出路是：在提高认识、下定决心、排除干扰的基础上，在总量上坚持紧缩，结构上抓紧调整，增加有效供给。

治理整顿是一个要伤筋动骨的痛苦过程，全国人民从上到下都要有准备付出代价，作出牺牲，过紧日子，承受痛苦的思想。现在有一种不利于治理整顿的心态：就是希望治理整顿、度过低谷的过程，是一个舒舒服服、不伤筋骨、皆大欢喜的过程。其实，这是不可能的。总量要控制，结构要调整，治理整顿是要伤筋骨的。因为有些消耗材料和能源多，而效益又低的企业要关停并转，有些人的就业就有问题；紧缩银根，许多部门或企业面临竞争的威胁，个人收益也会受到影响；等等。所以，全国人民从上到下都要有一个准备付出代价，过紧日子，甚至承受实际生活水平暂时下降的痛苦的思想和决心，共渡难关。如果没有这种思想准备，怕牺牲，不愿过苦日子、紧日子，就难以下决心，该压的压不下来，该整治的整治不了，治理整顿就有可能走过场。

二、继续深化改革是实现调整和紧缩的有效途径

治理和整顿的核心是紧缩，紧缩必须同时合理调整。而继续进一步深化改革是实现调整和紧缩的有效途径。因此，必须把治理、整顿、调整同深化改革相结合。只有通过继续深化配套改革，才能实现治理、整顿和调整的目标。

现在的紧缩像弹簧一样，用行政办法压下去，不但稍一放松又会弹上来，而且很难压下去。看来非要通过继续进一步深化改革才能从根本上解决问题。当前需要解决以下几个问题。

（一）退回去恢复旧体制或全盘私有化这两条路都不能走，以公有制为主体的混合所有制比较符合中国实际

现在经济改革确实走到了关键时刻。我们既不能回到旧体制的老路上去，走回头路是没有出路的，也不能走资本主义私有化的道路。在中国现在的政治经济格局下，私有制的结果只能是官僚资本化。从现在世界经济的发展格局看，混合所有制方向，比较符合中国实行的市场取向型改革，又可以符合以公有制为主体的目标。因此，中国今后相当长的时期内应是一种混合经济。

（二）需要深入研究和解决财政包干、企业承包、工资总额与上缴利税挂钩（简称"两包一挂"）出现的新问题

我国原来的旧体制本身就是一种存在促使投资饥饿、投资膨胀的体制。现在我国是处在新旧体制并存和交替过程中，在旧体制中的政企不分，以行政手段管理经济的问题尚未得到很好解决的情况下，又将财政权力下放到地方，实行地方财政包干，分灶吃饭，地方财政权力增大，导致许多地方为了本地区的利益，或者是压银行发贷款，不断追加投资，盲目发展加工工业，尤其是乡镇企业；或者是不愿压缩一些能增加本地财政收入，与本地利益直接相关，但效益低下的企业。这样，就促进了经济过热，进一步推动了通货膨胀。所以，当前必须在治理、整顿和调整中深化改革，进一步研究和解决财政包干中地方盲目发展、重复建设和财政包干向分税制过渡的办法和措施，正确处理和解决中央财政与地方财政的利益分配问题。

从企业承包来说，现在国营企业和集体企业普遍实行承包经营责任制，这对调动地方和企业的积极性，提高经济效益都有好处。现在的主要问题在于具体做法上。现在的承包多是税前承包和税前还贷，企业多得，国家少得，这就促使了企业投资膨胀特

别是消费基金膨胀，出现企业短期行为等一系列问题，企业经济效益还是上不去，职工的生产（工作）积极性还是调动不起来。改变这种状况的主要办法，就是通过深化改革，转换机制，建立企业的自我约束机制。

从企业工资总额与上缴利税挂钩来说，这实际上是与物价挂钩，促使企业提高产品价格，企业的利益转嫁到消费者身上了，消费者受害。现在需要进一步研究解决企业工资总额怎样与实际经济效益和劳动生产率挂钩的问题。

要解决"两包一挂"所出现的这些问题，需要改变膨胀机制，这就要深化银行体制的改革。现在银行受制于各级政府部门管理之下，干部人事和经营业务都缺乏独立性，地方政府迫使银行贷款投资，作为宏观调控手段的银行没有独立性。投资膨胀带动了信贷膨胀，中央银行只得多发票子。加上现在一些企业和个人不愿在银行存款，现金在银行"体外循环"，货币不能正常回笼，增大了流通中的货币量。要解决投资膨胀和现金在银行"体外循环"的问题，光控制货币还不行，要从两方面进行改革。一方面要在金融体制上改革，彻底解决银行的独立性问题；另一方面，要充分利用利率杠杆的调节作用，制定和逐步实行存贷款利率都高于真正通货膨胀率的利率政策。通过这两方面改革，让"弹簧"自我约束。

三、从上到下都要提倡艰苦奋斗

当前治理、整顿、深化改革中的一个重要问题，就是在现阶段从上到下都要提倡艰苦奋斗，要过紧日子。应该看到，现在我们国家还是很穷的，是需求过旺、物资紧缺的国家，不是需求不足、物资过剩的国家。同时，我们现在在物价上实行弊大于利的"双轨制"，社会零售商品差价、利率差价、汇率差价共有

2 000亿元，成为"官倒""私倒"的温床和天堂，社会上一些人利用我们体制上的弊端发了不少不义之财，收入分配不公问题已成了一个严重的社会问题。在这种情况下，我们从上到下都要为国家、为民族共渡难关而提倡艰苦奋斗，不能互相攀比，大手大脚，过早进入高消费。日本、南朝鲜、中国台湾省过去都经过紧缩和艰苦奋斗的过程，才有今天的经济繁荣和发展。现在我们国家从上到下都有一些人不顾国家和个人的经济条件，喜欢大手大脚，社会上存在一种奢侈风气，浪费了大量的资财。这些问题不解决，我们经济怎么能迅速发展？国家怎么能富起来？

《1949—1952中华人民共和国 经济档案资料选编》总序*

（1989年5月）

中华人民共和国屹立于世，已经整整40个春秋。

40年来，中国人民为了摆脱贫穷和落后，备尝创业的艰难，失误的痛苦和成功的欢欣，在半殖民地半封建的旧中国的基础上，建立起社会主义的国民经济体系；使落后的农业大国进入了工业化阶段，并正向着高度文明、高度民主的社会主义现代化强国迈进。面临新的世界性的现代化竞争的挑战，我们必须深化改革，完善社会主义生产关系，发展社会生产力。为此，我们要在马克思主义指导下，将国内外一切先进思想理论、管理经验、科学技术成果与中国的社会实践相结合，并在此基础上建立中国特色社会主义理论。这是我国社会科学工作者义不容辞的历史使命。为了完成这项任务，我们必须谙熟国情，了解自己，科学地总结历史经验教训，尤其需要系统、深入、有创见地研究中华人民共和国经济史。而广泛地、翔实地占有中国现代经济史料，包括40年来有关中国经济体制、经济运行、经济效益的统计、文书等档案资料，则是为学术理论大厦奠基和建设实践征途铺路的基础工作。

---

* 载于中国社会科学院、中央档案馆编《1949—1952中华人民共和国经济档案资料选编》，中国社会科学出版社、社会科学文献出版社等1989—1993年版。

新中国的创业者和建设者们，以卓绝的智慧和劳动，为我们留下了浩如烟海的文献档案、资料书刊。然而由于历史上的种种原因，这些珍贵文献长期以来被束之高阁，难以发挥作用。十一届三中全会以来改革开放的春风促使档案部门和专业科研人员携起手来，共同编辑出版经济档案资料。从而使中华人民共和国经济史的研究，有可能建立在一个扎实坚固的基础上。《中华人民共和国经济档案资料选编》就是中央档案馆和中国社会科学院共同努力的结果。

这是一部有关中华人民共和国经济史料的大型学术资料系列丛书。它既是资料性的，也是学术性的。说它是资料性的，因为书中正文内容全部采用原始的档案资料，在编辑过程中严格维护文献原意，对重要文献资料力求兼容并蓄，毋使遗漏，并且为读者进一步深入探索提供详尽准确的来源和出处。说它是学术性的，因为它是编者对汗牛充栋的文献资料进行去粗取精、去伪存真、由此及彼、由表及里研究分析的基础上，按照生产关系变革、生产力发展、经济体制演变、经济运行各个环节分门别类，设立卷次，详列纲目，按类编排的。在编排的过程中注意到历史和逻辑的结合，每一卷资料都是一个有机的整体，使读者一目了然，便于比较分析和研究，而不同于一般的文件汇编。这部学术资料书还具有探索性的特点，它对于浩繁的新中国的经济档案资料所进行的全面系统的整理，是前人没有做过的，可以说是一种开拓性的尝试。

这部系列丛书是协作的成果，除了中央档案馆和中国社会科学院通力协作外，还得到国务院、国家各部委档案部门的热忱支持；并承蒙当年领导我国经济建设的老同志的谆谆指教，在此向他们致以衷心的敬意和谢意。

薄一波同志为全书题词，给予我们极大的鼓励和鞭策。

由于这部系列丛书的编辑是一种新的尝试，加之档案资料的分散和统计资料（特别是新中国成立初期的）的不完备，编辑工作必然有诸多不足和不尽如人意之处，敬请读者提出批评建议，以便再版时改进。

走出困境的近期对策[*]

（1989年5月）

一、当前面临的经济困境

（一）整治有成绩，问题仍不少

自1988年9月中共十三届三中全会以来，治理整顿工作有进展，有成绩，抢购风已经平息，储蓄趋于回升。但问题仍不少，表现在：（1）1989年头四个月的通货膨胀率仍高达27%，这种趋势表明，中央关于1989年物价上涨要明显低于1988年的承诺有落空的危险；（2）经济秩序的整顿进展缓慢；（3）投资规模和银行信贷规模虽有所控制，但与计划要求相去甚远，且有扩大趋势；（4）企业经济效益下降，国有工业企业一季度可比产品成本上升15.8%，销售利税率和资金利税率分别比1988年同期降低2.2和2个百分点；（5）产业结构调整很不理想，能源、交通、原材料等基础产业没有得到应有的加强；（6）乡镇企业的超高速发展的问题并没有解决（1988年增长35%，1989年一季度仍高达31%）。形势依然比较严峻。

---

* 本报告是受中央有关财经领导机构委托，中国社会科学院经济学科片经济形势分析课题组进行了一个多月的研究，于1989年5月17日完稿的。现在看来，报告中提出的一些问题，仍然有现实意义。故全文刊出，供研究参考。本报告的撰写，是在刘国光、张卓元同志主持下，由我院经济学科片经济形势分析课题组完成的。执笔人：戴园晨、李茂生、李晓西、杜海燕。原载中国社会科学院《要报》1989年第28期。

（二）治理整顿在一定程度上陷入两难困境

表现为：（1）不治理整顿不行，而治理整顿又苦于中央政府调控能力下降，调控手段不足，加之过去发生过的整治工作中一定程度的犹豫观望、举棋不定以至政策多变，使一些地方和部门持观望等待态度，甚至对放弃紧缩存在幻想。这对治理整顿工作是极大的干扰，调控很难到位。（2）治理整顿方面可提供选择利用的有效措施不很多，某些措施的运用又面临两难。比如提高利率是紧缩需求、抑制通胀和调整结构的强有力的手段，非用不可；但是如何解决财政与企业界的反对，采取什么措施克服软预算约束以保证提高利率能真正起到杠杆作用，对提高利率引起少数企业破产、工人失业，在政治上、经济上是否有足够的承受力，诸如此类的问题，又使我们在启用利率手段方面畏缩不前。（3）解决消费基金失控、职工工资奖金增长过快和给职工以通货膨胀补偿这类问题也苦无良策。消费基金增长过快的问题讲了多年并未解决，执行紧缩政策以来仍然如此。与此同时，因通货膨胀影响，1988年全国有34.9%的职工家庭实际收入下降。上述两种显然矛盾的现象如不解决，势必妨碍环境的治理，不利于调动群众的积极性。（4）在治理整顿工作中，存在着客观上要求付出必要的代价，与人们主观上不想付出代价，希图舒舒服服、不伤筋动骨就能消除危机的矛盾。在治理整顿中，中央提出要求两三年紧日子，但现状表明，许多单位和个人并没有认真打算这么做，既不勤也不俭，总想舒舒服服不付出代价就能过关。在这方面政府的决心也不大。特别需要强调的是，一些低效、无效企业的破产和小部分工人失业恐怕是目前紧缩所必须付出的代价。现在尚无迹象表明愿意付出这样的代价。

（三）改革徘徊不前

不改革没有出路，要改革又苦于迈不开步子和没有把握达到预期目的。从表面上看是治理整顿使改革陷于停滞，从深层分析则是环境恶化使改革举步维艰。主要表现为：（1）价格改革放又放不开，调也调不动。如果不动，目前不合理的产业结构无法调整，比如铁路、邮电、能源等价格不改革，维持都困难，很难有大的发展；农产品的价格不动，种植业的比较利益不断下降，更摆脱不了困境。但要动价格，又顾忌物价稳定不了，通货膨胀无法控制，财政也无法负担，即使是调价，也怕达不到预期目的，徒然引起物价上涨。比如前几年的农产品价格调整，几年后结果是不合理的比价复归，问题依然如故。（2）前几年出台的价格双轨制已经成为新的改革对象，但在对待双轨制的问题上，同样面对两难抉择：马上取消双轨制主客观条件都不具备：但双轨制的存在的确是"官倒"涌现和腐败现象滋生的温床，它使正常的经济秩序无从建立，并引起社会的普遍不满，又到了非取消不可的时候。（3）在解决行政性分权方面的困境。以财政分灶吃饭为核心内容的地方行政性分权，曾作为一项重要的改革措施推出。几年后其弊病日益突出，它在一定程度上强化了政企不分，使宏观调控机制运行中梗阻，成为投资膨胀、产业结构恶化的诱因。因此，在整顿治理和深化改革中亟须解决地方的行政性分权问题。但是，在近期内想要改变亦非易事。当初搞行政性分权的一个重要指导思想是要调动地方的积极性，现在要改变，比如取消财政包干，又用什么替代办法能够调动地方积极性？况且地方财政包干是与企业承包相匹配的，而企业承包作为过渡性的"没有办法的办法"，看来又不便立即改变。如果在继续实行企业承包的条件下取消地方财政包干，那将使企业的预算约束更软，中央财政的困难无疑将增大，通货膨胀很可能更严重。这也是一种两难局面。（4）改革从一定意义上说就是利益关系的调整。目前在社会利益集团关系的调整上，也是处于两难之中。撇开个别具体的利益调整不说，目前社会上普遍存在着双重利益观念——既要保留原来在旧体制下得到的好处，又要得到新体制的利益。前一种"好处"本应随着旧体制的革除而消失，取而代之的是按新体制的规则，既得到利益又承担风险。但目前社会上二者兼得的心理很强烈，而政府出于种种考虑又往往迁就这种不合理要求，自然加重了目前的经济困境。

二、原因剖析

（四）经济困境的产生不是短期的矛盾表现，而是累积性的矛盾所致

1. 环境恶化、困难日增，集中表现在日趋严重的通货膨胀及其后果上。比较一致的看法是，1984年以来，总需求过大，货币发行过多，是造成通货膨胀的直接原因。其中投资膨胀又起了举足轻重的作用。比重很小的预算内资金要支持庞大的固定资产投资，缺口很大，银行的国家所有制使投资需求膨胀通过信用膨胀方式得到满足。与此同时，对国有制经济的预算软约束造成了国有经济的消费膨胀，经济的低效率则使供给与需求的缺口越拉越大，供给缺口扩大反过来又刺激传统体制固有的扩张冲动。这表明传统追逐数量增长的发展战略没有转变过来，这是造成经济困境的第一位原因。

2. 困境不是由改革造成的，但改革中的某些失误也不能不对困境起到一定作用。这表现在城市体制改革初始选择侧重于利益分割，推行了地方包干和企业承包，这虽然在开始时调动了地方和企业的积极性，但由此刺激了地方和企业的扩张冲动，加剧了总需求膨胀。而且利益的刚性为继起的改革设置了障碍，使得

市场发育和统一市场的形成迟迟不前。再是改革措施的配套性不够，有的甚至互相矛盾，彼此抵消，如拨款改贷款本来是通过信贷约束提高资金使用效益，但税前还贷的软约束使拨改贷起不到作用。宏观管理方面改革的滞后，如中央银行独立化的改革下不了决心，使得对总需求膨胀缺乏有效的制衡机制。

3. 政治体制改革和党的思想政治工作同经济的发展和改革不相适应，使得社会上普遍存在一种不满足感，现在职工生产积极性普遍不如五六十年代，革命理想的动员力量下降了，物质利益刺激也没有达到预期的效果。群众虽然承认自己得到的比过去多了，但"寻租"现象的出现，非竞争性的不公平分配的出现，使群众认为别人得到的更多，于是出现物质刺激的效应递减现象。群众对"官倒"、党风不正和腐败不廉洁等有气。人民与党分忧解难、共渡难关的意识难以形成。

（五）治理整顿中采取"堵"而不是采取"疏"的做法，导致某种程度上整治与改革脱节，使继续整顿陷入困境

在1987年年底，我们在"三、五、八方案"中提出要"稳中求进"，把治理环境提上日程，为顺利推进改革创造条件。这个意见起初是被视为保守的。1988年9月十三届三中全会提出了治理环境的方针，但从八个月来实际执行的状况看，与我们所提的治理环境的含义不完全一样。

1. 治理环境是要把过旺的总需求压下来，创造一个相对宽松的环境；至于通货膨胀的下降，则是供需缺口缩小的自然结果。这次治理环境也提出要紧缩投资、控制消费，在这一点上是一致的，但实际执行中调控没有到位，总需求没有真正压下来。这八个月来采取了一连串行政性措施，冻结物价、关闭市场、实行专营，执行状况比压缩需求坚决得多。我们在1987年年底提出治理环境时不包含这方面内容，现在也不主张长期采取这些做法。尽

管在当时是为了把过猛的物价上涨势头压下来，稳定人心，消除通货膨胀预期而不得不采取这些措施，但必须认识到这是争取喘息机会的暂时性措施。世界上许多国家的经验表明，用行政办法冻结物价的有效期不超过6个月，时间长了，硬性冻结价格的弊病就会加重，扭曲的价格导致结构劣化，从中央到地方财政补贴的包袱越背越重。现在表现的治理整顿同改革有矛盾，使市场取向的改革走了回头路，正是指的这些整治方法；继续整治的困境也正由此而来。其实如果治理整顿确实是压缩了需求，使环境真正好转，同改革不仅没有矛盾，还是顺利推进改革的必要条件。现在的问题是整治方法没有找对，宏观控制问题没有解决，总需求仍在膨胀，只是用冻结物价的办法求得表面上的环境好转，由此获得的物价稳定并不是真稳定，而是暂时性的稳定。

2. 怎样对待已作出的1989年的物价上涨率明显低于1988年的承诺，是一个需要领导人权衡利弊进行决策的关键性问题。作为经济学家，我们认为冻结物价虽然在短时期有一定作用，但由此获得的低通货膨胀率终究属于"打肿脸充胖子"的性质，因而主张实事求是，不要硬着头皮去做明知难以持久的事情；主张在下力气压缩总需求的前提下，争取在1989年第四季度把冻结物价而暂时抑制住的通货膨胀压力有步骤地释放一部分。我们认为当前改革的困境在相当大程度上与冻结物价有关，如果物价趋于稳定的假象反过来又迷惑了自己，误以为环境已趋好转，又去搞高速度，后果将更加严重。

（六）去冬今春出现的生产"滑坡"、效益下降，在相当大的程度上与没有压总需求而去搞硬性货币调控有关

从1985年以来，我国进行宏观经济间接调控主要采用管住基础货币的做法，严格控制中央银行对专业银行的再贷款指标，减少货币供应量。货币调控本来是西方国家进行宏观调控的通常做

刘国光
经济论著全集

第
8
卷

法，但我国在实际操作中起到了一些正作用，也起了更大的副作用。

1. 西方国家的政府除了财政开支外并不直接控制需求，当财政紧缩有阻力时，采用调节货币流通量的办法来影响边际利润率和边际消费倾向，便能够形成松财政紧货币或者紧财政紧货币的不同组合，进而调节投资需求和消费需求，取得调整紧缩总需求的效果。在我国，调节货币流通量虽然也能起到调节需求的作用，但这种作用不明显。因为货币供需的变化不会引起利率的变化，边际利润率的升降不会影响投资意愿，通货膨胀的现实又刺激着人们的消费倾向，这样，管住货币供应的做法就缺少一种传递机制来影响需求，总需求并没有因此而有效地压缩下来。

2. 紧缩必然造成部分银行支付困难。不过1988年的支付困难是在紧缩之前就出现了，储蓄滑坡继之以企业存款减少，专业银行的支付准备又不足，本来寄希望于上级银行给予支持，这时卡紧基础货币供给，银行紧得不能再紧，便出现没钱支付，形成"存款吸不进，取款取不出，贷款没有钱，收贷收不回，汇款汇不走，汇来付不了"的局面。银行作为信用机构失去了信用，存、贷、汇、兑业务都不能正常进行。资金体外循环也由此而迅速发展起来。

3. 管住货币的调控办法，要求银行大力回收贷款，但放出去的固定资产贷款不能马上收回，只好去收回流动资金贷款。原来备料合理、资金占用少的企业出售商品所得货款本应再用于流通，被收回贷款后使再生产发生困难；原来备料多、资金占用多的企业困难反而少，打击了经营管理好的企业。各级银行实行存贷包干后地方化倾向突出，采取"压一家保百家"的做法卡了大中型企业。企业流动资金紧张相互拖欠，造成流通阻滞，这样便因资金抽紧而打击了生产。

4. 当前存在的一方面货币投入过多，另一方面资金又极度紧张的现象，表面上看来似乎是悖理的，其实是卡货币办法在我国所起到的紧缩需求作用很小的必然结果。要治理通货膨胀，必须控制住货币供应量，使货币供应量增长率和经济增长率大体相适应。但流通中货币的过量供给是怎样形成的呢？它是与社会总需求和社会总供给的差额密切关联的，总需求大于总供给使流通中货币过量增长，总需求小于总供给则使货币回笼。如果不下大力气去紧缩投资需求和消费需求，却单纯地硬卡货币发行，其结果是并没有卡住需求而是卡了企业流动资金，使生产出现滑坡，反过来又因为有效供给不足而加剧总供需的不平衡。

经济体制改革和治理整顿都是涉及面很广的系统工程，不能就事论事，搞"头痛医脚，脚痛医头"，而我们近来的措施在一定程度上带有"头痛医脚，脚痛医头"的性质，不下大力气去压需求，紧投资，而是把劲头使在管物价、卡货币上，以致在获得一些表面性的成果的同时，出现了治丝益棼的现象。

三、长期目标指导下的短期对策

（七）当前的困境是追求过高经济增长率使总供需缺口不断拉大造成的，只有切切实实把总需求压下来才能走出困境

如果说在学术观点上有什么派的话，那么在"企业改革先行派""价格改革先行派"之外，我们属于"治理环境优先派"。我们认为，企业改革和价格改革都是经济体制改革中需要解决的问题，是两条主线，但推进改革的重要条件是要把急于求成、建设规模超过国力的状况改变过来，要把过量的总需求压下来，创造一个有利于改革的相对宽松的环境，因而必须是宏观体制改革先行，把治理整顿和改革有机地结合起来。

现在提出的调整利率、出售小企业等都是有效的措施，但如果不解决经济发展适度增长问题，各种有效措施的作用都等于零。离开这个根本要害去另找什么突破口是找不到的。

抑制需求、治理环境属于陷入困境时的短期对策，但短期对策必须尽可能和有计划商品经济的总的改革方向相一致。

基于以上认识，提出如下对策：

（八）加快宏观管理体制改革

1. 改革中央银行管理体制，中央银行隶属关系转到全国人大常委会，以利于银行独立执行以稳定币值为主要目标的货币政策。

2. 提高存款利率和贷款利率，使利率高于通货膨胀率。

3. 改革预算制度，实行复式预算，把经常性开支预算和投资预算区分开来，属于吃饭财政部分不得再打赤字，属于投资预算部分也不得再向银行透支。

4. 改革税收管理体制，产品税划归中央，减免产品税的权力也收归中央；减少地方对税务部门的干预，将税务部门改为由国家税务局垂直管理，并像1950年那样提高税务部门的地位。

5. 把建筑税改为投资税，提高税率，并取消税前还贷，以利于继续紧缩固定资产投资，1989—1991年三年如能将全社会固定资产投资控制在3 500亿元左右，境况将逐渐好转。

（九）停止走回头路倾向，积极推进市场化的改革

前几个月治理整顿中硬性冻结的商品价格要陆续解冻，关闭的市场要重新开放，地区封锁的做法要制止，对专营要加以清理并减少到必要限度。当然，在转弯子时，态度要积极，步子要稳妥。

（十）强化竞争淘汰，优先推出有利于治理整顿的微观改革

1. 出售一批小企业，特别是那些长期亏损、管理混乱的

企业。

2. 创造条件切实执行破产法，以消除国营企业的软预算约束弊端。

3. 积极推进职工失业保障制度，为彻底打破"大锅饭""铁饭碗"创造条件。

4. 有步骤地推行股份制，推行住房商品化。出售国有资产和出售住房获得的收入一律专户存储、专控使用，避免由此形成新的投资膨胀因素。

（十一）整顿流通秩序，推进流通改革

目前生产资料平价和议价的差额1 000多亿元，这笔巨大的流通利润不知道到哪里去了，以流失20%的保守估计也达到300亿元左右。各种迹象都表明流通秩序的混乱不仅为改革设置了障碍，而且也动摇人们对改革的信心，败坏了社会风气，必须下大力气改变过来。主要措施有：

1. 取缔依附于各物资部门的官办民营服务公司和其他一些靠吃双轨价差发家的"专业户"，包括那些靠卖批件获取高额利润的特权企业和依附于大企业，靠蚕食国有经济利润生存，为资金体外循环服务的"漏斗公司"。

2. 严格价格纪律，对计划价格和市场价格实行区别管理，对违反价格纪律的企业或个人绳之以法，改变"批不痛、罚不怕"的状况。

3. 在环境好转的基础上，有步骤地变双轨价为单轨价。

（十二）推进廉政改革，政府带头过紧日子

1. 最近中央宣布暑期不再到北戴河办公和停止进口豪华小汽车，仅仅这些是转变不了社会风气的，还必须有一些制度性的改革措施，下狠心整治群众意见很大的"公费消费早熟"，严格限

制公费宴请，对挥霍浪费公共财物的人绳以严格的党纪国法。在国庆40周年之际，明令宣布不搞大规模的庆祝、评比等活动。通过这些勤俭办政的措施，树立政府的形象，消除走出当前经济困境的种种社会心理障碍。

2. 新闻、广播以各种方式宣传高消费的做法必须改变，转为提倡勤俭朴素，过紧日子。

3. 改革审计体制，目前各单位铺张浪费严重，滥发钱物，彼此攀比，乱开口子，把各种财务制度都破坏了。这种状况听任其发展，社会风气将愈来愈坏。因而有必要强化审计监督，实行审计独立化，审计机关从隶属各级政府改为隶属各级人大常委会，独立行使职权。

（十三）粮食是稳定市场中最为重要的

1. 抑制过度消费和补贴流失。目前全国每年用于酿酒的粮食与进口数量接近，而大多数酒类质量低劣，应把整顿酿酒业纳入治理整顿的内容中。考虑取消对优质粮的补贴和对高收入家庭的补贴；取消对饮食业等用粮的平价供应；改粮票为粮本，防止补贴流失；花一定代价把居民手里存留的剩余粮票收回。

2. 根据外汇和港口条件，逐年增加粮食进口。可以考虑在提高汇率的条件下，使各种农产品的资源优势显性化，多出口节省土地和劳动密集的产品，换取粮食，从某一基数水平起始，让农业自求外贸平衡。

3. 把粮食价格的提高与流通体制改革结合。减少定销粮食数量，扩大市场调节的范围，防止粮食收购数量层层加码，同时在粮食合同收购制中逐渐增加市场因素，即用市场价以一定权重修正合同价，使两价差距趋于缩小。

4. 利用劳动力从城市回流的时机，把国家和地方政府对农业的基本投资用于具体的基础设施建设项目上，搞工赈建设。

（十四）调整、优化产品结构，加强"瓶颈"产业

1. 继续增加对农业的投入，逐步提高粮食合同收购价格，争取农业生产较快地发展。

2. 用中央财政每年350亿元的固定资产投资作为基础，吸引更多的资金，加强能源、原材料等短线部门的发展。

3. 采取财政贴息、适当调整价格等办法，落实国务院1989年3月关于当前产业政策的要点的规定，大力支持和鼓励应予重点支持发展的产业和产品的生产、建设与技术改造；与此同时，启动税收和信贷等杠杆，严格限制长线产业和产品的发展。

四、对几个问题的认识

（十五）关于治理整顿与改革的关系

当前有些经济学家认为，治理整顿与改革是矛盾的，认为治理整顿是改革的停滞，是走回头路，有的甚至认为搞治理整顿就是反对改革。如何认识治理整顿与改革的关系，是关系到治理整顿的正确方针能否坚持，我国的经济能否走出当前的困境，改革能否继续和深化的问题。我们的看法是，从总体上看，它们是一致的。

治理整顿与改革的一致性表现在，目前只有通过治理整顿才能为改革创造一个较为宽松的经济环境。关于改革需要一个较为宽松的环境，几年来我们在不同的场合已作过多次说明。不顾客观条件，一味盲目地推进所谓改革，只能是搞乱经济，只能使人民的利益受损，并不是真正的改革。试想，在严重的通货膨胀的情况下，市场混乱，经济关系紧张，效益低下，人心不稳，社会各方面对改革的承受力必然很有限，较大的带全面性的改革措施势难推出，而当通货膨胀得到治理，供求大体平衡，各方面的关

系较为协调的情况下，改革的困难和阻力就小得多。在双轨体制并存，宏观调控手段不健全，缺乏经济手段时，利用某些行政手段控制投资规模，控制社会集团购买力，压缩需求，只要有利于走出困境，不能认为是走回头路，更不能认为是反改革，相反，它对今后的全面改革是有利的。

治理整顿必然要求纠正改革中的一些失误，这既是走出困境的需要，也是今后推进真正改革的需要，因而是治理整顿与改革统一性的另一表现。改革的某些失误是经济陷入困境的原因之一，必须将改革与改革的失误严格区分开来。不能将改革的失误也当作改革加以保护，否则会败坏改革声誉，不利于改革；纠正改革失误的治理整顿倒是有利于今后的改革。

目前的治理整顿已经采取和必将采取许多深化改革的措施，更说明了治理整顿与改革之间具有一定的直接同一性。比如清理整顿行政性公司，整顿市场秩序，培育市场发育；提高利率，发挥利率杠杆作用，推进金融改革；建立破产机制，相应健全社会保障；拍卖一些国有小企业，试行股份制等，既是治理整顿的措施，又是深化改革的内容。

当然，在治理整顿中，某些改革措施暂时不宜推出，表面上看是治理整顿与改革的矛盾，究其实质则是缺乏必要的经济条件，或者说经济环境不允许。比如在出现严重通货膨胀时，要闯价格改革关就是不现实的（价格方面当然也需作局部的改革和调整）。

（十六）必须把改革和发展结合起来，切实转变发展战略，防治追逐高速度的过热病

我国发展战略要从数量型转向效益型的话题已经说了十年，从表面看是认识并无分歧，但实际上始终转不过来。现在有种说法认为高的发展速度方能够保住财政收入，低速度连维持吃饭财

政都有困难，这反映了效益的低下，但也正说明高投入低产出维持经济增长的路子必须改变。因为经济发展过热、投资需求过旺、供需缺口扩大，是导致宏观经济效益下降的主要原因；不改变追逐数量、追逐速度的做法，很难转上讲求经济效益的新路子；一旦陷入高投入、低效益，更高投入、更低效益的怪圈，财政将会更加困难。

有些同志之所以反对控制经济增长速度，是因为经济增长速度意味着供给的增长速度，认为压速度不能使供需缺口缩小，只能使高增长的供需缺口变为低增长的供需缺口，丧失赶超的时机。我们认为，如果经济增长速度是靠内部挖潜取得的，增长速度当然是越快越好，问题在于现在的经济增长主要是靠扩大投资取得的，通常增加1亿元工业产值需要增加1.5亿元的投资，投资需求的增长超过供给的增长，追逐超越国力的速度便会扩大供需缺口，加剧紧张。而且，经济增长速度和"有效"供给增长速度也并不完全等同，多年来我们的经济增长速度与南朝鲜、中国台湾等地相比并不逊色，但人均GNP的差距却在不断扩大，其原因正在于经济效益差得很远。所以不能够片面强调速度，而要强调确有实实在在经济效益的速度。我们认为，这个认识问题是最为急切的，因认识不一致而出现反弹的威胁是客观存在的。

（十七）创造条件，变地方财政包干为分税制

地方财政包干最初曾起到过调动地方积极性、保证中央财政收入的作用，但这种行政性分权正如改革初期所讨论过的那样，不符合改革的方向，而且当前它已经成为供需总量矛盾和结构矛盾的焦点，成为滞缓和阻碍深化改革的"瓶颈"。地方政府为了扩大自己可支配的财政收入，争投资、争项目、争贷款、争物资。竞相攀比扩大基建规模，所以，地方政府已经成为投资膨胀的主体，制造经济过热的重要因素。而且，由于目前价格不合

理，在市场利润导向下，地方政府投资涌入短、平、快项目，致使基础设施建设薄弱，原材料工业发展不足，经济结构倾斜日益严重。

不仅如此，地方政府利益形成的中梗阻，阻碍着改革顺利发展。不同地区利益之间的矛盾，阻碍着统一市场的形成；追求双轨差价利益的活动，阻碍着市场机制的发育。地方政府的利益预期还使宏观调控政策难以发生作用，也是当前使紧缩不能收到预期效果的重要原因。因此，尽管一下子还做不到取消地方财政包干，但只要认识一致了，便可以采取逐步"削藩"的方针，减弱地方的经济管理职能和权力，从而使总量失衡和结构失衡的一个重要的制度性原因逐步得到削减，在此基础上积极研究推行分税制。

（十八）不能再用通货膨胀的办法来刺激经济增长

通货膨胀是我国当前经济中的大问题，造成通货膨胀有成本推动和结构调整的因素，但最根本的是总需求超过了总供给。有关部门统计，自1984年以来，因结构性价格调整带来的物价上涨年平均只有2.28%。

我国从1979年到1984年，物价调整主要属于结构调整性质。本来结构性的价格调整即相对价格的调整，不会引起价格总水平的上升，但我国结构性价格扭曲是过去通货膨胀中硬把某些商品价格压低造成的，结构性价格调整是把抑制性通货膨胀释放出来，这就不能不带动物价总水平上升。今后进行价格改革时，仍旧会因抑制性通货膨胀的公开化而出现物价上升。

1985年以后，总需求过大，货币发行过多，是造成通货膨胀率急剧上升的直接的和主要的原因，而投资膨胀又对总需求过大和货币发行过多起到了特别重要的作用。需求拉起型通货膨胀的一个特点是，当群众尚未形成通货膨胀预期而还存在货币幻觉时，较多的货币投放可以表现为较低的物价上升；当通货膨胀预期形成以后，就会出现通货膨胀不断加速的趋势。旧中国12年通货膨胀过程中，货币发行增加1 400多亿倍，而同期物价上涨85 000多亿倍，正是这个缘故。1988年8月抢购风中出现的物价猛升和储蓄滑坡，也主要基于需求拉起型通货膨胀引发的通货膨胀预期。

工资成本推动和国外输入型的物价上升，也是通货膨胀率上升的一个原因。但工资—物价和灰市汇率—物价的轮番上升，在很大程度上也是由需求型通货膨胀所带动的。这种惯性通货膨胀属于继发性通货膨胀，不能够夸大它的作用，冲淡对过量发行货币这种通货膨胀的原始动力的注意。

用通货膨胀刺激经济增长和高通货膨胀支撑高经济增长率的观点，是导致我国通货膨胀日趋严重的理论基础。但是，凯恩斯用赤字财政刺激经济的理论是针对需求不足的资本主义经济，并不是针对需求过旺的社会主义经济；凯恩斯学派冲破了量入为出的年度财政预算平衡理论，却仍然强调周期内的财政预算平衡理论，因而并不能用于支持我国连续十年出现财政赤字的现实；至于高通货膨胀率支撑高经济增长率，世界各国还没有一个成功的事例。尽管许多国家存在着通货膨胀的现实，但是没有一个政府敢于明目张胆地宣称自己要实行通货膨胀政策，相反的只是提出反通货膨胀政策。所以我们不能选择世界上有些国家存在着高通货膨胀的情况，用来为我国的通货膨胀辩解，并以此作为执行通货膨胀政策的依据。

治理环境、走出困境的关键，是把过旺的社会总需求压下来。因为只有使原发性的需求型膨胀抑制住，才能使继发性的惯性膨胀逐渐停歇；而且有了较大的回旋余地之后，也才有可能把抑制性通货膨胀释放出来，才有可能进行放调结合的价格改革，把扭曲的价格体系逐步理顺。而要做到这一点，必须从根本上消

刘国光

经济论著全集

第

8

卷

除"通货膨胀有益无害论"在经济决策中所起的影响，尽管我们现在还不可能把通货膨胀停歇下来，但要明确不能把容忍和推行通货膨胀作为一种政策上的选择，而要经常头脑清醒，尽可能采取可行的对策来抑制通货膨胀现象，为我国的改革和发展创造一个比较良好的环境。

（十九）治理总需求膨胀既要制止信用膨胀和财政赤字，还要消除国民收入初次分配失误

1. 这几年存在着信用膨胀是无可争议的事实。这不仅从货币供给量增长率超过经济增长率可以证明，也从两次调整都把重点放在卡紧银行信贷可以反证。

几年来的状况是大家都承认财政的日子紧，不容易要到钱；但都认为银行有钱，各级领导都向银行伸手要贷款，银行受到的压力很大。银行的资金来源确实比过去多了，但资金运用的去向更多。为了满足各方面的要求，便从搞活资金上找出路。搞活用活资金是对的，但必须同时注意到信用放大的副作用，现在对付信用放大只有存款准备金一种调节手段，就很难避免信用扩张。有些分支行处兑付现金的准备不足，有些银行把联行之间汇兑的差额也用来放了贷款，有些农业银行把本来准备用于收购农副产品的贷款先贷给了乡镇企业，都是信用膨胀的表现。

农村信用社过去从农村吸收存款而贷放很少，这几年支持乡镇企业发展使贷款大幅度增加，使得转存到农业银行的款项不仅没有增加反而减少；成千家信托投资公司的兴起，其资金实际上来自银行；再加上体外循环的地下金融业的出现，都在不同程度上间接加剧了信用膨胀。

但也应该看到，信用膨胀相当大的部分是由财政赤字造成的。连年的财政赤字形成的财政向银行借款到1987年年底的余额达到514亿元，加上由银行资金购买的债券，再加上补充企业定

67

额流动资金从财政的担子变为银行的担子，银行想抑制信用膨胀是相当困难的。

2. 财政收支必须平衡，这本来是古典经济学和社会主义经济学所强调的，这个观念为十年来的实践所打破了。但即使是凯恩斯学派，也只是承认在一个周期里可以有几个年度出赤字另几个年度有盈余，用周期平衡理论取代年度平衡理论。像我国这样连续十年出现财政赤字，虽然在世界各国可以找到类似的实例，在理论上却是不被肯定的。

连年财政赤字是客观存在的，但不能由此得出"赤字无害论"。有几个年度出现财政赤字可以允许，但绝不意味着财政收支不需要平衡，不意味着可以连年搞赤字财政。这样搞下去势必挖空了银行，使银行成为没有自有资金的皮包银行；势必冲击量力而行方针，助长只问需要不顾可能的倾向，破坏国民经济的综合平衡；势必扩大总供需之间的矛盾。

弥补财政赤字可以向银行透支借款、发售债券、举借外债，但这些都只能作为暂时性措施，不能作为长期的收入来源。一旦落入"债务陷阱"，就会连续多年翻不过身来。这个隐忧，现在应该及早认识。

3. 为什么会连年发生财政赤字，想平衡收支也平衡不了呢？出现这种状况的原因很多，但主要是在国民收入初次分配中出现了偏差。1978年财政收入占国民收入的比例为37.2%，上述比例在1979年和1980年分别降为31.9%和28.9%，其中一个重要原因是调整农副产品收购价格改变了国家和农民分配关系，然而却没有相应调整销售价格；上述比例在1981年以后几年降为25%左右，其中一个重要原因是进行企业改革时减了税让了利，加上对乡镇企业、知青企业等的优惠，使经济增长迅速而财政收入增长缓慢；到1988年时上述比例下降到19%左右，其中一个重要原因是推行企业承包制包死了上缴基数。

讨论国民收入分配的理论通常都认为搞好分配的关键是把国民收入这块"蛋糕"做大，使财政、企业、个人都能多得。但从我国的情况来看，以1987年与1978年相比较，扣除国内外债务收入后的国内财政收入平均每年增长7.7%，扣除物价上涨因素后的实际增长仅为0.7%，然而以不变价格计算的社会总产值平均每年递增10.8%，工农业总产值平均每年递增10.6%，国民生产总值平均每年递增9.5%，国民收入平均每年递增9%。因而把扣除物价因素后的国内财政收入与之相比较，分别低10.1、9.9、8.7、8.3个百分点。特别是1988年财政收入增长率还低于物价上涨率，"蛋糕"做大了而财政所得的份额反而小了。在这种情况下，财政赤字是很难克服的，由于财政拮据而把很多压力转移到银行，信用膨胀也难制止。因此，剖析总需求膨胀的原因，不能不涉及国民收入初次分配中过多过快地转让利益的问题。经济生活中的许多两难都是由此而引起的，如果不下狠心触动利益分配格局，治理整顿将始终是扬汤止沸，而做不到釜底抽薪。

（二十）产业结构优化的障碍所在

要走出困境，关键是在紧缩过程中能够实现产业结构的优化。但迄今为止，农业、能源、交通和其他基础产业仍是"瓶颈"，其发展滞后局面在近期内不仅难以改变，而且还存在着产业结构进一步恶化的可能。

产业结构需要合乎比例地发展，否则，就有可能因为比例失调而导致经济危机，这是马克思在《资本论》第2卷中反复讨论过的。原来以为在社会主义计划经济中可以消除比例失调，但实践证明计划经济仍旧会不断出现失调，并需要在不断调整中前进。

前三十年我们实行优先发展重工业的倾斜政策，因比例失调而不得不进行调整时，压缩重工业，发展农业、轻工业，经过一两年或者三四年时间，就调整过来了。当然这种调整过来是暂时的，那时候的发展战略决定经济结构不可能合理，资源配置效益相当差。

近十年轻纺加工工业的发展，在前期是合理的，它使得过分向重工业倾斜的经济结构得到改善，而且经济决策部门很早就提出了要重点发展能源、交通、农业，很早就注意到产业部门要均衡发展，见事也并不迟，但产业结构却迟迟调不过来。原因在于：（1）计划调节已不像前三十年那样有效，计划提出的要求因中央政府财力拮据而无法兑现；（2）在市场经济中发生结构失衡，本来可以通过市场的自我调节功能而恢复均衡，但在我国却因为价格扭曲使得"自调节"变为"逆调节"，短缺的能源、交通、基础工业因价格过低而发展不起来，长线的加工工业因价格过高而压不下去；（3）地方成为利益主体，往往把地区局部利益置于全国整体利益之上，资源产地利用自己的资源优势发展加工工业，形成"大厂吃不饱、小厂还在建"，加剧了结构恶化；本来地区产业结构应该各有侧重，而现在却出现了地区产业结构同构化的倾向；（4）价格不合理本来可以通过税收杠杆加以调节缓解，产品税中的高税率本来是既限制消费也限制生产，而现在税收杠杆失灵，反而鼓励地方发展高税率产品的生产；（5）整个社会出现博弈倾向。大家都明白盲目重复建设的效益不好，知道"羊毛大战""蚕茧大战"的后果不好，但都心存侥幸，认为自己去搞也许能捞上一把，这种社会博弈倾向加剧结构失衡，使资源配置效益降低，使政策目标无法实现。因为对策者通过对政策效果的分析，作出博取自身利益的对策，必然使政策走样。

（二十一）治理经济环境必须付出代价

现在的状况是，抽象地谈论治理经济环境是没有人反对的，但若要真正推出一些过硬的措施，便会因为利益的刚性而阻力重重。本来负利率是不利于信贷调控的，然而把贷款利率提高到与通货膨胀率持平也遭到反对；本来调整需要淘汰一批效益差、亏损大的企业，然而现状是破产法虽已公布却无法付诸实施；本来调整需要举国一致过几年紧日子，然而现状却是谁也不愿紧到自己头上。这样拖下去，对每个人的经济利益都不能触动不能伤害，其结果便只能听任通货膨胀间接地伤害每个人的经济利益，而经济环境也不能得到改善。所以有必要明确治理必须付出代价，然后才能以壮士断腕的决心推出一些过硬的措施。

深化改革就是要有优胜劣汰，付出代价中最主要的就是要为优胜创造条件，就需要加快推行社会保障制度，发放失业救济金，但目前财政困难搞不了。我们考虑可以采取工赈办法，组织失业人员从事公益事业建设，如植树、修路等，用所得收入补助失业时间的生活费用；可以把政府用于补贴亏损企业的一部分资金和变卖国营企业的一部分收入，用作失业救济金的来源，以后则逐步由失业保险取代。

中国经济改革实践与理论的发展

（1989年6月）

一

中华人民共和国成立以来，经济管理体制经历了两次重大的转变。

第一次重大转变是在新中国成立初期。1949年中华人民共和国成立后，党和政府就着手对旧中国的半封建、半殖民地的经济制度进行根本性的改造，为创建新的经济体制准备条件。新的经济体制是在有步骤地实现从新民主主义到社会主义的转化中实现的。其步骤大体是：首先，没收了官僚资本，完成了土地改革，统一了财政经济。到1952年，实现了财政经济状况的根本好转。其次，基本上完成了对农业、手工业和资本主义工商业的社会主义改造，确立了以全民所有制和集体所有制为主要形式的社会主义公有制结构。最后，建立了集中统一的计划经济管理体制。先是对重点建设实行统一管理，后来，对粮食实行计划收购和计划供应，对工业、物资、交通运输等部门的国营企业和部分公私合营企业主要实行直接计划和实物调拨，并对财政、信贷和劳动工资等也实行统收统支、统存统放和统分统配。到1957年，以计划体制为中心的、集中统一的经济体制形成了。由第一次大转变形成的新经济体制是一种高度集中统一的、主要以直接的行政手段来进行调节的体制。1957年这种体制基础形成以后的20多年间，虽然也经过了一些局部的演变，但都没有离开带有实物供给制因素的集中计划经济模式。这种体制的主要特点是：（1）在生产资料的所有制结构上，以最后实现统一的、唯一的全民所有制国营经济为目标，通过合并、升级使集体经济不断削弱，个体经济日益式微，所有制结构越来越向政企合一、政社合一的方向倾斜而趋于单一化。（2）在经济活动的决策权上，权力高度集中在国家手里，虽然管理权限几经下放和上收，但都是在中央和地方，条条和块块之间进行调整，企业基本上处于无权地位，政府机构的行政管理日益加强，经济运行中的行政动员因素增多，个人的职业选择权与家庭的消费选择权也都受到了一定限制。（3）在经济活动的调节上，基本上是自上而下的指令性计划安排，属于单一的计划调节体系，其间，虽然有时注意运用了经济杠杆，但是范围有限，尤其是价格被扭曲，市场机制不能发挥调节作用。（4）在经济利益关系上，片面强调国家的统一利益，忽视企业和个人的差别利益，造成企业吃国家的"大锅饭"，职工吃企业的"大锅饭"，分配上的平均主义越来越严重。（5）在经济组织关系上，长期是政社、政企不分，企业只是行政机关的附属物。条（地方）块（部门）关系上也是按行政界限相互分割，企业之间关系松散，组织程度很低。

中国经济建设中这种体制的形成原因是多方面的。当时，既有对苏联20世纪30年代到50年代经济体制的仿效，如搞两种形式的公有制，国家的权力过大则企业的权力过小，主要采取行政手段，限制商品生产等；也有我国过去在战争年代革命根据地中实行供给制因素的影响，如统收统支，实报实销和平均分配，略有差别以及党政企业职责不分等。在当时国际国内尖锐斗争环境下，为了争取速度，赶超先进国家，亟须集中全国人力、物力、财力来建立以重工业为中心的工业体系，在加强经济实力和国防力量的历史背景下，这种体制的建立有其客观上的理由，对经济发展也起了积极作用。因此当时形成的高度集中的经济管理体制，是为当时实行的以重工业为中心的赶超发展战略服务的。从理论源泉上说，这种经济体制的形成主要是教条式地理解马克思关于社会主义不存在商品经济的思想，把马克思对于在高度发达资本主义国家中提出的社会主义的某些设想照搬到中国这样经济、文化都十分落后的国家中来了。这种非商品经济理论与中国传统小农社会的自然经济观念的结合，就使得人们对商品经济产生一种抵触情绪，因此，在经济体制的这次大转变中，我国原来不很发达的一点点商品经济，通过对城镇资本主义工商业的匆忙改造、农村人民公社化运动中出现的"共产风"以及"文化大革命"的破坏，几乎削弱殆尽。这对社会主义经济发展带来了不利的影响。

中国经济体制的第二次重大转变始于1978年12月召开的中共十一届三中全会。全会是一次历史性的伟大转折，它清理了长期以来"左"的错误，拉开了中国经济体制改革的帷幕。从1979年开始的这次经济体制改革，大体可分为三段：（1）中共十三届三中全会到1984年10月十二届三中全会以前为一段，这一段改革的重点首先在农村展开，主要是推行家庭联产承包责任制。农村改革极大地调动了农民的生产积极性，农业出现了几年全面的和持续的增产，并且推动了城市的改革。在城市，这个阶段主要是围绕扩大企业自立权，进行了一些试验性的改革。（2）1984年10月召开的中共十二届三中全会，制定了《关于经济体制改革的决定》，改革进入新的阶段，改革重点转入城市，以增强企业活力为中心环节，从生产流通体制到收入分配体制，进行了一系列初步的改革。（3）1989年9月召开的中共十三届三中全会，制定了"治理环境、整顿秩序、深化改革"的方针，中国经济进入新一轮的调整和改革并举的时期。

经过十年的改革，中国社会主义经济体制的格局发生了重大变化，可以概括为以下五个方面：

一是在所有制结构方面，开始由单一的公有制向以公有制为主体的多种经济成分并存的所有制结构转变。国有经济的比重下降，但仍占主要地位；非国有成分比重上升。例如，在工业总产值中，从1978年到1988年，国有制经济从80.8%下降到64%，集体所有制经济从19.2%上升到32.6%，其中乡办企业上升到14.1%。包括个体经济、私营经济，中外合资及外商独资等在内的涉私经济成分，1978年几乎为零，1987年增加到2.4%。

二是在企业机制方面，特别是占产值、利润、税收比重较大的国营企业，开始由政府部门的附属物逐渐向自主的商品生产者和经营者转变。通过"放权、让利"，企业在财务、人事、供销等方面的自主权有所扩大。改革前企业留利不到5%，1987年达到45%。目前正在采取租赁制、承包制、股份制等方式，进行所有权和经营权相分离、使产权关系明朗化的探索和试验，已有90%以上的国营工业企业实行了承包经营责任制。

三是在市场机制方面，改革前市场的范围局限于一部分消费品，十年来开始逐步扩大到生产资料和各种生产要素。现在，农副产品市场和工业消费品市场已初步形成，生产资料市场和短期资金市场有了一定的发展，技术、信息、劳务、长期资金市场和房地产市场也开始出现。1988年估计，价格由市场决定的产品，在农副产品中约占65%，在工业消费品中约占55%，在工业生产资料中约占40%，总的来看大约有一半商品价格已经在不同程度上由市场来调节。

四是在政府对经济的管理上，开始由直接的行政协调为主逐渐向以经济手段为主的间接调控转变。国家指令性计划管理的产品和统一分配的物资品类大大减少。在全社会生产建设资金中，政府财政拨款和银行贷款比重发生了显著变化，前者从过去占3/4以上下降到1/3以下，后者从过去不到1/4上升到70%左右。

金融手段以及价格等经济杠杆在调节社会供求方面的作用有了增强，为宏观管理逐步转向间接调控提供了一些初步的条件。

五是在内外经济交流的格局方面，开始从封闭、半封闭经济逐渐向开放型经济转变。

开放包括对内和对外开放。国内经济在改革前由于政企不分，企业所隶属的中央行政部门或地方政府部门都力求自己管辖范围内自成体系，形成了部门之间和地区之间的封锁和分割。十年来，对分开政企职责、打破"部门""地方"分割，进行了一些探索，目前比较行之有效的是发展各种横向经济联合。据统计，全国已形成了49个跨省区的横向经济网络，近4万个工商业联合体和100多个大型工业企业集团。

在对外开放方面，迈出了几大步。（1）1979年中央决定广东、福建两省实行灵活政策、特殊措施、对外开放；（2）1980年决定兴办深圳、珠海、汕头、厦门4个对外开放经济特区；（3）1984年春开放沿海4个港口和海南岛；（4）1985年春决定开放长江三角洲、珠江三角洲和闽南三角地区；（5）1986年以来陆续开放山东半岛和辽东半岛；（6）1988年春决定建立海南省，并将海南岛作为最大的对外开放的经济特区。在广东、福建建立范围更大的改革开放试验区，同时制定了沿海经济发展战略，进一步扩大对外开放。1979年到1988年，全国通过各种方式实际使用国外资金累计达477多亿美元，已批准的中外合资、合作经营和外商独资经营企业已近1.6万家。进出口货物总额1988年达到1 028亿美元，比1978年的206亿美元增长了四倍。对外开放在中国经济发展中起着越来越重要的作用。

经过十年改革，中国原有的过度集中的计划经济体制，逐渐向有计划的社会主义商品经济体制转化。改革与发展相互促进，给整个国家经济带来了勃勃生机。与此同时，中国经济在前进的过程中也遇到了不少的问题和困难。目前最突出的，一是物价上涨过快。特别是1984年第四季度发生经济过热以来，物价连年大幅上涨，1988年物价上涨率进入两位数，超过了公众所能承受的程度，相当一部分城市居民实际生活水平下降。二是收入分配不公。一方面，在大多数人中间，收入差距仍未拉开，平均主义倾向更趋严重；另一方面，行业间、职业间收入差距不合理地扩大，特别是脑力劳动和体力劳动的收入倒挂进一步恶化。三是经济秩序特别是流通秩序混乱，"官倒""私倒"流行，贪污行贿成风，以权谋私等不良现象颇有发展。这些问题，引起了社会的普遍关注和公众的严重不安，影响到了社会的安定和人民对于改革的信心。这些现象是在改革开放还为时不久，市场组织、法规制度还很不健全，社会主义商品经济新秩序尚未建立的情况下，难免出现的问题，但是要把改革、开放继续推进下去，我们必须正视这些问题，解决这些问题。1988年10月中共十三届三中全会通过的治理环境、整顿秩序和深化改革的方针，正是为了解决好这些问题，以推动中国现代化建设事业沿着正确的轨道不断前进。

二

中国社会主义经济建设和经济改革的实践，同经济理论工作的发展是密切联系的。新中国成立以来的经济理论工作，以1978年为分界线，也可以分为两个时期。前一时期的经济理论是为传统的经济体制从而为传统发展战略方针服务的。这一时期在中国占统治地位的传统社会主义经济理论的一大缺陷就是单纯地研究生产关系，而忽视生产力方面及其与生产关系方面矛盾的研究，这种脱离生产力发展状况来研究社会主义，导致经济理论中盛行"唯意志论"和"自然经济—产品经济论"。"唯意志论"表现为片面强调不断变革生产关系，以加速向统一的全民所有制过渡，加速向共产主义过渡；还表现在片面强调政治挂帅、思想觉悟等主观因素，而忽视物质技术基础和物质利益原则在经济发展与经济变革中的作用。所谓"自然经济—产品经济论"则是把社会主义经济看成不是商品经济，而是建立在高度社会化生产基础上的以实物分配为特征的"产品经济"；而对这种"产品经济"又是从事实上我国生产力极不发达状况下带有封建因素的"自然经济"的观点来理解的。中国改革前的经济体制，从理论上说，基本上是在上述"唯意志论"的影响下，按照对社会主义的"自然经济—产品经济"观的理解来构造的，因而具有所有制单一化、经济运作实物化、经济管理集中化、收入分配的平均主义化和内外关系上的封闭化等特征。由于在排斥多种经济形式上，在排斥商品货币关系上，在排斥按劳分配原则等方面，我们比其他社会主义国家走得更远，因而中国经济生活中的集中化程度、实物化程度、封闭化程度、平均主义化程度比它们更大。

中国经济理论工作发展的新时期也是从中共十一届三中全会提出了经济体制改革的任务以后开始的。在"解放思想、实事求是"的方针指引下，中国经济学界逐步摆脱了"唯意志论"的思想束缚，结合改革的实践，对传统的社会主义经济理论进行了反思。这一反思的最根本的成就，就是一步步地纠正了传统的非商品经济的社会主义观，树立了社会主义的商品经济观，并且确认中国现在还处在生产力水平较低、商品经济很不发达的社会主义初级阶段。这样，对社会主义的再认识，首先导引出"社会主义商品经济论"和"社会主义初级阶段论"。这两论可以说是中国经济改革理论的两块基石。

正确认识我国社会现在所处的阶段，是建设有中国特色的社会主义的重要问题。早在1981年中共十一届六中全会通过的《关于建国以来党的若干历史问题的决议》中，就已提出中国社会现在正处于社会主义初级阶段的论断。1987年中共十三大又对"社会主义初级阶段论"进行了比较系统的阐述，指出它不是泛指任何国家进入社会主义都会经历的起始阶段，而是特指我国的社会主义是脱胎于半殖民地半封建社会，在生产力水平远远落后于发达资本主义国家，商品经济极不发达的条件下，必然要经历的特定历史阶段。关于我国社会主义经济是否具有商品经济性质，从改革一开始经济理论界就进行争论，在党的文献中第一次被确认，是1984年中共十二届三中全会通过的《关于经济体制改革的决定》。这一文件明确肯定，"社会主义经济是在公有制基础上的有计划的商品经济"，一举破除了长期在经济理论中占统治地位的非商品经济的社会主义观；从而指明了中国经济改革将是把计划经济同市场调节结合起来的改革，这是在中国经济理论发展中迈出的具有划时代意义的一步。

社会主义初级阶段论和社会主义商品经济论这两个理论基石的重要含义，在于它们把传统马克思主义经济学中的空想因素和教条式的理解予以摒弃，使之面向当代中国的实际，重新恢复马克思主义把是否有利于社会生产力的发展作为评价各种理论、方针、政策是否符合社会主义的最终标准，当然我们并没有放弃生产关系的尺度，我们坚持四项基本原则，其中包括坚持社会主义原则，但是要紧密结合生产力标准而不能像过去我们长期做过的那样离开生产力来抽象地谈论社会主义。

在上述两个理论的基础上，中国的经济理论发生了一系列突破性的进展，其中同经济体制改革直接相关的主要有以下三个方面。

一是在所有制问题方面。中国传统的理论认识有这样几个支柱观点：在社会主义社会中，包括个体经济在内的非公有制成分是濒于消灭的经济成分；公有制经济本身应当朝着单一的国有化方向发展；不同所有制主体之间不能互融；公有制经济中的所有权与经营权不能分开。这些支柱观点近几年来开始动摇，新的经济理论观点取而代之。例如公有制为基础多种所有制并存的观点；不同所有制不但在国民经济宏观结构上可以并存，而且在企业微观构造上也可以互融的观点。又如，作为社会主义公有制经济的补充，私营经济在实践中的存在与发展得到了从理论到法律上的认可。公有制经济内部的改革正在沿着所有权与经营权两权分开和使产权关系明朗化的方向进行着艰辛的探索。

二是经济运行机制方面。改革前经济理论的基本认识有：公有制经济运行只有靠直接的行政手段进行协调；企业的行为只能由国家的指令性计划来导向；市场作用的范围仅仅限于部分消费商品；价格只起核算和再分配的功能；国家作为经济调节者与作为财产所有者的职能是不可分的；等等。这些传统认识在改革中被一一破除。新的理论提出了"国家调节市场、市场导向企业"的公式，作为经济运行机制改革的一项重要内容，把企业行为、市场机制和国家管理三个环节的改革有机地构造为一体：企业应当成为独立自主、自负盈亏的商品生产者；市场应当不仅包括商品市场，而且包括资本、房地产、劳力、信息等生产要素市场在内，形成社会主义市场体系；价格、利率等经济参数应当起杠杆作用；国家作为经济调节者的职能应当同它作为财产所有者的职能分开；等等。这些观点的细节正在结合改革的实践，进行着深入的探讨。

三是在收入分配方面。改革前中国经济理论遵循的按劳分配原则，受到平均主义思潮的严重扭曲，在三年"大跃进"和十年"文革"内乱时期，按劳分配原则在批判资产阶级法权名义下被说成是资本主义的和修正主义的东西而加以否定。改革以来，除了恢复按劳分配的观点外，分配理论进展的特点是把按劳分配原则同商品交换原则紧密地联系起来，推出了以按劳分配形式为主体的包括某些合法的非劳动收入在内的多种收入分配形式和多种分配机制并存的观点，并且结合劳动力供求和分配问题的讨论，

刘国光

经济论著全集

第
8
卷

提出了劳动收入分配也要引进市场机制的观点，等等。这方面还有若干范畴要进一步界定，有不少问题有待进一步探明。

以上列举的一些重要理论问题的突破，都环绕着对社会主义经济再认识这个总题目，从而为解决中国经济体制改革的目标模式问题提供了理论基础。与此同时，特别是1984年以后，经济改革理论研究进入到一个较深的层次，人们不只关心改革什么和改革的目标模式问题，而且更加有意识地注意研究改革本身的规律性和与改革策略选择有关的理论问题，这方面也取得了一定的成果。

从总体上看，十年改革中，中国经济理论研究的进展是明显的，但是，由于对社会主义经济的重新认识还是一个新的课题，而中国经济体制改革的进行还为时不久，新的认识还有待今后实践的验证，因此，在讨论中，分歧也是深刻的。这里举几个主要的争论。例如，在人们普遍接受了十二届三中全会关于社会主义经济是商品经济的命题以后，对如何发展商品经济却有不同的认识。一种观点实际上仍然把商品经济看成是在本质上与社会主义互不相容的、外在于社会主义经济的东西，主张在社会主义初级阶段为发展社会主义生产力而不得不采用商品经济的办法时必须用公有制、按劳分配和计划经济来限制和改造商品经济。这种看法对于在社会主义社会中进行市场取向型的改革有较大的疑虑和保留。另外一种观点则认为，既然社会主义初级阶段的根本任务是发展生产力，而商品经济是促进社会主义生产力的最好形式，因此，一切不符合商品经济要求的所有制形式、分配形式和宏观调控机制都要进行改造。这种观点，实际上是主张用商品经济来改造公有制、按劳分配和计划经济。这种观点片面强调生产力标准而忽视社会主义标准，片面强调商品经济对发展生产力的积极作用而忽视其消极方面，甚至提出为发展商品经济，就要把公有经济变为私有化的错误主张。所以，这种观点事实上也是把商品经济同社会主义对立起来的。还有一种介于上述两种观点之间的观点。这种观点从社会主义公有制内部矛盾的分析出发，认为商品经济是内在于社会主义经济本身的属性之一，主张对原有的公有制、按劳分配、计划经济，对传统的商品经济都要进行相应的改造，使它们能够在社会主义经济中统一起来或融合起来。又如，关于经济体制改革关键环节的选择，也有截然不同的看法。一种看法是，价格改革是经济体制改革成败的关键，主张着重抓以价格为中心的市场机制的改革；而另一种看法则认为，经济改革的成功将取决于所有制改革的成功，主张着重抓以解决产权关系为中心的企业机制的改革。目前，持这两种看法的人都有相互吸收对方的长处，调整自己的观点和改革设计方案。持上述两种观点的各方内部也有争论。如在强调价格改革的人中，在改革的推进速度和步骤上存在着差异：一种构想是"大步推进"，即以材料、能源的价格为重点，先"调"后"放"，在短时间内，把绝大部分产品价格全部放开，配合价格改革，推出财税、金融和其他方面的配套改革。另一种构想是"稳中求进"，针对近几年经济过热，不利于大步推进改革的形势，主张采取稳定经济和深化改革"双向协调"的战略，前几年以"稳"为主，改革走小步，几年后，以"进"为主，改革走大步，配套推出以价格改革为中心的市场运行机制的改革；同时进行以产权明朗化和经营权独立化为主要内容的企业改革和基本完成宏观直接控制为主向间接控制为主的改革。在强调所有制改革的人中，在对改革推进的深度上则存在着差异：一些人把承包经营责任制作为企业改革的目标模式；而另一些人则把承包经营责任制作为深化改革的过渡步骤，认为应该明确产权关系，建立以商品经济为基础的企业制度，实现企业组织制度与财产所有权关系的变革。上面所举一些问题的分歧，反映了人们对社会主义商品经济的不同认识，也反映了人们对中国经济体制改革的目标模式及其实现途径的不同预期。

三

中国的经济改革和经济发展，从1988年9月召开的中共十三届三中全会起，进入了一个新的调整阶段，这是由于中国经济在前进过程中碰到不少难题，需要集中一段时间来处理。因为这些问题是多年发展与改革中形成和累积下来的问题，其中不少问题的解决需要比短期的调整更长的时间，但是当前调整阶段就必须着手处理。我个人认为，目前中国经济改革中以下几个方面的问题是值得注意的：

（一）通货膨胀问题

如前所述，近年来，中国出现了比较严重的通货膨胀，物价连年大幅度上涨，1988年上涨率已经突破两位数，达到18.5%，1989年上半年比上年同期上涨25.5%，通货膨胀和市场秩序紊乱阻碍了改革和发展的顺利进行。造成这种状况，既有目前处于新旧双重体制并存，权力下放而自我约束机制尚未能形成等体制方面的根由；又有经济发展要求过急，各方面都在产值、速度上进行攀比以及执行松的财政政策和货币政策等政策失误方面的原因。治理这些问题的根本办法是通过彻底的改革以消除导致需求膨胀、经济过热的体制根源，但这不是一朝一夕之功，所以在发展政策上放慢发展速度，在宏观管理上采取财政和信贷双紧缩的方针，大力压缩投资需求和消费需求，在当前治理经济环境、整顿经济秩序方针的贯彻中，就是完全必要的了。但在指导思想上应当明确，要把治理环境、整顿秩序与深化改革结合起来；在治理整顿中，要行政手段与经济手段并用。在间接调节手段还不具备的条件下，不采取一些行政手段是不行的，但是，在运用行政手段时，要时时切记不能给进一步的改革设置障碍，不能借治理整顿搞垄断、搞分割。否则，不但解决不了当前的困难，还可能造成资源配置的进一步恶化，经济生活就会更加紊乱。在这个过程中，如何把治理整顿与深化改革结合起来，如何掌握宏观政策的方向和力度，如何既能把总需求压下来又不导致滞胀的状态，是需要认真加以研究的重要课题。

（二）体制转换中的双重体制问题

中国目前新旧双重体制并存，不管人们愿不愿意，喜不喜欢，它都是一个客观存在的现实。双重体制同时并存，既是十年改革的结果，又使经济运行中出现了一系列新的矛盾。由于新旧体制并存，因而在社会经济运行中就出现了双重规则，不但在这两种体制之间会产生剧烈的摩擦和碰撞，而且在两种体制内部也会出现复杂纷呈的矛盾，同时，在两种体制之间也常常会出现某些真空和漏洞，这给国家的宏观管理带来了前所未有的困难。由于经济信号的多元化，就在不同程度上导致了机会的不平等，一些人会利用双重体制下的价差、利差和汇差，进行"官倒""私倒"等违法活动，成为各种腐化现象的温床。同时，由于运行规则的不稳定，个人、企业与政府的短期化行为也无法真正克服，这就会给经济运行带来不稳定的因素。鉴于双重体制的矛盾和摩擦对经济和社会生活带来的种种不良后果，不少经济学者主张早日结束双重体制对峙的状态，尽快地过渡到新体制占主导地位。但是双重体制特别是双轨价格并存同社会总供求状况和通货膨胀的势态有着密切的关系。只要总需求大大超过总供给的经济失衡问题没有解决，通货膨胀性的物价上涨没有得到遏制，就难以完全摆脱双重体制并存的羁绊，迅速实现旧体制向新体制的转换。如何在现有的社会经济条件下来推进经济体制的转换，以尽可能地减小经济运行中的摩擦，也是一个需要认真研究的问题。

（三）走利益刺激之路，还是走机制改造之路的问题

经济改革无疑要通过利益关系的调整以刺激人们的积极性，但是更重要的是进行机制的改造或制度的创新，从根本上改变不符合社会主义初级阶段发展要求的生产和分配制度，建立符合社会主义商品经济发展要求的新的生产和分配制度。我国农村家庭承包经营制取代原来的人民公社体制，就具有机制转换的性质，当然这一转换过程包含着利益结构的改变，这种利益关系的改变不是在原体制不变的情况下单纯地提高农民的收入，而是从生产制度革新和机制转换入手，把农民从吃大锅饭的自然经济推向自负盈亏的竞争性商品经济，通过经济机制改革实行利益分配的改革，寓利益调整于机制转换之中，这正是中国农村第一步改革成功的关键。

与农村相比，前期城市的经济改革基本上走的是利益刺激为主而不是机制转换为主的路子，即用对地方、部门、企业和个人"让利"来代替对经济机制的系统改造。例如国营企业的改革，就在减税让利上做了不少文章，但是在经营机制和产权关系上并无根本性的变革，企业仍然不能成为自主经营、自负盈亏的独立商品生产者和经营者；在工资、奖金上给职工加了不少钱，但是工资形成的机制仍无根本性的变革。总的来说偏重于利益刺激，而利益约束则不起作用。企业仍然是负盈不负亏，吃国家的"大锅饭"，职工仍然吃企业的"大锅饭"，这种单纯的利益启动而非机制转换的改革，是促使企业行为短期化，使国民收入的分配急剧向企业和个人倾斜，造成需求膨胀和影响经济稳定的一个重要原因。目前，正在通过以两权分离和产权明晰化为主要内容的企业改革来摸索摆脱"软预算"和"大锅饭"的出路。虽然步履维艰，但是明确了单纯的让权让利和利益刺激不能真正实现改革的目标，而必须着力于机制改造——这一改革新思路的形成，则

是花了代价取得的一大进步。

（四）体制转换与发展战略转换问题

如前所述，改革前我国高度集中的以行政手段为主的经济管理体制，是与原来的经济发展战略即以重工业为中心的赶超发展战略相适应并为之服务的。改革后开始的旧经济体制向新经济体制的逐步转换，也是与经济发展战略的转换分不开的。这一战略转换的实质，就是从追求数量增长、强调重工业发展并以粗放方式为主的发展战略，转换为以满足多样化需求为目的、强调质量效益和以集约方式为主的发展战略。改革后，在经济体制转换的过程中，经济发展战略也在探索着转换的途径，但总的来看，经济发展战略还处于从低效益的粗放经营向高效益的集约经营过渡的起步阶段。近年来，由于前述体制转换中新旧双重体制并存与摩擦的原因和由于发展政策上追求产值速度的冲动没有受到有效的克制，经济过热反复出现的状况还没有实质性的改革，经济的起伏波动仍时隐时现；经济效益虽有所提高，但许多方面仍未有大的改善，相反，国家的各项补贴有增加的趋势：教育、农业、交通运输等部门发展滞后，能源、原材料短缺又趋严重，产业结构扭曲的状况仍在发展。所有这些说明，经济发展模式的转换还有相当长的路要走。如何把体制模式的转换和发展模式的转化进一步有机地结合起来，是我们在考虑中国改革和发展中不容回避的重大课题。

（五）经济发展与政治改革的协调推进问题

毋庸讳言，现行的政治体制是与原有的经济体制相配套的，它与实现社会商品经济的改革目标之间存在着一定的矛盾。社会主义有计划商品经济的运行要求权利与义务的统一，而在现行的体制下，权利与义务的倾斜脱节现象十分严重。若干年来与经济改革取得的进展相比，政治改革显得有些滞后，这反过来又不利于经济改革过程中产生的一些难题的解决，这是引发社会动荡的因素之一。如何把政治改革与经济改革结合起来，通过经济改革来促进政治改革，通过政治改革来保障和加快经济改革，既是当前治理经济环境、整顿经济秩序中的重大课题，也是保证改革进一步深化，从而实现国家长治久安的长远任务。这个问题，已经提到了我们国家的议事日程上，需要我们认真考虑和解决。

《体制变革中的经济稳定增长》序*

（1989年6月）

　　如何实现和保持经济的持续稳定增长，是近四十年来我国经济理论研究和经济政策实践反复探索而又尚未解决的一个重大问题。经济改革以来，又面临着新的环境、新的形势、新的任务和新的问题，引起了人们的广泛关注。这种情况要求我们加强理论探讨和政策研究，不断提高经济决策能力和政策操作水平，使整个宏观经济的运行建立在科学有效的基础之上和纳入良性循环的轨道。

　　什么是经济稳定增长？很明显，它是经济稳定和经济增长的有机统一，是经济短期均衡和长期发展的恰当结合。从表象上来看，是指经济增长速度既不能过高，也不能过低。它并不否定某些经济周期的存在和发生，但要努力使周期性波动不要过于频繁，波动幅度也不宜起伏过大。它以长期的持续的迅速的经济发展为表征，内涵着经济质态的提高和结构的变迁。它是以经济创新和经济效率为基础，以人民的利益和全面发展为目标，以人与自然的和谐为核心的经济的良性循环和有序发展。经济稳定是经济增长的基础，经济增长是经济稳定的保证，在稳定中求增长，以增长促稳定，就能求得宏观经济的长期有效运行。单纯的经济稳定和单纯的经济增长都是有害的和不足取的。

　　1978年以前的三十年，我国的经济发展曾经取得了很大的成

*　原载《体制变革中的经济稳定增长》，中国计划出版社1990年版。

绩，但也存在不少问题，可谓大起大落，几经折腾。既有五六十年代"大跃进"和大搞三线建设的过热状态，也有"十年动乱"中的经济危机时期，虽然从产值增长的名义速度来看并不算低，甚至属于高速增长的国家之列，但实际的经济效率并不理想，人民并未真正享受到经济增长的果实，却不得不承受经济剧烈震荡的后果。

1978年以来的十年中，我国的经济改革和经济发展取得了举世公认的成就，开始进入了经济发展的一个新阶段，但仍没有实现稳定增长的目标，虽然经济波动的幅度较之过去要小，然而波动出现的次数却要比过去频繁，扩张和收缩不断交替，经济运行往往处于过热状态，而经济效率却一直低下，人民生活虽曾有明显改善，但社会积累职能却大大削弱，近几年通货膨胀不断加剧，经济的长期发展面临着很多问题。我国的经济运行在高速低效基础之上的繁荣局面，掩盖着实际上存在的不稳定和可能发生停滞的危险。

我国的经济发展之所以未能实现稳定增长的目标，是由多方面的因素决定的，既有经济体制上的原因，也有发展战略和政策上的原因。在经济改革以前，传统经济体制既是一个超稳态的体制，又是一个不稳定的体制。超稳态遏制了经济的活力，降低了经济效率，削弱了稳定增长的基础，使得我国的经济增长难以超越平面扩张的轨道而进入质态跃迁的过程；不稳定是指人为的影响和干预太大，战略选择和政策操作上的失误很多，造成了经济上的不断波动。

1978年以来的经济改革开始打破了传统体制的超稳态结构，释放出了经济发展的一部分活力，但是，新旧双重体制并存，一方面造成信号混乱和导向错误；另一方面也造成主体行为扭曲和约束失效，其本身就是一个重要的不稳定因素，而且每一次制度性变化也往往是不稳定的。这就使得已经释放出来的经济活力不仅难以导向提高经济效率的正确方向，反而加剧了利益摩擦和利益冲突，导致了分配斗争的表面化，阻抑了经济效率的提高。在这种情况下，如果政策决策不够清醒、政策操作失当，就会使经济运行发生共振现象，形成经济增长的不稳定局面。因为，在体制变革中，我们面临着双重困难：要实现经济稳定增长既要有稳定机制，又要有稳定政策，而目前的实际却是二者都很不健全。我们进行的经济改革就是要建立经济稳定增长机制，如果在稳定机制尚未建立起来的情况下，在政策操作上又实行一系列不稳定的政策，那么，经济稳定增长就很难实现。这是几年来的实践反复证明了的结论。

实践中出现的问题都可以在理论上找到它的反映。近十年来，我们的经济理论，特别是宏观经济理论研究有了很大的进步，探讨了很多重要的理论问题和实践问题，出现了争论纷纭的众多理论观点，形成了比较活跃的局面。经济稳定增长问题也成为人们关注的中心。但是，也有一些理论和主张与稳定增长的思想相悖。例如，有人提出了"紧运行"的理论，认为社会主义经济发展的基本特征是紧运行，其基本矛盾是日益膨胀的社会需求与有限资源约束之间的矛盾，决定了稳定增长是不可能实现的，从而否定了稳定增长的必要性。有人提出了"通货膨胀无害论"，认为通货膨胀是强迫储蓄和扩大投资的手段，是摆脱低收入状态和改善贸易条件的杠杆，因而是发展中国家经济发展的必由之路，主张实行通货膨胀政策，企图以牺牲稳定为代价来求得经济增长。有人甚至提出需求不足论，面对我国社会总需求膨胀的明显事实，极力论证我国经济运行的实际态势不是需求膨胀，而是有效需求不足，主张采取刺激需求的宏观政策。与此相对应，也有人认为我国宏观经济运行的状况不是有效需求不足，而是有效供给不足，但却忽视供给增加的资源"瓶颈"和社会成本问题，主张单纯增加供给。至于我国经济运行偏离稳定增长轨道的根源，有的强调体制原因，有的强调政策原因，也都不免存在着一些偏颇之处。

与此同时，这个领域还有重大的理论问题和实际问题缺乏深入研究，有些尚未涉及或涉及不多。例如，越来越多的人认识到制度因素决定总量态势和总量关系，是影响宏观经济运行的重要变量。但是，制度因素是如何决定总量关系的，至今尚未见到认真的理论分析和经验实证。再如，在体制变革中，要实现稳定增长，需要把改革和发展结合起来，但是，如何结合，如何做到改革协调和政策配套，要不要坚持紧一点的宏观政策和松一点的制度变革，也缺乏深入研究。还有，如我国宏观经济运行会不会出现滞胀，它与西方经济中出现的滞胀有什么不同，等等，也是亟待解决的问题。而要科学地解答这些问题，就需要在马克思主义的指导下，大胆地进行理论创新，开拓新的研究领域，丰富马克思主义的经济科学。

正是基于上述的经济实践和经济理论发展的背景，我们组织编写了《体制变革中的经济稳定增长》一书，力求对上述问题提出自己的看法和解释。本书的中心不是探讨了一般的经济稳定和经济增长问题，而是主要探讨了我国体制变革中的经济稳定问题，分析了我国需求膨胀、供给不足、结构失衡、通货膨胀、内外摩擦的形成机理，揭示了经济不稳定和低效增长的体制原因和政策原因，提出了改革协调和政策配套相互结合等一系列政策主张。由于本书各章分别由不同的同志完成，所以各章的具体观点并不完全一致，个别观点甚至大相径庭，但全书主题思想是一致的。虽然全书逻辑结构不很严密，但这并不损害本书的内容和质量，倒是体现了百家争鸣的方针。

利害相权之后的抉择*

——《求是》杂志记者专访
（1989年6月）

记者： 1988年9月中国共产党十三届三中全会提出治理经济环境、整顿经济秩序、全面深化改革的方针。您对几个月来为贯彻这一方针所进行的工作如何评价？

刘国光： 总的来说，几个月的治理、整顿工作收到了一定效果。固定资产投资虽说压缩得不多，但毕竟压了一些。今年（1989）1—2月份工业总产值比1988年同期增长8%，经济增长过快的势头有所抑制。社会集团购买力增长的势头也有所减弱。物价今年比去年第三季度平稳，人们对物价上涨预期有所缓和。春节前后市场供应情况较好。开办保值储蓄以来，银行储蓄有所上升。这些，对于稳定经济和人民生活以及安定社会秩序，都起了一定作用。但是，还不能因此就说当前经济形势已经很好了。目前社会经济中出现了一些值得注意的新情况。春节前已发行货币300多亿元，说明通货膨胀并未有效控制住。与此同时，资金供应紧张，农副产品收购资金和春耕生产贷款短缺，工业企业流动资金不足。货币发行过多，但资金仍然紧张，这是不正常的现象。作为整个经济运行的润滑剂，资金供应异常，必将影响生产与流通的正常进行。另一方面，资金的运转，又受生产与交换的制约，当前资金运转不正常，反映了经济过热尚未从根本上得到

　　＊　本文系《求是》记者黄小虎、张素芳专访，发表于该刊1989年第7期。

遏制。因此，必须继续抓紧治理、整顿工作，不能有丝毫松懈。

记者：有人担心，坚持紧缩会出现生产"滑坡"，于经济发展不利；有人认为坚持紧缩，经济会出现"滞胀"。对此，您的看法如何？

刘国光：确实，紧缩是有两难：坚持紧缩，生产、流通中的资金更紧，生产难免"滑坡"；如果不坚持紧缩，全面放松银根，就很可能导致更严重的通货膨胀，愈发难以控制。世界上没有十全十美的事情，我们制定政策，只能两利相衡取其重，两害相权择其轻。应当看到，要想经济不大落，首先就不要大起。既然已经大起了，又不要大落，那就难以为继。这好比一个人发高烧，不吃一点降温的药，那就只能继续发烧，久病不愈。已经大起了，必然要大落。与其将来有一天出现失去控制的大落，不如现在就自觉地实行紧缩。在治理、整顿中，必须经过一段时间的"消肿"，把社会经济中一些"浮肿"的和不健康的东西清除掉。这样，紧缩期间的发展速度势必要低于正常速度。经济规律是不能违背的。我们要做的是努力减轻"消肿"过程中的痛苦，积极整治，缩短时间，尽量避免损失。但要想不付出代价，是不可能的。

至于"滞胀"，首先应当搞清其含义。"滞胀"是西方经济学中的一个概念。按照英国经济学家凯恩斯的观点，通货膨胀与失业人数应成反比，因为通货膨胀能够刺激需求，增加就业，促进经济发展。第二次世界大战后，各主要资本主义国家都奉行凯恩斯的理论，用通货膨胀刺激经济的发展。到了20世纪70年代初，凯恩斯的理论失灵了，资本主义国家的经济出现了大量失业与物价高涨并存的现象。所谓"滞胀"，就是指出现这种现象。所以，我国有些经济学家不赞成用"滞胀"来概括中国在调整中的经济发展速度下降的问题。

我认为，在我国当前所进行的治理、整顿中，紧缩货币，抑制经济过热，会出现经济发展的"低谷"，生产速度的下降，这是必要的调整，不能叫作"滞胀"。这是其一。其二，前几年我们经济的增长速度过高，即使从原来的20%降到7%～8%，甚至降到6%或5%，也不能叫"滞胀"，因为经济也还是在增长。是从过热降到了正常化。认为增长速度下降就是"滞胀"，是错误的；以避免"滞胀"为由来反对紧缩，再搞通货膨胀，就更是错误的。这只会导致经济生活更大的动荡和混乱。

在经济工作中，我们往往受到一些常识性的理论错误的干扰。例如，当前经济过热，就与"通货膨胀有益论""财政赤字无害论"不无关系。又如，1986年经济还没有来得及"软着陆"，就又重新"飞"起来，在一定程度上就是受了"紧缩得不偿失"论、"滑坡"论的影响。这一次，中央下决心实行紧缩，是在利害相比较之后的清醒抉择。当前，经济过热仍然是主要矛盾，不能再让那些片面的、似是而非的理论干扰我们的决策。

记者：我国当前进行的治理、整顿，实际上也是对国民经济进行一次新的调整。对此，您的看法如何？

刘国光：近几年经济过热，我们的能源、原材料本来就很紧张，却搞了那么多的加工工业，不少项目是重复建设、无效投资，分散、浪费了大量财力、物力和人力。一些效益差的小企业挤了效益好的大企业的能源和原材料，影响了全社会经济效益的提高。因此，消除经济过热，就要有保有压，保经济效益好的大企业，压经济效益差的小企业，把不合理的产业结构调整过来。这就是在紧缩中进行调整。不抓紧时机在紧缩中进行调整，生产结构扭曲，效益低下，一旦将来银根又放松了，就会出现真正的"滞胀"，而且更难以扭转和摆脱。所以，治理、整顿和调整一定要抓紧，要坚持，绝不能动摇。总量要控制，结构要调整，势必要伤筋动骨，想不付出代价，就把经济结构调整好，是不现实的。

现在进行调整，比20世纪60年代初的那次调整要困难得多。那时一声令下，大家都照着办。现在是"上有政策，下有对策"。实行了财政包干以后，压缩企业和投资，会影响地方的财政收入，一些地方因此对中央的紧缩政策持观望态度。再就是，现在政企尚未完全分开，市场发育不健全，缺乏优胜劣汰的机制；银行的作用比过去大了，但银行与企业的关系不规范；社会保障不健全，安置失业人员有困难；等等。这些，是我们当前进行调整面临的实际问题。但我们不能因此而动摇调整的决心。现在的情况是，许多该压的反而继续发展，该保的倒被"一刀切"了下来。对这种反调整的做法，必须坚决制止。

下决心调整，就要准备过几年紧日子。近几年通货膨胀，一部分城市居民实际生活水平下降，但还是要把道理给大家讲清楚，号召全社会从上到下共渡难关。同时，加紧调整，对无效的和浪费能源、运力、原材料的企业坚决淘汰，支持效益高的企业。为了不搞"一刀切"，必须把治理、整顿、调整和深化改革相结合。只有通过深化改革，才能实现治理、整顿和调整的目标。

记者： 那么，应当如何继续深化改革呢？

刘国光： 比如，要研究和解决财政包干中的一些问题。我国原来的体制，本来就是促使投资膨胀的体制。在大一统经济下，投资饥饿、投资膨胀就不可遏制。现在处于新旧体制交替过程中，旧体制中的政企不分，以行政手段管理经济的问题尚未彻底解决，又将权力下放到了地方，实行地方财政包干，分灶吃饭，导致地方往往为了本地区的利益而不断追加投资，盲目发展加工工业。地方为了自身的利益，有的凭借地区优惠政策的优势，以邻为壑，到产地抢购物资，搞成各种"大战"，破坏了市场秩序；有的则盲目发展，搞地方割据、地方垄断，限制物资的交流和商品的流通，阻碍了全国统一市场的形成。这种做法，使得宏观控制难以奏效。

因此，必须在治理、整顿和调整中深化改革，采取有效的措施，解决财政包干中地方的盲目发展和相互封锁问题。同时，进一步研究财政包干向分税制过渡的办法，通过改革，正确处理和解决中央财政与地方财政的利益分配问题。

又如，要深入研究和解决企业承包制实行过程中的新问题。现在国营企业普遍实行承包经营责任制。这一方面赋予企业一定的自主权，经济效益有了提高；但另一方面也出现了企业消费基金膨胀的问题。现在企业的工资总额与上缴利税挂钩，这实际上是与物价挂钩，促使企业涨价。要进一步研究解决工资总额怎样与实际经济效益和劳动生产率挂钩的问题。

我们的改革，是走利益刺激的道路，还是走机制转换的道路？农村第一步改革，是机制的转换，由"大锅饭"转向自负盈亏、市场竞争的机制。当然，利益分配方面也有变化，但主要是改变机制。城市改革，一开始就是扩权让利，继而是利改税，后来是搞承包制，都是国家不断地向企业让利。让利只是搞利益刺激，这好比打吗啡针一样，到一定时候就不灵了。现在是企业多得了，国家少得了，可企业的经济效益还是上不去，职工积极性也上不去。物质刺激是需要的，但主要靠物质刺激不行。现在企业基本上还是"大锅饭""软预算"，负盈不负亏；职工工资、奖金分配还是平均主义。这种机制不转换，企业留利再多，职工收入再高，也调动不起积极性。我们的改革，要朝着建立企业的自我约束机制的方向发展。这是继续深化改革的一个重要方面。

再如，要妥善解决收入分配不公的问题。现在有许多该收的税没收上来，一些企业和个人严重偷税、漏税、逃税，社会上有一些人，比如某些个体户和"官倒"，发了不少财，并不是因为他们对社会做了多大的贡献，而是发不义之财。一些机关、学校、科研单位、部队，离开本职工作去搞"创收""自救"，这是一种极不正常的现象。科研机构与实际部门结合，为社会服务，以此增加一些收入是可以的，但不能各行各业都做买卖。稳定和提高国家政、教、文、卫人员的生活水平，主要应改革工资制度，而不能采取"创收"的办法。现在收入分配不公问题已经成了一个严重的社会问题，要专门研究，寻找出有效的解决办法。

中国四十年经济建设与十年经济改革的艰辛历程[*]

（1989年6月）

1949年10月1日，毛泽东同志在北京天安门升起了第一面五星红旗，宣告中华人民共和国成立。从此，中国进入了历史发展的新时代。中国人民在建设社会主义国家的伟大事业中，走过了四十年的光辉道路，取得了举世瞩目的成就。近十多年的改革，在共和国的历史上掀开了又一新的篇章。但无论是四十年的建设，还是近十年的改革，都不是一帆风顺的，而是历尽了曲折与艰辛。这篇文章仅就经济方面，回顾一下共和国四十年来的建设和最近十年多改革所取得的成就、遇到的问题以及对这些问题的理论思考，作点分析性的介绍，供读者研究参考。

一

中国的社会主义经济建设，是在旧中国半封建、半殖民地经济的残破基础上开始起步的。旧中国的经济基础十分薄弱，基本上是一个封闭的、小农经济的王国。从19世纪末开始创办现代工业，但其规模和生产水平都极其有限。就是这极其有限的现代工业。到解放前大部分为官僚资本所垄断，民间企业基础十分薄

---

[*] 本文写于1989年5—6月间，撰写过程中得到韩志国同志的协助。原载《经济研究》1989年第9期。

弱。再加上连年的战争破坏，工农业生产凋敝，人民的生活处于极其低下的水平。

中华人民共和国成立四十年来，中国经济的面貌，无论是在经济制度和经济机制方面，还是在生产力和整个经济的发展方面，都经历了巨大的变化。这里，首先让我们简单回顾一下经济发展方面取得的成就和存在的问题。

四十年来，新中国进行了规模巨大的经济建设。1950年到1988年，全民所有制单位固定资产投资总额累计达21 538亿元，有4 393多个大中型项目建成投产，新增固定资产15 619亿元。首先，与1949年相比，工业固定资产原值增长了50多倍，煤、电、钢铁、纺织等工业的生产能力几倍或几十倍地增长。同时，还建立了一系列新的工业部门，初步形成了门类齐全的工业体系。在农业水利建设上，农田有效灌溉面积达到4 460多万公顷。农业机械发展到拥有农机总动力2 658亿瓦特。铁路、公路、水运、空运能力以及邮电通信等基础设施能力也有了迅速的增长。

其次，在大规模建设的基础上，社会生产得到很大的发展。从国民经济恢复完成的第一个五年计划开始之年——1953年算起，到1988年，平均每年的增长速度：社会总产值为8.8%，国民收入为6.9%，工业总产值为11.7%，农业总产值为3.8%，社会商品零售额为9.6%。外贸方面，1988年进出口总额比1950年增长90倍，其中出口总额增长85.4倍，进口总额增长94.3倍。

再次，随着经济实力的增长，我国科学教育事业也有了不小的进展。1988年，全民所有制单位的自然科学技术人员达960多万人，比1952年增长了20余倍。许多重大科技项目都达到或接近世界先进水平。1988年，全国大、中、小学的在校学生数分别为1949年的17.7倍、39.2倍和5.1倍。国家用于科学、文教和卫生事业的费用，1950年为5.02亿元，占当年财政支出的7.4%，1987年则达到405.57亿元，占当年财政支出的16.7%。1988年和1989年，国家用于这方面的财政支出又有了进一步的提高。

在经济发展的基础上，城乡人民生活有了显著改善。全国居民每人每年的实际消费水平1952年为76元，到1988年提高到639元。扣除物价上涨因素，平均每年增长3.7%。绝大多数人已解决了温饱问题，一部分居民开始向小康水平迈进。

上述情况表明，中华人民共和国成立以后的四十年间，经济建设的成就确实是显著的。这些成就的取得，是中国共产党领导中国人民艰苦奋斗的结果。我们在占世界1/14的国土上基本解决了世界1/5以上的11亿人口的温饱问题，这本身就是一个了不起的成就。当然在看到这些成就的同时，我们也应该如实地指出中国经济发展中存在的问题，这主要是：①中国目前仍处于农业国向工业国转变的过程中，并且呈现出明显的二元结构的特点，不但现代部门与传统部门同时并存，而且在国民经济中处于主导地位的仍然是传统部门。在社会总产值中，农业占有相当大的比重，1988年的农业产值仍占社会总产值的19.65%。农业在社会劳动力中所占比重更大，1987年年底约为60%，不但大大高于发达国家，而且也高于一些发展中国家。这说明，中国实现经济现代化的任务还相当繁重。②从构成国民经济的三大产业的比例关系来看，1978年，中国的第一、第二和第三产业占国民生产总值的比重分别为29.1%、47.9%和23.0%。经过十年改革，这方面的比例关系有所调整，但变化并不显著，1988年上述三类产业的比重仍分别为27.3%、47.9%和25.7%。这表明，标志着现代化经济发展程度的、以服务和信息产业为主的第三产业落后的状况还没有实质性的改变。③经济发展的起落差还比较大，资源的利用效率还比较低，每百元积累增加的国民收入，在1952年为71元，"一五"时期平均为32元，"二五"时期只有1元，"三五""四五""五五"时期分别为26元、16元和24元，"六五"时期也只有41元。经济效益摆动甚大，发展很不稳定。

刘国光
经济论著全集

第
8
卷

④居民的文化程度还比较低，人口的增长给经济建设和经济发展以及人民生活的改善造成了巨大的压力。据1987年抽样调查，全国具有大学文化程度的只占总人口的1.33%，而文盲、半文盲则占12岁以上人口的27%。居民文化水平的低下和大量的文盲、半文盲的存在，成为中国目前和未来经济发展的一个重要的制约因素。

从总体上来看，中华人民共和国成立以后的四十年间，经济发展大体上可以划分为两个时期，前三十年（1949—1978）起伏动荡比较剧烈，后十年（1979—1988）比较健康。我国的社会总产值从1953—1978年平均每年增长7.9%，而在1979年到1988年平均每年增长11.3%。国民收入平均每年增长则由前二十五年（1953—1978）的6%提高到后十年的9.3%。后十年居民人均生活费收入平均每年增长6.5%，大大高于前二十五年平均每年增长1.6%的幅度。可以说，后十年是中国经济发展生机最为旺盛，经济实力增长最快，人民得到实惠最多的时期，而这十年也是中国经济体制经历第二次重大变革的十年。后十年中国经济发展的更大成就，是同经济体制改革的不断推进息息相关的。

中国四十年经济建设与十年经济改革的艰辛历程

二

中华人民共和国成立以来，经济体制经历了两次重大的转变。

第一次重大转变是在新中国成立初期。1949年中华人民共和国成立后，党和政府就着手对旧中国的半封建、半殖民地的经济制度进行根本性的改造，为创建新的经济体制准备条件。新的经济体制是在有步骤地实现从新民主主义到社会主义的转化中实现的。其步骤大体是：（1）没收了官僚资本，完成了土地改革，统一了财政经济。到1952年，实现了财政经济状况的根本好转。

（2）基本上完成了对农业、手工业和资本主义工商业的社会主义改造，确立了以全民所有制和集体所有制为主要形式的社会主义公有制结构。（3）建立了集中统一的计划经济管理体制。先是对重点建设实行统一管理，后来，对粮食实行计划收购和计划供应，对工业、物资、交通运输等部门的国营企业和部分公私合营企业主要实行直接计划和实物调拨，并对财政、信贷和劳动工资等也实行统收统支、统存统放和统分统配。到1957年，以计划体制为中心的、集中统一的经济体制形成了。由第一次大转变形成的新经济体制是一种高度集中统一的、排斥市场机制的，主要以直接的行政手段来进行调节的体制。1957年这种体制基础形成以后的二十多年间，虽然也经过了一些局部的演变，但都没有离开带有实物供给制因素的集中计划经济模式。这种体制的主要特点是：（1）在生产资料的所有制结构上，以最后实现统一的、唯一的全民所有制国营经济为目标，通过合并、升级使集体经济不断削弱，个体经济日益衰微，所有制结构越来越向政企合一、政社合一的方向倾斜而趋于单一化。（2）在经济活动的决策权上，权力高度集中在国家手里，虽然管理权限几经下放和上收，但都是在中央和地方、条条和块块之间进行调整，企业基本上处于无权地位，政府机构的行政管理日益加强，经济运行中的行政动员因素增多，个人的职业选择权与家庭的消费选择权也都受到了一定限制。（3）在经济活动的调节上，基本上是自上而下的指令性计划安排，属于单一的计划调节体系，其间，虽然有时注意运用了经济杠杆，但是范围有限，尤其是价格被扭曲，市场机制不能发挥调节作用。（4）在经济利益关系上，片面强调国家的统一利益，忽视或无视企业和个人的差别利益，造成企业吃国家的"大锅饭"，职工吃企业的"大锅饭"，分配上的平均主义越来越严重。（5）在经济组织关系上，长期是政社、政企不分，企业只是行政机关的附属物。条（部门）块（地方）

关系上也是按行政界限相互分割，既没有形成跨部门的行业组织，也没有形成以城市为中心的经济区。企业之间关系松散，组织程度很低。

中国经济建设中这种体制的形成原因是多方面的。当时，既有对苏联20世纪30年代到50年代经济体制的仿效，如搞两种形式的公有制，国家的权力过大而企业的权力过小，主要采取行政手段，限制商品生产等；也有我国过去在战争年代革命根据地中实行供给制因素的影响，如统收统支，实报实销和平均分配、略有差别以及党政企职责不分等。在当时国际国内尖锐斗争环境下，为了争取速度，赶超先进国家，亟须集中全国人力、物力、财力建立以重工业为中心的工业体系，以加强经济实力和国防力量。因此在这样一个历史背景下，这种体制的建立有其客观上的理由，对经济发展也起了一定的积极作用。当时形成的高度集中的经济管理体制是为当时实行的以重工业为中心的赶超发展战略服务的。但是，这种经济体制的形成及其日益僵化，却主要是机械地、教条式地理解马克思关于社会主义不存在商品经济，按照一个大工厂的方式来管理社会经济的思想，把马克思对于在高度发达资本主义国家中实现社会主义的某些设想照搬到中国这样一个经济、文化都十分落后的国家中来了。这种非商品经济理论与中国传统小农社会的自然经济观念相结合，就使得人们对商品经济产生一种抵触情绪，因此，在经济体制的这次转变中，把我国原来不很发达的一点点商品经济都削弱殆尽。这突出表现在对私人资本主义工商业的社会主义改造和农村人民公社化运动上。1956年，原私人资本主义经济所占的比重已经很小，为了彻底切断它与市场的联系，在改造中，通过全行业公私合营的短暂步骤和定息赎买的办法，匆忙地把这部分经济成分改造成为国有经济；与此同时，在手工业改造中大搞合并升级，把个体手工业逐步改成名为集体、实为地方国营的公有经济，从而使得我国城镇商品经济的因素进一步削弱和消失。1958年农村人民公社化运动中出现的"一平二调"的"共产风"；否定商品生产和商品交换，带来了灾难性后果。否定商品经济和按劳分配，在十年"文革"中得到进一步发展，使经济体制进一步僵化，造成经济生活的混乱，使国民经济濒于崩溃的边缘。

中国经济体制的第二次重大转变始于1978年12月召开的中国共产党十一届三中全会。全会是一次历史性的伟大转折，它清理了长期以来"左"的错误，拉开了中国经济体制改革的帷幕。从1979年开始的这次经济体制改革，大体可分为三段：（1）中共十一届三中全会到1984年10月十二届三中全会以前为一段，这一段改革的重点首先在农村展开，主要是推行家庭联产承包责任制。农村改革极大地调动了农民的生产积极性，农业出现了全面的和持续的增产，并且推动了城市的改革。在城市，这一阶段主要是围绕扩大企业自主权，进行了一些试验性的改革。（2）1984年10月召开的中共十二届三中全会，制定了《关于经济体制改革的决定》，改革重点转入城市，以增强企业活力为中心环节，从生产流通体制到收入分配体制，进行了一系列初步的改革。（3）1988年9月召开的中共十三届三中全会，制定了"治理环境、整顿秩序、深化改革"的方针，中国经济进入新的调整和改革并举的时期。

经过十年的改革，中国社会主义经济体制的格局发生了重大变化，可以概括为以下五个方面：

一是在所有制结构方面，开始由单一的公有制向以公有制为主体的多种经济成分并存的所有制结构转变。国有经济的比重下降，非国有成分比重上升。例如，在工业总产值中，从1978年到1988年，国有制经济从80.8%下降到64%；集体所有制经济从19.2%上升到32.6%，其中乡办企业上升到14.1%。包括个体经济、私营经济、中外合资及外商独资等在内的涉私经济成分，1978年几乎为零，1987年增加到2.4%。

二是在企业机制方面，特别是占产值、利润、税收比重较大的国营企业，开始由政府部门的附属物逐渐向自主的商品生产者和经营者转变。通过"放权、让利"，企业的财务、人事、供销等方面的自主权有所扩大。1979年国营企业留利14%。1988年达到62%。这几年采取租赁制、承包经营责任制、股份制等方式，进行所有权和经营权相分离，使产权关系明朗化的探索和试验，已有90%以上的国有工业企业实行了承包经营责任制。

三是在市场机制方面，改革前市场的范围局限于一部分消费品，10年来开始逐步扩大到生产资料和各种生产要素。现在，农副产品市场和工业消费品市场已初步形成，生产资料市场和短期资金市场有了一定的发展，技术、信息、劳务、长期资金市场和房地产市场也开始出现。1988年估计，价格由市场决定的产品，在农副产品中约占65%，在工业消费品中约占55%，在工业生产资料中约占40%，总的来看大约有一半商品价格已经在不同程度上由市场来调节。

四是在政府对经济的管理上，开始由直接的行政协调为主逐渐向以经济手段为主的间接调控转变。国家指令性计划管理的产品和统一分配的物资品类大大减少。在全社会生产建设资金中，政府财政拨款和银行贷款比重发生了显著变化，前者从过去占3/4以上下降到1/3以下，后者从过去不到1/4上升到70%左右。金融手段以及价格等经济杠杆在调节社会供求方面的作用有了增强，为宏观管理逐步转向间接调控提供了一些初步的条件。

五是在内外经济交流的格局方面，开始从封闭、半封闭经济逐渐向开放型经济转变。开放包括对内和对外开放。国内经济在改革前由于政企不分，企业所隶属的中央行政部门或地方政府部门都力求在所管辖范围内自成体系，形成了部门之间和地区之间的封锁和分割。十年来，对分开政企职责、打破"部门""地方"分割，进行了一些探索，目前比较行之有效的是发展各种横向经济联合。据统计，全国已形成了49个跨省区的横向经济网络、近4万个工商业联合体和100多个大型工业企业集团。在对外开放方面，则迈出了几大步：（1）1979年中央决定广东、福建两省实行灵活政策、特殊措施、对外开放；（2）1980年决定兴办深圳、珠海、汕头、厦门4个对外开放经济特区；（3）1984年春开放沿海14个港口城市和海南岛；（4）1985年春决定开放长江三角洲、珠江三角洲和闽南三角地区；（5）1986年以来陆续开放山东半岛和辽东半岛；（6）1988年春决定建立海南省，并将其作为最大的对外开放的经济特区。在广东、福建建立范围更大的改革开放试验区；同时制定了沿海经济发展战略，进一步扩大对外开放。10年来，全国通过各种方式实际使用国外资金累计达477亿美元，已批准的中外合资、合作经营和外商独资经营企业已近1.6万家。进出口货物总额1988年达到1028亿美元，比1978年的206亿美元增长了4倍。对外开放在中国经济发展中起着越来越重要的作用。

经过十年改革，中国原有的僵化、封闭的中央集中计划经济体制，逐渐向具有活力的、开放的社会主义商品经济体制转化。改革与发展相互促进，给整个国民经济带来了勃勃生机。与此同时，中国经济在前进的过程中也遇到了不少的问题和困难。最突出的，一是物价上涨过快。特别是1984年第四季度发生经济过热以来，物价连年大幅上涨，1988年物价上涨率进入两位数，超过了公众所能承受的程度，相当一部分城市居民实际生活水平下降。二是收入分配不公。一方面，在大多数人中间，收入差距仍未拉开，平均主义倾向更趋严重；另一方面，行业间、职业间收入差距不合理地扩大，特别是脑力劳动和体力劳动的收入倒挂进一步恶化。三是经济秩序特别是流通秩序混乱，"官倒""私倒"盛行，贪污行贿成风，以权谋私等不良现象有所发展。这些问题，引起了社会的普遍关注和公众的严重不安，影响到了社会的安定和人民对于改革的信心。这些现象是在改革开放还为时不久，市场组织、法规、制度还很不健全，社会主义商品经济新秩序尚未建立的情况下，难免出现问题。这些现象，加上几年来资产阶级自由化思想的泛滥，成为最近发生风波的社会背景。要把改革、开放继续推进下去，就必须正视这些问题，解决这些问题。1988年10月中共十三届三中全会通过的治理环境、整顿秩序和深化改革的方针，正是为了解决好这些问题，以推动中国现代化建设事业沿着正确的轨道不断前进。

三

理论是实践的总结，又是实践的指南。四十年来中国社会主义经济建设和经济改革的实践，同经济理论工作的发展是密切联系的。回顾四十年来的中国经济理论工作，以1978年为分界线，也可分为两个时期。前一时期的经济理论是为传统的经济体制从而为传统发展战略方针服务的。这一时期又可分为三个小阶段。（1）从新中国成立到20世纪50年代中后期，基本上是学习和普及由苏联传入的社会主义政治经济学理论。在1955年前后，经济学界试图联系中国社会主义改造的实践来探讨社会主义经济理论，如过渡时期经济规律的讨论等。（2）从50年代中后期社会主义改造基本完成后到60年代上半期。在这一阶段，经济学界对社会主义经济理论的研究，进一步联系我国的实际，在1956—1957年着重讨论了商品生产、价值规律等问题。在讨论中有些经济学家，如孙冶方已经敏锐地对传统经济体制暴露出来的某些弊端，从理论上进行了一些剖析，提出了某些改革的设想。1959年到60年代初，在总结"大跃进""人民公社化"运动经验教训的历史背景下，经济学界更大规模地开展了商品生产、价值规律、按劳分配、社会主义再生产等问题的讨论，取得不少成果。

（3）从20世纪60年代上半期到文化大革命的十年。由于"左"倾路线的强化，在全国范围内愈来愈强调"以阶级斗争为纲"，给实事求是的科学研究造成了困难，"文革"十年更使经济科学的理论研究完全陷于停顿，传统的社会主义科学理论被极"左"思潮推到了荒谬绝伦的地步。

1978年以前几十年来在中国占统治地位的传统社会主义经济理论的一大缺陷就是单纯地研究生产关系，而忽视生产力及其与生产关系的矛盾的研究，这种脱离生产力发展状况来研究社会主义，导致经济理论中盛行"唯意志论"和"自然经济—产品经济论"。"唯意志论"表现为片面强调不断变革生产关系，以加速向统一的全民所有制过渡，加速向共产主义过渡；还表现在片面强调政治挂帅、思想觉悟等主观因素，而忽视物质技术基础和物质利益原则在经济发展与经济变革中的作用。所谓"自然经济—产品经济论"则是本质上把社会主义经济看成非商品经济，而是建立在高度社会化生产基础上的以实物分配为特征的"产品经济"；而对这种"产品经济"又是从事实上我国生产力极不发达状况下带有封建因素的"自然经济"的观点来理解的。中国改革前的经济体制，从理论上说，基本上是在上述"唯意志论"的影响下，按照对社会主义的"自然经济—产品经济"观的理解来构造的，因而具有所有制单一化、经济运作实物化、经济管理集中化、收入分配的平均主义化和内外关系上的封闭化等特征。由于在排斥多种经济形式上，在排斥商品货币关系上、在排斥按劳分配原则等方面，我们比其他社会主义国家走得更远，因而中国经济生活中的集中化程度、实物化程度、封闭化程度、平均主义化程度比它们更大。

中国经济理论工作发展的新时期也是从中共十一届三中全会提出了经济体制改革的任务以后开始的。在"解放思想、实事求是"的方针指引下，中国经济学界逐步摆脱了"唯意志论"的思想束缚，结合改革的实践，对传统的社会主义经济理论进行了反思。这一反思的最根本的成就，就是一步步地纠正了传统的非商品经济的社会主义观，树立了社会主义的商品经济观，并且确认中国现在还处在生产力水平较低、商品经济很不发达的社会主义初级阶段。这样，对社会主义的再认识，首先导引出"社会主义商品经济论"和"社会主义初级阶段论"。这"两论"可以说是中国经济改革理论的两块基石。

　　正确认识我国社会现在所处的阶段，是建设有中国特色的社会主义的重要问题。早在1981年中共十一届六中全会通过的《关于建国以来党的若干历史问题的决议》中，就已提出中国社会现在正处于社会主义初级阶段的论断。1987年中共十三大又对"社会主义初级阶段论"进行了比较系统的阐述，指出它不是泛指任何国家进入社会主义都会经历的起始阶段，而是特指我国的社会主义是脱胎于半殖民地半封建社会，在生产力水平远远落后于发达的资本主义国家，商品经济极不发达的条件下，必然要经历的特定历史阶段。关于我国社会主义经济是否具有商品经济性质，从改革一开始经济理论界就进行争论，在党的文献中第一次被确认是1984年中共十二届三中全会通过的《关于经济体制改革的决定》。这一文件明确肯定，"社会主义经济是在公有制基础上的有计划的商品经济"，一举破除了长期在经济理论中占统治地位的非商品经济的社会主义观，从而表明了中国经济改革是把计划经济和市场调节结合起来的有指导的市场取向型的改革，这是在中国经济改革理论发展中迈出的具有划时代意义的一步。

　　社会主义初级阶段论和社会主义商品经济论这两个理论基石的重要含义，在于它们把传统马克思主义经济学中的空想因素和教条式的理解予以摒弃，使之面向当代中国的实际，重新恢复了马克思主义把是否有利于社会生产力的发展作为评价各种理论、方针、政策是否符合社会主义的最终标准。当然，我们并没有放弃生产关系的尺度，特别要坚持社会主义原则，但是，要紧密结合生产力标准而不能像过去我们长期做过的那样离开生产力来抽象地谈论社会主义。

在上述两个理论的基础上，中国的经济理论发生了一系列突破性的进展，其中同经济体制改革直接相关的主要有以下三个方面。

一是在所有制问题方面。中国传统的理论认识有这样几个支柱观点：在社会主义社会中，包括个体经济在内的非公有制成分是濒于消灭的经济成分；公有制经济本身应当朝着单一的国有化方向发展；不同所有制主体之间不能互融；公有制经济中的所有权与经营权不能分开。这些支柱观点近几年来开始动摇，并被新的经济理论观点取而代之。例如，公有制为基础多种所有制并存的观点；不同所有制不但在国民经济宏观结构上可以并存，而且在企业微观构造上也可以互融的观点。又如，私营经济在实践中的存在与发展，作为社会主义经济的补充，获得从理论到法律上的认可。当然，多种所有制形式的发展和互相渗透，绝不意味削弱到取消公有制的主导地位，更不是要实行经济的"私有化"。公有制经济内部的改革也正在沿着所有权与经营权两权分开和使产权关系明朗化的方向进行着艰辛的探索。

二是在经济运行机制方面。改革前经济理论的基本认识有：公有制经济的运行只能靠直接的行政手段进行协调；企业的行为只能由国家的指令性计划来导向；市场作用的范围仅仅限于部分消费商品；价格只起核算和再分配的功能；国家作为经济调节者与作为财产所有者的职能是不可分的。这些传统认识在改革中被一一破除。新的理论提出了以间接调控为主的模式，即"国家调节市场、市场引导企业"的公式，作为经济运行体制改革的一项重要内容，把企业行为、市场机制和国家管理三个环节的改革有机地构造为一体；企业应当成为独立自主、自负盈亏的商品生产者；市场应当不仅包括商品市场，而且包括资金、房地产、劳务、信息等生产要素市场在内，形成社会主义市场体系；价格、利率等经济参数应当起杠杆作用；国家作为经济调节者的职能应当同它作为财产所有者的职能分开；等等。这些观点的细节正在结合改革的实践，进行着深入的探讨。

三是在收入分配方面。改革前，中国经济理论遵循的按劳分配原则受到平均主义思潮的严重扭曲，在三年"大跃进"和十年"文革"内乱时期，按劳分配原则在批判资产阶级法权名义下被说成是资本主义的和修正主义的东西而加以否定。改革以来，除了恢复按劳分配的观点外，分配理论研究进展的特点是，把按劳分配原则同商品交换原则紧密地联系起来，提出了以按劳分配为主体的包括某些合法的非劳动收入在内的多种收入分配形式和多种分配机制并存的观点，并且结合劳动力供求和分配问题的讨论，提出了劳动收入分配也要引进市场机制的观点，等等。这方面还有若干范畴需要进一步界定，有不少问题有待进一步探明。

以上列举的一些重要理论问题的突破，都围绕着对社会主义经济再认识这个总题目，从而为解决中国经济体制改革的目标模式问题提供了理论基础。与此同时，特别是1984年以后，经济改革理论研究进入到一个较深的层次，人们不只关心改革什么和改革的目标模式问题，而且更加有意识地注意研究改革本身的规律性和与改革策略选择有关的理论问题，这方面也取得了一定的成果。

从总体上看，十年改革中，中国经济理论研究的进展是明显的。但是，由于对社会主义经济的重新认识还是一个新的课题，而中国经济体制改革的进行还为时不久，新的认识还有待今后实践的验证。因此，在讨论中，分歧也是深刻的。例如，在人们普遍接受了十二届三中全会关于社会主义经济是商品经济的命题以后，对如何发展商品经济却有不同的认识。一种观点实际上仍然把商品经济看成是在本质上与社会主义互不相容的、外在于社会主义经济的东西，从而主张在社会主义初级阶段为发展社会主义生产力而不得不采用商品经济的办法时，必须用公有制、按劳分配和计划经济来限制和改造商品经济。这种看法对于在社会主义社会中进行市场取向型的改革有较大的保留。另外一种观点则认为，既然社会主义初级阶段的根本任务是发展生产力，而商品经济是促进社会生产力发展的最好形式，因此，一切不符合商品经济要求的所有制形式、分配形式和宏观调控机制都要进行改造。这种观点，实际上是主张用商品经济来改造公有制、按劳分配和计划经济。这种观点片面强调生产力标准而忽视社会主义标准，片面强调商品经济对发展生产力的积极作用而忽视其消极方面，甚至提出为发展商品经济，就要把公有经济变为私有化的错误主张。所以，这种观点事实上也是把商品经济同社会主义对立起来的。还有一种介于上述两种观点之间的观点，这种观点从社会主义公有制内部矛盾的分析出发，认为商品经济是内在于社会主义经济本身的属性之一，主张对原有的公有制、按劳分配、计划经济与传统的商品经济都要进行相应的改造，使它们能够在社会主义经济中统一起来或融合起来。又如，关于经济体制改革关键环节的选择，也有截然不同的看法。一种看法是，价格改革是经济体制改革成败的关键，主张着重抓以价格为中心的市场机制的改革；而另一种看法则认为，经济改革的成功将取决于所有制改革的成功，主张着重抓以解决产权关系为中心的企业机制的改革。目前，持这两种看法的人都在相互吸收对方的长处，调整自己的观点和改革设计方案。持上述两种观点的各方内部也有争论。如在强调价格改革的人中，在改革的推进速度和步骤上存在着差异：一种构想是"大步推进"，即以材料、能源的价格为重点，先"调"后"放"，在短时间内，把绝大部分产品价格全部放开，配合价格改革，推出财税、金融和其他方面的配套改革。另一种构想是"稳中求进"，针对近几年经济过热，不利于大步推进改革的形势，主张采取稳定经济和深化改革"双向协调"的战略，前几年以"稳"为主，改革走小步，几年后，以"进"为主，改革走大步，配套推出以价格改革为中心的市场运行机制的改革；同时进行以产权明朗化和经营权独立化为主要内容的企业改革和基本完成宏观直接控制为主向间接控制为主的改革。在强调所有制改革的人中，在对改革推进的深度上也存在着差异：一些人把承包经营责任制作为企业改革的目标模式，而另一些人则把承包经营责任制作为深化改革的过渡步骤，认为应该明确产权关系，建立以商品经济为基础的企业制度，实现企业组织制度与财产所有权关系的变革。上面所举一些问题的分歧，反映了人们对社会主义商品经济的不同认识，也反映了人们对中国经济体制改革的目标模式及其实现途径的不同预期。

四

中国的经济改革和经济发展，从1988年9月召开的中共十三届三中全会起，进入了一个新的调整阶段，这是由于中国经济在前进过程中碰到不少难题，需要集中一段时间来处理。因为这些问题是多年发展与改革中形成和累积下来的问题，其中不少问题的解决需要比短期的调整更长的时间，但是当前调整阶段就必须着手处理。下面简要谈谈目前中国经济改革中遇到的几个重要问题：

1. 通货膨胀问题

如前所述，近年来，中国出现了比较严重的通货膨胀，物价连年大幅度上涨，1988年上涨率已经突破两位数，达到18.5%，1989年第一季度比上年同期上涨27%，通货膨胀和市场秩序紊乱阻碍了改革和发展的顺利进行。造成这种状况，既有目前处于新旧双重体制并存，权力下放而自我约束机制尚未能形成等体制方面的根由；又有经济发展要求过急，各方面都在产值、速度上进行攀比以及执行松的财政政策和货币政策等政策失误方面的原因。治理这些问题的根本办法是通过彻底的改革以消除导致需求膨胀、经济过热的体制根源，但这不是一朝一夕之功，所以在发展政策上放慢发展速度，在宏观管理上采取财政和信贷双紧缩的方针，大力压缩投资需求和消费需求，在当前治理经济环境、整顿经济秩序方针的贯彻中，就是完全必要的了。但在指导思想上应当明确，要把治理环境、整顿秩序与深化改革结合起来；在治理整顿中，要行政手段与经济手段并用。在间接调节手段还不具备的条件下，不采取一些行政手段是不行的，但是，在运用行政手段时，要时时切记不能给市场化取向的改革设置障碍，不能借治理整顿搞垄断、搞分割。否则，不但解决不了当前的困难，还可能造成资源配置的进一步恶化，经济生活就会更加紊乱。在这个过程中，如何把治理整顿与深化改革结合起来，如何掌握宏观政策的方向和力度，如何既能把总需求压下来又不导致滞胀的状态，是需要认真加以研究的重要课题。

2. 体制转换中的双重体制问题

中国目前新旧双重体制并存，不管人们喜不喜欢，它都是一个客观存在的现实。双重体制同时并存，既是十年改革的结果，又使经济运行中出现了一系列新的矛盾。由于新旧体制并存，因而在社会经济运行中就出现了双重规则，不但在这两种体制之间会产生剧烈的摩擦和碰撞，而且在两种体制内部也会出现复杂纷呈的矛盾；同时，在两种体制之间也常常会出现某些真空和漏洞，这给国家的宏观管理带来了前所未有的困难。由于经济信号的多元化，就在不同程度上导致了机会的不平等，一些人会利用双重体制下的价差、利差和汇差，进行"官倒""私倒"等违法活动，成为各种腐化现象的温床。同时，由于运行规则的不稳定，个人、企业与政府的短期化行为也无法真正克服，这就会给经济运行带来不稳定的因素。鉴于双重体制的矛盾和摩擦对经济和社会生活带来的种种不良后果，不少经济学者主张早日结束双重体制对峙的状态，尽快地过渡到新体制占主导地位的状态。但是，双重体制特别是双轨价格并存同社会总供求状况和通货膨胀的势态有着密切的关系。只要总需求大大超过总供给的经济失衡问题没有解决，通货膨胀性的物价上涨没有得到遏制，就难以完全摆脱双重体制并存的羁绊。如何在现有的社会经济条件下来推进旧体制向新体制的转换，以尽可能地减小经济运行中的摩擦，也是一个需要认真研究的问题。

3. 经济体制转换与发展战略转换问题

如前所述，改革前我国高度集中的以行政手段为主的经济管理体制，是与原来的经济发展战略即以重工业为中心的强速发展战略相适应并为之服务的。改革后开始的旧经济体制向新经济体制的逐步转换，也是与经济发展战略的转换分不开的。这一战略转换的实质，就是从追求数量增长、强调重工业发展并以粗放方式为主的发展战略，转换为以满足多样化需求为目的、强调质量效益和以集约方式为主的发展战略。改革以来，在经济体制转换的过程中，经济发展战略也在探索着转换的途径，但总的来看，我国的经济发展还处于从低效益的粗放经营向高效益的集约经营过渡的起步阶段。近年来，由于前述体制转换中新旧双重体制并存与摩擦的原因和由于发展政策上追求产值速度的冲动没有受到有效的克制，经济过热往复出现的状况还没有实质性的改变，经济的起伏波动仍时隐时现；经济效益虽有所提高，但许多方面仍未有大的改善，相反，国家的各项补贴有增加的趋势；教育、农业、交通运输等部门发展滞后，能源、原材料的短缺又趋严重，产业结构扭曲的状况仍在发展。所有这些说明，经济发展模式的转换还有相当长的路要走。如何把体制模式的转换和发展模式的转化进一步有机地结合起来，是我们在考虑中国改革和发展中不容回避的重大课题。

4. 经济改革与政治改革的协调推进问题

毋庸讳言，现行的政治体制是与原有的经济体制相配套的，它与实现社会商品经济的改革目标之间存在着一定的矛盾。社会主义有计划商品经济的运行要求权利与义务的统一，而在现行的体制下，权利与义务的倾斜脱节现象十分严重。若干年来与经济改革取得的进展相比，政治改革相对滞后，这反过来又不利于经济改革过程中产生的一些难题的解决，这是引发社会的动荡的因素之一。如何把政治改革与经济改革结合起来，通过经济改革来促进政治改革，通过政治改革来保障和加快经济改革，既是当前治理环境、整顿秩序中的重大课题，也是保证改革进一步深化，从而实现国家长治久安的长远任务。这个问题，已经提到国家的议事日程上，需要我们认真考虑和解决。

"趋同论"的实质是取消社会主义*

——《文汇报》记者专访

（1989年8月25日）

记者（周锦尉）：在前一段，社会上出现一种"趋同论"的思潮，认为社会主义与资本主义可以无区别地互相吸收，互相渗透，并日益接近，最后的发展趋势是趋于同一，成为更现代化的社会。这种"趋同论"的思潮究竟是怎么回事？

刘国光（以下简称为刘）："趋同论"是一种国际性的思想学术思潮。"趋同论"观点最早是由荷兰经济学家廷伯根于1961年提出来的。廷伯根在他的《共产党经济社会和自由经济社会是否表现出趋同的特点？》一文和以后他与其他学者合著的《东西方经济制度的趋同》一书中，对"趋同论"思想作了较系统的阐述。他的主要观点是，在现代经济发展的形势下，正在产生一种脱离共产主义与资本主义自由经济这两极对立面的运动，由于每种制度都吸收另一种制度的某些要素，如共产主义国家利用市场，资本主义国家实行一定计划，等等，因而导致各国形成一种在主要方面类似的社会模式。以后，美国、法国等西方的经济学家、社会学家也有"趋同论"观点的各种学术思想的发挥。

记者："趋同论"是西方学者提出的一种学术思潮，那么客观上是否存在社会主义制度的国家与资本主义制度的国家之间相互学习、借鉴对方建设经验与管理经验的状况，对这种思潮您是

---

* 原载《文汇报》。

怎么估价的呢？

刘国光：在现代社会发展中，资本主义制度与社会主义制度之间互相学习、借鉴的情况是存在的。

从资本主义国家来看，社会化大生产与生产资料私人占有的矛盾并没有消失，而且日益加深。为缓和这种矛盾与冲突，资本主义国家的政府加强国家干预，制订某种程度的计划，以更适应复杂化的社会化大生产，这是可能的。另外，从社会福利方面看，为缓和分配领域的社会矛盾，资本主义国家有限度地采取社会平等方面的措施和政策，这种情况也存在。但这些措施政策并没有改变资本主义的根本性质，并不能解决资本主义固有的社会矛盾，也就是说既没有消除周期性的经济危机，也没有改变工人阶级受剥削压迫的阶级地位，所以他们的"计划"和"福利"与社会主义国家的计划与福利有本质的不同。

再从社会主义方面来说，社会主义发展的历史比较短，无成熟的经验，特别是我国处在社会主义初级阶段，还必须大力发展商品经济，我们的经济制度实行以公有制为主体的多种经济成分并存的制度，我们还要学会如何发展包括私人企业在内的多种所有制，学会如何运用市场机制等，这样我们就需要吸取市场经济发达国家的各种有益的管理经验。

由此看来，资本主义国家与社会主义国家之间的相互学习、借鉴确实是客观存在。但是在某些持"趋同论"观点者的心目中，却特别强调社会主义国家向资本主义国家学习，说是发生了"社会主义向资本主义靠拢"的趋势。其实，这种学习并不是什么"向资本主义靠拢"，因为社会主义国家与资本主义国家都是建立在社会化大生产和商品经济基础上的，社会化大生产和商品经济中都能采取的经济手段不是资本主义的专利，你能用我也能用，它们是一些共性的东西。因此，这过程中的学习与借鉴，谈不上谁向谁"靠拢"。

而且，持"趋同论"观点的人没有看到或者故意抹杀两种社会制度之间存在着根本的差别，一个是公有制，另一个是私有制，这种差别在互相学习借鉴时是不能抹杀的。比如同样是商品经济，资本主义国家参与商品经济活动的实体主要是私人所有的企业，而社会主义国家参与商品经济活动的实体主要是公有制企业。又比如市场与计划的关系，资本主义国家主要是市场经济，在私有制的基础上，国家计划只起很次要的陪衬作用。而在以公有制为主体的社会主义国家，计划可以起较大作用，特别是像中国这样的社会主义国家，经济比较落后，国家又大，产业结构有一个从落后向现代化转变的过程，就需要更多地运用计划指导。因此，在我国，吸收市场调节经验，要与计划经济结合；发展多种经济成分，要坚持公有制为主，这是不能变的，这就不能说与资本主义一样，向它"趋同"。我认为，以客观上存在要学习和借鉴资本主义国家的一些有益管理经验的事实，而抹杀两种社会制度的根本区别，并想将我们社会主义融化到资本主义制度那儿去，这就是"趋同论"问题的实质所在。

由此，我们可以看到，如果说西方学者提出和宣扬"趋同论"，是想用工艺的方法来分析、看待社会制度，过分强调经济和技术的因素，而抹杀、否定两种制度的社会性质（或称社会关系），以缓和社会的阶级矛盾和社会矛盾，那么，这种西方学术思潮在社会主义国家的表现和影响，就是以学习西方技术和管理为理由，最终否定社会主义制度。从这一点上看，我们可以说"趋同论"是一种有害的观点，宣扬"趋同论"可以看成是资产阶级自由化在社会科学领域的一种反映，对此我们必须予以抵制。

记者：您刚才谈的涉及经济制度方面的内容比较多，"趋同论"在政治领域有什么影响呢？

刘国光：在政治领域也存在"趋同论"的影响，持资产阶级自由化观点的人认为，我们的民主制度发展的"趋势"就是西方国家的"三权分立"的制度，他们在政治制度上也想"全盘西化"，实际上是"全盘美（国）化"，即把美国的一套政治制度、国家制度搬到中国来。这完全是一种脱离中国实际的、否定社会主义的错误想法。况且，美国的一套制度即使在资本主义国家也不都是能通行的。西方发达资本主义国家或第三世界的一些国家并不都实行美国那样的政治制度。我们建立民主制度要有中国式的社会主义民主制度。如西方国家讲"权力制衡"，我们实行的是党内监督制度、共产党与民主党派的相互监督和人民群众对党和政府领导机关的监督制度等。在政治领域，那种"全盘美化"的自由化论调应坚决抵制。当然，我们也不能简单化地否定社会主义制度与资本主义制度在行政管理制度等方面（比如文官制度等）的相互学习与借鉴。然而，因为政治方面、行政方面的具体制度较多地带有社会根本制度方面的属性，在学习与借鉴时，更应该取慎重的态度，避免损害社会主义政治体制改革的健康进展。

记者：最近看到一份材料，说的是社会主义国家中有的人认为，对社会主义的理解应该有变化，就是应该将社会主义理解为一种政策，一种价值观，而不应理解为是一种制度，对此一说，您有什么见解？

刘国光：这是国际共产主义运动中遇到的一个新的问题。我认为，我们应该坚持一条，就是坚持社会主义原则，这个原则，既是制度，又是政策，又是价值观。其中制度和价值观是更带有根本性的。从坚持社会主义制度来说，政治上我们是共产党领导下的多党合作，互相监督；经济上是社会主义公有制为主体的多种经济成分，分配制度上坚持以按劳分配为主，也提倡机会均等，公平竞争。这种经济、政治上的"主体"不能削弱，更不能取消。至于国际共产主义运动中其他国家可以根据他们的情况进行探讨和实践，我们中国根据自己的国情，在坚持社会主义制度和价值观的根本问题上绝不能后退。

记者： 在发展社会主义商品经济中，我们主张吸收市场经济国家的经济手段，改革我们的经济运行机制。批判和反对"趋同论"，对这项工作有没有影响和损害？我们如何既坚持社会主义方向，又有效地吸取西方成功的建设与管理经验呢？

刘国光： 这是一个值得重视的问题。

运行机制与社会制度是有区别，又有联系的。运行机制是社会机体各部分运行过程中的具体制度、政策，它更带有技术性的特征，不同社会制度的国家可以互相学习、借鉴这方面东西就更多一些。比如宏观调节中的税收、市场管理、货币政策、财政与收入政策，等等。但是运用时我们不能有盲目性，更要注意顾及国情，顾及国家的社会制度，注意制度性的特点。比如赤字财政、通货膨胀的手段，也属于宏观调节手段，资本主义国家在20世纪30年代曾根据凯恩斯的理论制定出这些运行机制，在当时对调节他们的经济运行，起过一定的作用。但赤字财政、通货膨胀政策在我们这样的社会主义国家就不适合，因为我们中国是商品短缺、需求过旺，我们又是软预算，大锅饭相当程度上还存在，在这种国情下，用通货膨胀、赤字财政去刺激生产就不行。因为通货膨胀与赤字财政无非是用多支出的办法来刺激生产，这在中国就会搅乱经济运行的正常秩序。社会分配也一样，我们也要更多地考虑到社会公平的问题，用税收的杠杆进行调节。这些问题不解决，只是简单地引进市场经济国家的运行机制，引起的社会动荡与不安，会更甚于西方国家。又比如，低效率的企业理应逐步淘汰，但在中国又不能简单对待它，要顾及各种社会因素；大锅饭、铁饭碗当然不好，但要真正打破它，还要更多地考虑到社会保障的因素。这些就需要在具体制度上进行更多的改革与调整，包括继续稳妥地推进所有制方面的改革。总之，运行机制与根本制度也不是完全脱离的，运行机制可以互相学习、借鉴，但运用时要考虑社会属性和一个国家的国情。我们既不能因为生怕资本主义的影响而故步自封，拒绝学习与借鉴他人的有益的管理经验，又不能因为学习人家有益的东西而忘记了自己社会主义的方向和道路，也就是说我们既要坚持改革开放，又要坚持四项基本原则，这两者是缺一不可的。

宣扬"趋同论"是资产阶级自由化在社会科学领域的一种反映*

（1989年9月）

"趋同论"是一种国际思想学术思潮

"趋同论"最早是由荷兰经济学家廷伯根于1961年提出来的。他在《共产党经济社会和自由经济社会是否表现出趋同的特点？》一文和与其他学者合著的《东西方经济制度的趋同》一书中，系统地阐述了"趋同论"的思想。他的主要观点是，在现代化经济发展的形势下，正在产生一种脱离共产主义与资本主义自由经济这两极对立面的运动，由于每种制度都吸收另一种制度的某些要素，如共产主义国家利用市场、资本主义国家实行一定计划，等等，因而导致各国形成一种在主要方面类似的社会模式。以后美国、法国等西方经济学家、社会学家也有"趋同论"观点的各种学术思想的发挥。

---

* 由《文汇报》记者周锦尉整理。原载中国社会科学院科研局编：《学术动态》第63期。

两种制度相互学习、借鉴，但说不上谁向谁"靠拢"

"趋同论"尽管是西方学者提出的一种学术思潮，但在现代社会发展中，资本主义制度与社会主义制度之间相互学习、借鉴却是客观存在的。

从资本主义国家来看，社会化大生产与生产资料私人占有的矛盾并没有消失，而且日益加深。为缓和这种矛盾与冲突，资本主义国家的政府加强国家干预，制订某种程度的计划，以便适应复杂化的社会化大生产。为缓和分配领域的社会矛盾，资本主义国家有限度地采取社会平等方面的措施和政策。但这些措施政策并没有改变资本主义的根本性质，并不能解决资本主义固有的社会矛盾，就是说既没有消除周期性的经济危机，也没有改变工人阶级受剥削、受压迫的阶级地位。所以，资本主义国家的"计划"和"福利"与社会主义国家的计划与福利有本质的不同。

从社会主义国家来看，由于其发展历史比较短，无成熟的经验，特别是我国处在社会主义初级阶段，还必须大力发展商品经济，我们的经济制度实行以公有制为主体的多种经济成分并存的制度，我们还要学会如何发展包括私人企业在内的多种所有制，学会如何运用市场机制等，这就需要吸取市场经济发达国家的各种有益的管理经验。

由此看来，资本主义国家与社会主义国家的相互学习、借鉴是客观存在的。但是某些持"趋同论"观点者特别强调社会主义国家向资本主义国家学习，说是发生了"社会主义向资本主义靠拢"的趋势。其实，这种学习并不是什么"向资本主义靠拢"，因为社会主义制度与资本主义制度都是建立在社会化大生产和商品经济基础上的，社会化大生产和商品经济都能采取的经济手段并不是资本主义的专利，你能用，我也能用，它们是一些共性的东西。因此，这种学习与借鉴，谈不上谁向谁靠拢。

宣扬"趋同论"是资产阶级自由化在社会科学领域的一种反映

持"趋同论"观点的人没有看到或者故意抹杀两种社会制度之间存在着根本差别，一个是公有制，另一个是私有制，这种差别在互相学习借鉴时是不能抹杀的。比如同样是商品经济，资本主义国家参与商品经济活动的实体主要是私人所有的企业，而社会主义国家主要是公有制企业。又比如市场与计划的关系，资本主义国家主要是市场经济，在私有制的基础上，国家计划只起很次要的陪衬作用。而在以公有制为主体的社会主义国家，计划可以起较大作用，特别是我国经济比较落后，国家又大，产业结构有一个从落后向现代化转变的过程，需要更多地运用计划指导。因此，在我国，吸收市场调节经验要与计划经济结合，发展多种经济成分，要坚持公有制为主，这是不能变的，不能向资本主义"趋同"。以客观上存在要学习和借鉴资本主义国家的一些有益管理经验的事实，来抹杀两种社会制度的根本区别，并想将我们社会主义融化到资本主义制度那里去，是"趋同论"的实质所在。

由此我们可以看到，如果说西方学者提出和宣扬"趋同论"，是想用工艺的方法来分析、看待社会制度，过分强调经济和技术的因素，而抹杀、否定两种制度的社会性质（或称社会关系）以缓和社会的阶级矛盾和社会矛盾，那么这种西方学术思潮在社会主义国家的表现和影响，就是以学习西方技术和管理为由，最终否定社会主义制度。从这一点上看，可以说"趋同论"是一种有害的观点，宣扬"趋同论"可以看成是资产阶级自由化在社会科学领域的一种反映。对此，必须予以抵制。

社会主义原则既是制度，又是政策，又是价值观

社会主义国家有的人认为，对社会主义的理解应该有变化，即应将社会主义理解为一种政策，一种价值观，而不应作为一种制度，这是在国际共产主义运动中遇到的一个新的问题。我认为，坚持社会主义原则，这个原则所指，既是制度，又是政策，又是价值观。其中制度和价值观是更带有根本性的。从坚持社会主义制度来说，政治上我们是共产党领导下的多党合作，互相监督；经济上是社会主义公有制为主体的多种经济成分，分配制度上坚持以按劳分配为主，也提倡机会均等，公平竞争。这种经济、政治上的"主体"不能削弱，更不能取消。国际共产主义运动中其他国家可以根据他们的情况进行探讨和实践，我们中国根据自己的国情，在坚持社会主义制度和价值观的根本问题上绝不能后退。

经济运行机制可以学习和借鉴，但运用时要顾及国情，注意制度性的特点

运行机制与社会制度是有区别又有联系的。运行机制是社会机体各部分运行过程中的具体制度、政策，它更带有技术性的特征，不同社会制度的国家可以相互学习、借鉴这方面的东西就更多一些。比如宏观调节中的税收、市场管理、货币政策、财政与收入政策，等等。但是在运用时我们不能有盲目性，要注意顾及国情，顾及国家的社会制度，注意制度性的特点。比如扩张性的财政政策、金融政策，也属于宏观调控手段，资本主义国家根据凯恩斯的理论，时常采用这些政策，来刺激他们的经济发展，

这对调节它们的经济运行，起过一定的作用。但在我国，这种扩张性的财政金融政策，一般就不适合，因为我们中国商品短缺，需求过旺，又是软预算，大锅饭相当程度上还存在。在这种国情下，用通货膨胀和赤字财政，即多支出的办法去刺激生产，就会搅乱经济运行的正常秩序。社会分配也一样，我们要更多地考虑到社会公平的问题，用税收的杠杆进行调节。这些问题不解决，只是简单地引进市场经济国家的运行机制，所引起的社会动荡与不安，会更甚于西方国家。又比如，低效率的企业理应逐步淘汰，但在中国又不能简单对待它，要顾及各种社会因素；大锅饭、铁饭碗当然不好，但要真正打破它，还要更多地考虑到社会保障的因素。这些都需要在具体制度上进行更多的改革与调整，包括继续稳妥地推进所有制方面的改革。总之，运行机制与根本制度也不是完全脱离的，运行机制可以相互学习、借鉴，但运用时要考虑社会属性和我国国情。我们既不能因为生怕资本主义的影响而故步自封，拒绝学习和借鉴他人有益的管理经验，又不能因为学习人家的东西而忘记了自己的社会主义方向和道路，即我们既要坚持改革开放，又要坚持四项基本原则，这两者相辅相成，缺一不可。

宣扬『趋同论』是资产阶级自由化在社会科学领域的一种反映

刘清两种改革开放的界限[*]

——《经济日报》记者专访

（1989年10月）

记者（贾德昌）： 为了区分两种不同的改革开放，必然会涉及如何评价十年改革，尤其是如何评价1984年以后的城市经济体制改革，您对这个问题有何看法？

刘国光： 改革十年是新中国成立以来生机最旺盛、经济增长最快、人民生活水平提高最快的时期，这是一个基本事实。具体地讲，前五年抓住了农业改革这个重点，扭转了农业长期停滞的局面；在城市进行了扩大自主权、增加留税留利等试点，比较好地贯彻了"调整、改变、整顿、提高"的八字方针，改变了国民经济比例长期严重失调的局面，为改革提供了比较宽松的环境。所以，前五年改革和发展的步子走得比较平稳和顺利，取得的成绩尤为显著。从1984年开始的后五年，虽然也取得了不少成绩，但出现了一些大的失误。其主要原因，是当时主管经济工作的中央负责同志，在发展和改革两个方面，推行了一套只求短期速效的急功近利的方针。一方面对必要的根本性改革回避敷衍；另一方面却又热衷于推行种种似是而非、有严重负效应的所谓"新措施"，而且朝令夕改，花样不断翻新，使广大干部和群众无所适从。

---

* 由《经济日报》于1989年10月17日、31日分两次刊载，此处采用第一篇的题目。

记者：您能否谈谈，十年经济改革中，在经济领域有哪些资产阶级自由化表现？

刘国光：经济改革、经济研究和经济工作是十分复杂的，经济领域里资产阶级自由化的表现不像政治思想领域那样容易辨别。邓小平同志曾说过："在改革中，我们始终坚持两条根本原则：一是社会主义公有制经济占主体，一是共同富裕。"我认为这是辨别经济领域是否有资产阶级自由化倾向的重要标准。用这个标准去衡量，近年来经济领域资产阶级自由化倾向至少表现在四个方面，即：否定以公有制为主体，美化和鼓吹全面推行私有化；否定搞具有中国特色的社会主义建设和改革，反对在建设和改革的实践中坚持和发展马克思主义经济学说，主张全盘照搬西方国家的经济学说、经济制度、发展模式和西方价值观念指导中国的发展和改革；否定计划经济的优越性和必要性，反对计划经济与市场调节的有机结合，主张实行完全的市场经济；否定按劳分配为主的原则和共同富裕，主张无限制地扩大各种非劳动收入，突出鼓吹"中产阶级"（即新资产阶级）的成长，助长两极分化。在这几个大的方面还各有具体表现。

记者：那么，哪些东西不属于资产阶级自由化倾向呢？

刘国光：我认为改革中理论和实践中的探索和一般的政策失误，其中包括运用一些西方资本主义国家实行过的东西，不能简单地视为资产阶级自由化。在我们这样一个社会主义大国里搞改革，是史无前例的壮举，应当鼓励在坚持四项基本原则的前提下大胆探索，也免不了失误。中国不搞私有化，不能走资本主义道路，但并不排斥学习西方国家的先进经验，因为有许多做法是社会化大生产和商品经济共同使用的东西，有不少经验是人类共同智慧的结晶，并不是资本主义国家的专利品。比如，租赁制、股份制，以及其他一些先进的经营管理方法，我们在改革中试行，就是一种探索。至于这种探索能否成功，如何结合我国实际

划清两种改革开放的界限

去搞，那要通过实践去检验，但不能简单地把这种探索说成是资产阶级自由化。又比如，我们在财政改革、物资改革，包括利改税、地方财政包干、对部分生产资料实行价格双轨制等等，都曾经有失误的地方，都有需要完善和改进之处，但这些不能视为资产阶级自由化。十年改革中，在经济领域究竟哪些属于正常的探索和一般的失误，哪些属于资产阶级自由化倾向，需要认真研究。我的上述看法，仅是个人之见。

记者： 您前面谈过，后五年失误较多，其原因主要是在发展和改革两个方面，都推行了一套急功近利的方针。您能否具体谈谈急功近利的方针给改革和发展带来了哪些明显的危害？

刘国光： 危害是多方面的，其中最为明显的有以下两点：

一是以对地方、部门、企业和个人"让利"和对各级政府主管部门"分权"，取代对经济管理体制的系统改造。这种"放权"又主要是行政性的，实际上主要放给了中间环节。适当利用利益刺激，适度放权让利，本来也是改革题中应有之义，但把它当成主要路子，以此代替机制的转换，而宏观调节机制、约束机制、基本的市场关系和市场秩序都没有建立起来，势必导致投资向地方工业、加工工业、乡镇企业和小企业倾斜，国民收入分配急剧向个人倾斜，实际上是形成了一种助长膨胀的机制，加上不少地方、单位的领导同志互相攀比、在任期内大干快上的心理，以及长期维持价格和其他方面的"双轨制"等因素的作用，必然出现基建投资和消费基金失控，经济过热，结构失衡，秩序混乱，分配不公，"官倒"盛行，通货膨胀。在这些现象日益显露时，当时负经济工作主要领导责任的同志听不进劝谏，直到1988年夏季，在通货膨胀已经一触即发的形势下，仍然继续抵制和阻挠对经济环境进行治理，公然主张"用通货膨胀支持高速度"，终至酿成1988年秋季严重的经济困难。

二是在1984年粮棉大丰收后，由于连续的通货膨胀和"比价复归"造成主要农产品相对价格再度偏低，农业生产已经出现问题。但当时有关领导者对整个农业形势坚持作"乐观"估计，采取了某些不适当的农村经济政策和在计划生育问题上"开小口子"等错误做法。后来，在农业开始走下坡路、农业物质技术基础遭到削弱和农民种粮积极性急剧下降的事实已经十分明显的情况下，他仍然粉饰太平，认为粮棉生产已经"过关"，只是流通环节存在问题。与此同时，采取了向农村加工工业急剧倾斜、拔苗助长的政策。这种政策既打击了城市大工业，又并未真正起到扶助农业的作用。相反，由于农业同非农产业间收入差距进一步扩大，反过来，又打击了农民种田的积极性，加上其他原因，致使后五年农业重蹈徘徊的状态。农业发展缓慢，又影响工业发展，改革和经济发展受到阻碍。

记者：江泽民总书记在四十周年国庆讲话中明确提出，为了使改革顺利和深入发展，今后三年或者更多一些时间内，要继续贯彻治理整顿、深化改革的方针。请您谈谈，今后的这段时间内在治理整顿中应当重点解决什么问题？为什么说治理整顿也是深化改革的重要内容？

刘国光：我认为今后三年或者更多一些时间内，中心问题是把物价上涨指数降下来，把通货膨胀抑制住，进而把结构调整好，同时进行一些必要的改革，而不能追求速度，经济发展速度控制在6%~7%就很好了。不把通货膨胀率控制到5%以下，就不能顺利发展，也很难顺利地搞改革。今后三年或者更多一些时间，在宏观和微观上所有措施都要朝这个目标努力，达不到这个目标就很难说完成了治理的任务。当然，我们不能单纯地用行政办法限制物价，而主要靠压缩总需求，实行总量控制，并通过调整结构，来增加有效供给，同时把经济关系初步理顺，为此就要进行必要的改革。

当前经济困难主要是通货膨胀居高不下，深层原因，在于总量膨胀和结构恶化；而总量和结构上的问题，又是由经济管理体制的缺陷和重大政策的偏差造成的。因而要解决总量控制和结构调整，必须实行管理体制上的进一步改革，通过改革，使那些有利于促进膨胀的机制和助长逆向调节机制转换为有利于控制总量和理顺经济关系的机制。

这些改革措施包括：（1）改变导致经济管理混乱、经济结构恶化的行政性"放权让利"的做法，纠正国民收入分配向地方和个人过度倾斜的偏向，适当提高国家财政收入特别是中央财政收入的比重，重建能够有效运作的宏观管理体系。（2）在克服行政性分权、地区部门各自为政带来不良后果的条件下，行政手段和经济手段双管齐下，调整产业结构；使结构真正向全民所有制大企业，向交通、能源、原材料基础工业，向农业等方面倾斜。（3）企业承包制要转向规范化的经济核算制，要保证国家原有的资产只能增加，不能减少。要根据企业规模和经营特点，建成不同类型的自主经营、自负盈亏的经济组织，实行真正的政企分开。（4）如何推进价格改革，仍是我们需要郑重考虑的问题。虽然近期治理任务基本完成，以前，在这方面不可能有大的动作，但如果在改革的步骤、方法上精心设计，并在收紧货币供应方面采取强有力的措施，缩小双轨价格的范围和实行价格改革还是具有可行的余地的。此外，还要采取有效措施，从上面做起，全国上下真正过几年紧日子，渡过难关，这是走出当前困境的一个很关键的方面。

记者：我认为您提出的这些措施是很重要的。可是，怎样才能保证这些措施顺利实施呢？

刘国光：在目前情况下，贯彻执行这些措施的难度是比较大的。首先，由于实施这些措施意味着对"放权让利"的方针下形成的利益格局作一定程度的变动，一部分人会由于眼前利益同长远利益的矛盾产生出某种疑虑和阻力；而且由于前几年"放权

刘国光
经济论著全集

第 8 卷

让利"把国家的财力后备消耗得很多，同时把人们的胃口吊得很高，目前我们在保护绝大多数人的既得利益上回旋余地很小，这就更增加了解决问题的难度。但是，目前的状况如果长期拖下去，可能越拖越被动，而几步带有一定风险的棋，可能是唯一能够达到"柳暗花明又一村"的境界的出路。面对这种情况，我们不能有任何心存侥幸的念头。我们应当寄希望于全党同志的觉悟与团结。第一位重要的，是在干部队伍中取得一致的认识。全体干部，首先是领导干部对大局的清醒认识，牺牲蝇头小利以保护根本利益的决心，以及大家"从我做起"的实际行动，将使全国人民团结在党中央的周围，通过同心协力的艰苦工作，去开创社会主义现代化建设的新局面。

划清两种改革开放的界限

中国的出路仍在于改革*

——中国经济路向座谈会发言摘要
（1989年11月）

五中全会刚刚结束，通过了进一步治理整顿和深化改革的决定，这是个大事情。我们现在强调要保持国家的稳定，这是第一件大事。经过动荡以后，六月份的四中全会，选出以江泽民为首的新班子。这几个月来，在政治上、组织上、宣传上，以及外事上采取了一系列的重大措施，开了一系列的会，所以整个政治局势是一步一步地走向稳定，这是看得很清楚的。

中国政局日趋稳定

国外传闻说我们社会科学院驻军了，军管了，根本就没那么一回事。借宿地方是有的，现在都撤走了，大概跟驻几个立交桥的部队差不多同时撤的。现在是一个军人都没有。所以政治局势的稳定是看得见的。经济能不能稳定呢？有的人是担心稳定不了，有的人是寄希望于不要稳定。这是别有用心的。

这次五中全会，专门讨论经济问题，作出进一步治理整顿和深化改革的决定，表明国家决心同时也有能力来解决这个问题。因为确实这个问题很重要，政治稳定，当然也是经济稳定的一个前提，经济要搞得好，政治不稳定不行。反过来政治的根本

* 原载香港《文汇报》。

稳定，没有经济的稳定根本谈不上，经济还是基础。为什么这一次风波牵涉了那么多人呢？当然原因很多，有政治思想上的自由化思想泛滥，放松了这方面的工作，其次的一个原因是经济上出了一些问题，物价呀，通货膨胀呀，秩序混乱，"官倒""私倒"，带来了人心不是那么稳定。因此经济问题还是有根本性的作用的。要政治稳定，经济首先要稳定。这次五中全会着重解决这个问题，而且综合地分析和提出措施，当然治理整顿和深化改革方针不是1989年提出来的，1988年已经提出了，三中全会就提出了。经过一年，也确实收到一点成效，物价涨势趋缓，过热的经济也慢慢地下来了，货币回笼也不错。但确实还存在很多问题，今天很多同志都谈了这个方面的问题。1988年的三中全会中央提出了治理整顿问题，经过这一年的实践，一方面收到了一些成效；另一方面，由于大家的思想认识不是很齐，对治理整顿的重要性、必要性的认识不是很一致，而且有些还非要干，各种认识都有。措施虽然有一些，但也不是很完善，因此1989年有过去一年的经验，再加上有"风波"的教训，大家对这个事情认识更趋一致，明白到再不进一步抓紧，是不行的。所以这一次五中全会在经济问题上，对问题的所在，问题本身的分析，以及一些措施，都比以前深了一步。

四十年教训实深刻

我个人相信当前经济上的一些难题，经过二三年的时间会有很大的缓解，目标就是在三年左右或者更多一点的时间，使物价降到10%以下更多一点弹性就很大，是不是？那么按照1989年物价上涨率19%~20%，实际上1989年新上涨部分只有8%~9%，而1988年新上涨部分就是翘尾巴部分，大概有1%~2%。1988年单年上涨率为60%，前年全年是18.5%，而1989年单年上涨率是

8%~9%，这样讲起来，确实可以讲1989年比1988年有明显下降，而且这个指标是符合现在老百姓的亲身感受的。当然用什么指数来表现，还有些争论，现在不去谈它。1989年既然跌到这样一个程度，我想三年之内或更长一些时间会降到10%以下。有些同志没有信心，但我想如果我们的态度是坚决的，措施是得当的，达到目标是没有什么问题的。这还包括我们必要的价格调整，我们的能源材料、农产品、粮食等有些价格还得要放开、要调整，调高必然会引起物价的波动。一方面我们要紧缩，另一方面再实行物价调整。我个人认为，过几年物价控制在10%以下，是做得到的。当然，这还要靠五中全会整个措施的落实，包括治理整顿以及深化改革两个方面。

另外，我们总结经验教训，这次五中全会上特别强调是总结四十年来的经验教训，必须要树立一个长期"持续、稳定、协调"发展的六字方针。过去我们都是大起大落，都是想高速度、想热，情况一好马上就热，总想快一点。心理状态是可以理解的，因我们是这么落后嘛！但是适得其反，欲快反慢，已反复多次，在这里面吸取经验教训过去也多次讲过：不要头脑发热，这次公报里也特别讲了，一定要牢牢树立，作为总的指导思想。原来公报草稿是没有的，后来特别加了这一条。我特别比较了一下，就是四十年来的经验，要持续、稳定协调专门有一段：不但在治理整顿期间要树立持续、稳定协调发展的方针，而且等治理完了后，以后长期也要这么办。但很容易反弹，我不讲治理整顿以后反弹，在目前也随时有可能反弹，如果大家哇哇叫：我现在速度也下去了，市场又是滞销了，资金又是困难，又是三角债，七七八八，中央现在已在想办法了，有选择地来注入资金了，来启动了，但是如果顶不住，就会重蹈1986年上半年以及1988年的覆辙。当时的双紧政策，1985年抓紧，1986年就垮了；1987年第三季度的双紧政策，1988年就又垮了。顶不住了就要放。就是很容易反弹，一反弹就是更大的通货膨胀，这是很危险的。而这次中央头脑比较清醒，坚持三年，而且同时也对发生的一些问题，如对我们现在的疲软啊，资金不足啊，还是有选择地给一点流动资金，给商业部门流通部门一点收购资金，来转活，但不是普遍地来放松。

机制缺陷亟待改革

治理整顿结束以后，怎么办呢？我感觉到我们一个指导思想很重要，就是要树立一个指导思想：不能这么追求过快过热的经济发展，要稳定、长期地坚持这六字方针。另外我们的经济机制上本身存在的一些缺陷：大锅饭，软预算，负盈不负亏，投资饥饿症，这些原来机制的软弱性不解决，它还是可能经常在那里反弹，经常是那种膨胀的机制。所以中央定的方针：治理整顿和深化改革相结合就必须要坚持。因为另一些问题要靠深化改革来解决，机制上的毛病，其中一个是微观上的那种约束。我们这几年的改革主要在微观的放权让利。放权让利做得不错，也是调动积极性，但放权让利的同时，微观市场的以及企业的自我约束，对地方的约束没有跟上去。再一个，宏观的控制。宏观的调控机制没有跟上去，这两个方面都需要经过深化改革来进行。一个治理整顿主要是双紧，当然也有些经济手段，但光这个东西，稳定持续协调只能是短期的，要长期地解决问题，必须同时深化改革。短期改革着重在于怎么有利于治理和整顿。更长期的改革，还有待进一步研究。外面也有传闻，认为治理整顿就是不要改革，实际上不改革不行，不改革治理整顿也达不到持续稳定协调的目的。很多外国人总误解我们就是紧缩。当然外国人对我们的改革还有一个根本上的误解——我们的改革是自我完善，社会主义的自我完善就是计划和市场都有更多的结合——外国人的理解就是

中国的出路仍在于改革

137

一切都要改革，实际上我们不是那么一回事。当然社会主义要完善，过去那种体制上缺陷的东西我们要把它纠正过来。这样的改革，使我们社会主义更有生命力，更有生机，而这样做一方面要有市场，一方面还要有计划，一方面要分散，一方面还要集中，假如我们两方面都强调的话，就会有不少人反对。有些人希望我们强调多分散，多私有化，多搞一些市场，好像这才叫改革。实际上应该是结合，看怎么能更好地发挥社会主义的有计划的商品经济的优越性。这样的方向，外国人是不大能理解的。他根本不接受你这个东西，认为你这个东西还是僵化在那里，你要么自由化，完全市场化，那才叫作改革，这样的观点也是我们所不能接受的，我们当然坚持改革开放，这是毫无疑问的。

关于当前的经济调整和经济改革*

——学习十三届五中全会决定的体会
（1989年12月16日）

今天我给大家讲一讲自己对十三届五中全会关于经济工作决定的学习体会，主要讲四个问题：（1）为什么要进行治理整顿？（2）治理整顿一年多来所取得的成效和当前存在的问题。（3）进一步治理整顿的几个问题。（4）在治理整顿期间还要强调深化改革的问题。

一、为什么要进行治理整顿

近几年来，中国在经济上出现的问题和主要原因在哪里？五中全会通过了关于进一步治理整顿和深化改革的决定。这次治理整顿是中国经济发展中一次很大的调整，包括1989年在内要用三年或者更长一些时间进行。为什么中国经济要进行这么大的调整？国内外人士对此有不少疑虑。特别在1989年春夏之交的政治风波之后，在经济工作方面继续推行治理整顿的方针，国外有些人士认为，这是政治风波以后，中国更加强调四项基本原则，不再强调改革开放的一个表现。有的人甚至认为治理整顿是改革开放的停滞或倒退。也有些人实际上怀疑十年改革是否搞错了，所以才来一个治理整顿。这些看法显然是不符合中国的实际的。中

---

* 本文系1989年12月16日在中国社会科学院干部大会上的讲话纪要。

国进行治理整顿并不是1989年政治风波后开始的，而是从1988年秋天开始的。之所以进行这场大的经济调整，当时并不是出于政治考虑，也不是因为经济改革和开放搞错了，而是因为在十年改革和经济发展取得显著成就的同时，经济发展中出现了一些问题和困难。十三届三中全会通过治理整顿方针决定的时候，当时政治形势是稳定的。引发春夏之交的政治风波的原因是多方面的，显然与群众对经济上的不满和不安有关。所以得到的教训是，政治形势的稳定归根到底还要靠经济形势的稳定。治理整顿就是为了让中国经济走上持续稳定的发展道路，这是政治上长治久安的基础。1989年五中全会再一次通过的进一步治理整顿和深化改革的决定，使得1988年9月通过的方针多了一层重大的社会政治意义。

至于十年来改革开放是错误的，还是正确的，我们要用事实来回答。经过十年改革，中国原有的用行政手段来管理的计划经济体制已逐渐向有计划的社会主义商品经济体制，就是向计划经济与市场调节相结合的体制转换。经济改革与经济发展互相推进，给我国经济生活带来了空前未有的勃勃生机。拿这十年发展成就同新中国成立以来几十年相比就可以看出：社会总产值1978—1988年十年中，平均每年增长11%，前25年（1953—1978）平均每年只增长7%多一点。国民收入这十年平均每年增长9.3%，前25年平均每年增长6%。城乡居民的生活费用收入，这十年平均年增长6.5%，大大高于前25年。这十年是中国经济发展生机最为旺盛，经济实力增长最快，人民得到实惠最多的时期。国内外人士有目共睹，没有人能否定。而这十年也正是中国实行改革开放的十年，十年中国经济发展的显著成就与改革开放的业绩是息息相关分不开的，这说明党的十一届三中全会以后历届中央全会、全国人民代表大会所决定的经济发展战略和经济改革方针是正确的，因而能够取得经济上的巨大成就。

当然，这十年的改革和发展是不平衡的。前六年取得的成就更为显著。1984年以后，经济工作中出现了一些大的失误，使得我们在前进中出现不少问题和困难。概括起来主要是：经济总量的失衡，经济结构的扭曲。总量失衡，指总需求包括投资所引起的需求和发放工资、行政开支等引起的消费需求过大，超过社会总供给。经济结构扭曲，主要指农业1984年以后徘徊，工业膨胀，加工工业发展过快，基础设施滞后等，导致严重的通货膨胀和经济秩序的紊乱。1984年第四季度开始发生经济过热以来，物价年年大幅度上涨，到1988年，物价上涨率进入了两位数，达到18.5%，超过了公众所能承受的程度。所以在1988年夏天引发了规模广泛的银行挤兑、市场抢购。在经济秩序，特别是流通秩序的紊乱当中，"官倒""私倒"流行，贪污行贿成风，以权谋私不良现象颇有发展，收入分配不公的问题也日趋严重。所有这些问题引起社会的普遍关注和公众的严重不安，影响了社会的安定和人们的信心，这是引发1989年春夏之交的政治风波的社会背景之一。当然，引发1989年政治风波的原因是很多的，有国际大气候和国内小气候等政治及思想上的原因，但经济上的问题也是一个重要的社会背景，这就如上所说，加重了治理整顿的社会政治意义。至于1988年秋天，十三届三中全会采取治理整顿方针这是个转折，直接动因还是由于1988年夏天的经济形势引起的，挤兑、抢购风潮造成紧张、混乱的局面，打乱了原来要出台的改革部署，如价格改革、工资改革。在激烈的通货膨胀和市场秩序混乱的情况下，改革无法正常进行，严重地阻碍了经济改革和经济发展的顺利进行。治理经济环境和整顿经济秩序的方针是针对这种情况提出的，是为了经济改革和经济发展进一步顺利推进，创造一个比较良好的相对宽松的经济环境。所以，治理整顿方针的提出和贯彻，都是在坚持改革开放总方针下进行的，并不是对改革开放总方针的后退和背离。

这里有必要讲一下我国经济出现这些病症，以至于要采取治理整顿的手术，主要病因在哪里？只有把病因查清，才可能对症下药，把病治好。这几年特别是1984年以来，经济工作出现了一些大的失误。这次在五中全会的决定中，党中央和国务院对我国经济生活中的困难和问题进行了分析，承担了责任。决定中指出："十一届三中全会以来，党中央、国务院在执行正确路线、方针、政策的过程中，对经济建设和改革开放的具体指导也有失误。从1984年下半年开始，我国就出现了经济过热、货币发行过多、国民收入超额分配等现象，但党中央、国务院未能及时采取果断措施加以解决。"五中全会决定中又指出："由于对国情缺乏全面深刻的认识，对国力缺乏清醒的估计，在建设和改革两方面都存在急于求成的偏向。出现这些问题的责任不在下面。党中央和国务院要认真总结经验教训，多作调查研究，多走群众路线，努力提高决策的正确性和科学性。"党中央在五中全会决定中，这样坦率地对前几年工作中的失误，认真进行检讨，坦诚地承担责任。其实前几年经济工作的重大失误，主要还是由于长期主管经济工作的中央负责同志在经济发展和改革两个方面都推行了一套急功近利，只求短期速效，从而损害我国经济长远利益的方针。

首先，在经济发展方面重新犯了脱离国情，超越国力，急于求成的老毛病。1982年党的十二大制定的本世纪社会主义建设发展战略，要求在不断提高效益的前提下，力争使工农业总产值翻两番。战略重点是：农业、能源、交通、教育科学这几个根本环节。战略部署是分两步走：前十年主要是打好基础，积累力量，创造条件；后十年进入新的经济振兴时期，稳中求进，先慢后快。当时内部设计的速度是，20世纪80年代平均每年增长5%~6%，90年代为7%~8%，二十年总算下来，平均每年增长7.2%的速度就可以使我们的总产值翻两番。这样一个内部的设计是符合党的十一届三中全会实事求是的思想路线的。1985年9月，党代会通过"七五"建议，规定了基本指导原则，要为改革创造良好的经济环境，合理确定经济增长率，防止盲目攀比，追求产值产量，避免经济生活的紧张和紊乱。中央决定要为改革创造良好的经济环境，是接受了80年代初期经济理论界提出的要为改革创造一个相对宽松的经济环境的正确意见。但是后来这些正确意见很快被放弃了。当时有一种流行说法，即良好的环境是改革的结果，而不是前提，改革只能在紧张的环境中进行。这种论调占了上风，因为它适应当时决策同志在发展方针上急于求成的思想。在"通货膨胀有益论""赤字财政无害论"理论的推波助澜下，经济发展越来越热，速度大大超过了5%~6%的指标，达到了10%。这样表面上成绩很大，轰轰烈烈，但付出了比例失调的严重代价，工农业比例，基础工业、加工工业的比例严重失调。棉花、粮食五年徘徊，至今未能恢复到1984年的水平。加工工业盲目发展，一条条生产线，就是由于过早地提出高消费所引发出来的彩电生产线、冰箱生产线、易拉罐生产线等，浪费很大，而基础工业滞后，十二大要加强的几个薄弱环节非但没能加强，反而更加成为制约我们经济发展的几个大的"瓶颈"。

其次，在改革方面也是急于求成，使改革有许多片面性，不能配套。十年改革的主要功夫下在放权让利上。把权力下放，让税让利，让给地方、让给企业本是对的，在改革初期为调动企业职工积极性，使企业有较多自主权，让税让利是必要的。但过头过度是不好的，而同时在两个方面没有采取切实有效措施。微观上，自我约束机制没有建立健全起来；宏观上，调控机制也未能很好建立健全起来，宏观的计划管理调控是放松了，没有把间接的通过市场的调控机制很好地建立起来。所以，形成宏观计划管理是真空，市场调节也是真空，在新的间接调控手段未建立发展起来之前，就过早过快地否定原来的直接调控手段，使中央宏观调控能力大大削弱。分配中，国民收入分配向地方倾斜，向企业、向个人倾斜，而国家，特别是中央所占份额大大降低，调控手段大大削弱。整个国民收入中，国家财政收入所占比重是：1979年为32%，1988年为19.2%，下降很多。而国家收入里中央财政收入也大大下降：1979年为60%，1988年为47.2%，但中央的职能任务并未降低。在这种情况下，旧体制原来就有的一些促使总量膨胀、投资膨胀大锅饭的体制，向上要投资，要物资，要外汇，搞基本建设，效果不好没关系，摊子越大，好处越多，但是不承担责任。原来就是膨胀机制，经过这几年下放，膨胀主体更多，渠道更多，而自我约束的机制未形成，宏观调控计划控制却削弱了，这是造成近几年通货膨胀秩序混乱又一方面的原因。前面讲的原因是在发展和建设上的急于求成，现在讲的原因是改革不配套造成的机制上的缺陷。这是造成这几年通货膨胀、秩序混乱两个方面的重要原因，也是当前经济调整、经济改革中要认真研究、切实治理的问题。

二、治理整顿一年多来所取得的成效和当前存在的问题

1988年秋天提出治理整顿的方针至今已一年多了，这个方针的提出和贯彻都不是一帆风顺的。国民经济中严重问题的出现不是一下形成的，而是冰冻三尺非一日之寒。这个事实对长期以来支持"通货膨胀有益论""赤字财政无害论"的同志来说是不愿意承认的，他只承认"见事迟，抓得晚"六个字，而不是深刻分析这几年来工作的失误。他是在1988年大提款、大抢购、物价猛烈上涨的形势下，是在大多数同志的坚持下，不得不同意治理整顿方针的。三中全会后，国务院发了几十个文件抓紧治理整顿。治理整顿中心是压缩总需求，压缩投资，压缩集团消费，控制工

资奖金总额。不久，就有人出来吹冷风，说只有增加总供给，才是积极的办法，而压缩总需求是消极的。意思是说实行压缩政策造成"滞胀"，所以不能这么做，而要增加总供给，即增加生产，这就是把1988年已经过高的速度（20%的速度）再进一步提高，就是给已经发了烧的病人再加温，这样做，会把国民经济带到哪里去？有的宣传自由化的报刊，如《世界经济导报》，连篇累牍发表文章，把治理整顿同改革开放对立起来，认为治理整顿是妨碍改革开放。一些顽固坚持自由化的人把坚持治理整顿同停滞画等号，认为停滞的损失比失败更严重，反对治理整顿，认为"整顿有使十年改革的成果付诸东流的危险"。个别理论界的头面人物还从字面上对治理经济环境、整顿经济秩序进行挑剔挖苦，说什么文理不通。春夏之交政治风波发生时，有人放风说学生闹事的深层原因是害怕治理整顿造成经济停滞、改革停滞，害怕回到传统的道路上去。诸如此类哗众取宠、危言耸听的议论，其目的就是要我们放弃治理整顿，向党和政府施加压力，以显示他们才是真正的改革者。实际上是要把我们的经济拖到灾难的地步，以在混乱当中实现他们自身的目的。治理整顿根本没有违背改革的方向，而是克服经济过热，抑制通货膨胀，使经济稳定发展，为进一步深化改革、保证改革健康发展，创造良好条件，扫除障碍。并且治理整顿本身不是简单靠行政办法能达到的，还需要靠改革配合，否则不能成功，不能达到最后的目的。一方面治理整顿是使改革顺利进行；另一方面治理整顿本身还需要深化改革的配合。所以，把治理整顿同改革开放割裂开来、对立起来是毫无根据的，完全错误的，一些坚持主张自由化的人提出这点则是别有用心的。

经过一年多治理整顿，尽管中间遇到不少阻拦，特别是1989年春夏之交的政治风波、干扰带来的某些消极影响，包括国外的经济制裁，但总的来说，治理整顿取得了预期阶段性成果，主要表现在以下几个方面：

1. 过热的经济，特别是过高的经济发展速度，已经逐步回落

与1988年、1987年同期相比，1988年、1987年工业总产值增长速度达到20.8%，1989年上半年跟上年同期相比，增长速度已降到10.8%，1989年前三季度1—9月，降到8.9%，1—10月降到7.7%，1—11月降到7%，这都是和上年同期比，估计1989年全年的增长速度是7%，或多一点，这与年初通过的紧缩计划所预计的差不多。

2. 农业方面1989年获得较好收成

夏粮、早稻丰收；秋粮，北方的几个省市因灾减产较多，其他地区大部分增产。全国粮食超过4亿吨，比上年增长100~200亿斤。

3. 固定资产投资有所控制

1988年三中全会提出的要求是，1989年投资规模比1988年压缩20%，1989年实际上可压缩10%，没有完成原来的要求。完不成任务的原因，一是各地决心不大，舍不得；二是较多在建工程已到收尾时期，如果停下来，损失很大。1990年在建工程减少，新开工减少，控制基建投资见效更大。1989年压缩10%不是很容易的事，应该说是取得了成效。往年基建铺摊，每年要增加10%，甚至20%，1989年不但没增，还压缩了10%，这是很不简单的事。

4. 物价上涨的势头趋于缓和

1988年物价上涨比1987年增长18.5%，1989年物价上涨幅度与1988年同期比，1月上涨27%，9月上涨9.7%，10月上涨8.7%，而去年10月比1987年10月上涨28.7%，10月涨幅回落20个百分点。物价指数从1月份看起，全年物价上涨1—12月估计比1988年全年上涨18%左右，因为受到上半年涨速较高的影响，全年平均上涨幅度不大可能减少许多，而1988年全年比上年上涨18.5%。1989年和1988年全年物价指数大体持平或略低一点，但这样的统计数字，

与老百姓的感受不是一回事。老百姓的感受，1989年物价显然比1988年缓和。这个18%左右的上涨幅度，有两个因素，其中一个是1989年新上涨的因素8%，另外10%左右是1988年物价上涨翘尾巴转到1989年来的。1988年全年上涨18.5%中，有16%是当年的上涨，所以1988年大家感觉承受比较重，1989年较轻些。前几年学习讨论中，人大、政协会提出意见，认为统计局发的物价指数，跟我们感觉不一样，感觉到的物价上涨比统计指数高，1989年却相反，感觉到的比统计指数低。统计怎么更符合实际感觉是值得研究的问题。

5. 货币回笼情况较好

由于人们对市场物价的预期缓和了，银行实行保值储蓄，居民存款大幅度回升，到10月份已增加1 000亿元，估计1989年可增1 200亿元。往年9—10月货币大投放，1989年到10月底货币还是净回笼。10—12月投放一些，一是农产品收购，一是1990年生产准备。贷款要多放一点，1989年货币回笼是较好的。

从以上五个方面看，国民经济在治理整顿中还是稳步发展，国务院一年来采取控制需求为重点的一系列政策措施，正朝着稳定的方向发展，取得一定成效。但是十三届三中全会关于治理整顿的决定，因受到当时情况的限制（不少地方、部门对治理整顿的必要性、紧迫性和艰巨性缺乏认识），很多措施没有得到全面、有效的贯彻；所以，治理整顿还存在很多问题，目前只是得到初步缓解，而初步缓解的问题，只是经济生活中浅层次的问题，比如人们对物价暴涨的预期缓和了，过高的工业速度降下来了……国民经济深层次的问题还没有得到解决，结构的扭曲、机制的混乱、效益的下降等问题都没得到治理。另外，在治理整顿当中还出现了一些新问题。目前经济形势是老问题、新问题并发，治理整顿仍面临严峻的挑战，归纳起来存在以下几方面问题：

1. 总量失衡问题。总需求与总供给继续失衡，这样的格局没有根本打破。一年多来，由于我们实行紧缩的方针，总需求与总供给的矛盾有所缓解，但并不意味着完全消解。比如，1989年的财政赤字计划是70多亿元，全年有可能超过100亿元，社会资金紧张问题没解决。目前回笼的货币主要靠居民的储蓄，而企业存款下降，商品性回笼减少。这样的银行资金格局不利于金融稳定，储蓄资金的所有权在居民手里。如果企业存款、商品货币回笼多些，银行和国家就可以控制。目前资金供需的矛盾仍然十分突出。企业间相互拖欠得很厉害。另外，重要物资短缺，外贸逆差的矛盾仍然存在，国际收支的矛盾加剧。总量失衡不仅是当年的，历年转下来的缺口也不少，表现为一个内债，一个外债。1988年内债超过800亿元，1990年进入还债高峰。外债余额1988年年底超过400亿美元，1990年也要进入还债高峰。除此之外，还有对老百姓的债务。银行储蓄5 000多亿元，还有债券，估计结余购买力达7 000多亿元。这是一个很大的数字，很大的压力，人们担心，如果市场不稳，"老虎"就要跑出"笼子"了。总量失衡的问题不能放松，丝毫不能大意。

2. 结构扭曲的问题。实行财政、信贷双紧政策一年来，我们在控制总量的基础上，开始注意对经济结构的调整。如在财政上，在削减基本建设支出的同时，增加对农业的投资；对流通资金的贷款，主要用于大中型企业特别是骨干企业，压缩了对地方乡镇企业的贷款。在工业生产结构上，基础工业产品保持正常增长，下降、压缩的主要是机械加工产品以及投资性产品，如建材、钢材、水泥、耐用消费品、家电产品等。交通运输的紧张状况有所缓解。总的来看，结构调整进行得很缓慢，各种结构性矛盾仍然十分突出，特别是农业种植业生产徘徊的局面没打破，每年人口增长而耕地面积缩小，这是很大的危机。主要农副产品的供需矛盾依然十分突出，不但制约着以农副产品为原料的轻纺工业的生产，而且对国民经济也是一个很大的制约。一方面投资压缩进展缓慢；另一方面重点建设资金严重不足，需要发展的能源、交通等基础设施方面的资金不足。工业基础设施严重落后的状况没有多大变化。工业产销结构不适应的矛盾仍然突出，表现在商品库存中一方面商品滞销，一方面供不应求，大约30%的商品供不应求，结构矛盾仍然尖锐。

3. 紧缩过程中出现的引人注目的问题，主要是市场销售疲软，工业速度下降过猛。市场销售从8月开始，社会商品零售总额比1988年同期下降0.7%，9月份比1988年同期下降1.1%，10月份又下降0.3%，轻工业产品普遍滞销。而销售疲软，已由消费品波及一部分生产资料，是新中国成立以来很少见的。工业生产速度下降很猛，第一季度工业增长10.4%，第二季度增长11%，第三季度增长5.4%。9月份增长0.9%，10月份下降2.1%，到了11月份又回升增长了0.9%，主要是压缩固定资产投资，对投资类产品需求减少。另外，消费品市场疲软，资金周转困难，造成工业生产下降。疲软和工业生产下降，引起人们的忧虑。它给我们带来了新的困难。有的企业处于停工、半停工状况，奖金少发甚至有些发不出工资，部分职工的安置，新成长起来的待业人员的安置也遇到了困难，各级财政收入受到影响。一部分同志认为这是紧缩政策带来的生产"滑坡"，已经出现了滞胀。许多同志不这样认为，他们认为应把这种情况看成是治理整顿工作取得的阶段性效应的反映，是治理整顿中必然出现的暂时现象。

工业生产是否出现了滑坡、停滞，不能只看一年一月统计数字上出现的低增长或负增长，这种低增长和负增长是以1988年为基数算出的。1988年经济过热，从20%以上的速度算，好像1989年的速度很低了，如果以1987年为基数，1988年、1989年平均算，两年平均工业增长速度不低于10%，当然不是低速度，更不是滑坡、停滞。从更深层次看，这个月工业低速增长，甚至是负增长，这是前几年经济过热、需求膨胀刺激起来的畸形生产结构，超过了真正消费水平，超过国力。刺激起来的高消费、高需求，不正常的经济结构在实行宏观紧缩环境中，不适应总需求和需求结构的变化，是退烧状况。

市场疲软现象从另一方面看，是某些商品出现了买方市场。买方市场正是我们要努力实现的。有限的买方市场是我们为改革创造一个相对宽松经济环境的目标。我们要的是供给略大于需求的有限的买方市场。出现了这样的买方市场，生产者就要竞争，就要提高质量，提高服务，提高效益。努力争取出现一个有限的买方市场，正是我们为改革创造一个相当宽松环境的具体目标。在长期经常供不应求的卖方市场情况下，"皇帝的女儿不愁嫁"，企业没有压力和动力进行改进。只有存在一个供给略大于需求的有限买方市场情况下，企业才有动力、压力。李鹏总理在中央工作会议上的报告中提到，"市场上某些商品买方市场的出现促使调整产品结构，提高产品质量，为提高经济效益提供有利机会。如果生产速度不降一些下来，结构就很难调整，如果生产什么东西都能卖出去，企业也就不会去注意如何才能适销对路，提高产品质量，降低消耗和降低成本。"目前，已经出现了某些商品的买方市场，但还不是很正常的买方市场，是用行政的紧缩手段压出来的局部的买方市场，因而是不稳固的。目前总需求超过总供给的态势还没有完全消除，总的来讲还是卖方市场。而经济体制内自我膨胀的机制也没有消除，这种暂时出现的买方市场随时有反弹的可能，有消失的可能。还要继续努力，通过治理整顿，深化改革，巩固和发展有限的买方市场，以适应进一步改革和稳定经济发展的需要，为进一步改革和持续、稳定发展创造良好的经济环境和条件。

治理整顿中出现的滞销、工业生产速度下降带来不少困难，如工资、奖金、劳动就业、财政收入等困难要重视加以解决，采取疏导措施帮助企业克服困难。比如，第四季度就有选择地发放了一些启动贷款，帮助一些大中型企业。另外，给流通部门的商业企业一些资金，来收购暂时销不出去、长远看还是需要的产品，将它们储备起来作为蓄水池。由于1989年货币回笼好，拿出一些启动资金，这样做还是有条件的，有选择的，但不能开大口子，否则总量失衡问题又要重新出来。总之，在实行治理整顿和双紧方针一年多的开始阶段，出现以上问题和矛盾是不可避免的，也是近几年矛盾积累的暴露。这些矛盾，也确实向治理整顿工作提出严重挑战。许多迹象表明，紧缩的工作，治理整顿的工作已经进入到一个极其关键的阶段，如果不尽快审时度势，采取正确的对策加以解决的话，已经取得的治理整顿的成果会丧失，整个国民经济将难以从困境中摆脱出来。

三、进一步治理整顿的几个问题

实行治理整顿和紧缩方针一年多来，一方面我们取得了压缩经济过热和缓解通货膨胀的阶段性成果；另一方面又给经济生活、生产、流通带来很大困难。下一步怎么办？有些同志对前几年经济过热造成的滞后的影响估计不足，没看到1989年采取紧缩政策取得的成效，把当前经济生活中出现的困难，简单归咎于紧缩，特别是归咎于银行的收紧信贷、收紧银根。为了解决当前企业的困难、市场的困难、财政的困难，他们主张全面放松银根，放弃总需求的收缩政策。这种倾向性的议论不少。如果照这种主张做是很危险的。因为我们不是第一次遇到这个问题，也不是第一次遇到这样的议论。过去几年也采取过紧缩的方针，也遇到过类似惊恐的议论。因为我们迁就了这种议论，致使过去采取的紧缩措施半途而废，前功尽弃，结果通货膨胀愈演愈烈，经济秩序越来越乱。

1984年下半年经济发展过热，信贷失控，一年投放票子262亿元，比改革前30年投放票子的总额还多。1985年不得不进行全面紧缩，一年开了四次省长会议，这种紧缩效应到一年后才显露出来。1985年年初工业生产速度下降，跌入谷底，结果引起一片惊慌，许多地方惊呼生产滑坡。某单位有个"理论家"在国外发表文章，说紧缩政策错了，使我们国民收入损失了几百个亿。尽管当时理论界和实际部门有不少好意见，要坚持紧缩，当然不要一刀切；但是，当时宏观决策的思想依然是使得经济重新走上扩张的道路，放弃了紧缩。这种经济扩张的政策，使银根从1986年中期放松，一直迟缓到1987年秋季，带来新的物价上涨。又使中央、国务院采取紧急措施，1987年9月开了计划会、体改会，再次实行强硬的紧缩政策，这就是财政、信贷双紧方针提出的背景。当时中央银行动用了提高准备金，采取提高利率的手段，对信用社开办了强制性的特种使用存款，这都是收缩银根的办法。到1987年冬，全国货币信贷投放值增长19%左右，基本被控制住，紧缩开始收到成效。当时又产生了生产滑坡的惊叫，工业生产遇到困难，刚进入1988年春，在"工业生产不要滑坡"的思想指导下，紧缩方针又被放弃。再次形成信贷发放的高峰，直到8月份，几年积累下来的过大需求，推动物价大幅度上涨，终于又发生全国性的挤兑存款、抢购商品的风潮，这是几年来第三次强硬紧缩的背景。值得注意的是，前两次紧缩之所以半途而废，都是强调工业速度不能滑坡所致。生产实际没有滑坡，而是遇到暂时困难。当时的决策思想是，投资膨胀多了，没关系，过大需求不会带来什么危险，担心的是经济降温，生产速度下降。这种思想是"通货膨胀无害论"的反映。这样的指导思想终于把我国经济引上大调整的艰难时期。这次紧缩，现在又到了关键时刻，又面临如何抉择的问题。如果说前两次总量的紧缩半途而废，导致新一轮的宏观失控，我们的国民经济还能承受，那么这次如果半途而废，出现更激烈的通货膨胀的冲击，我们的经济就更难以支撑，更难以治理了。虽然1989年社会总供给、总需求的矛盾有所缓解，但是多年积累下来总量失衡的格局并没有根本打破，1989年贯彻治理整顿方针必须坚定不移地坚持执行，坚持双紧方针不能动摇。但在坚持宏观总量紧缩的同时要注意防止另外一种倾向，就是忽视总量紧缩的前一阶段的阶段性特征，简单继续执行前一段宏观总量紧缩为主的政策，忽视了适时的调节和推进结构调整。一年多的总量紧缩为主，控制总需求为主的治理整顿，在控制总需求的膨胀上收到初步成效，但结构性的矛盾却日益暴露，严重影响经济的进一步发展。当前，工业速度下降、市场疲软、财政收支困难，都需要适时调整、调节。最近人民银行和专业银行有选择地增发一批短期贷款作为启动贷款，注入经济生活使它更好运转。对于这一点，有些同志产生疑虑，提出银行增加短期贷款是否同紧缩方针矛盾，紧缩方针是否要变。根据《金融时报》评论员的分析，最近增加投放的一批短期贷款是列入国家批准的年度贷款之内的，是年度贷款之内实行季节性控制的体现。1989年以来，在中国人民银行加强了对贷款规模总额管理的条件下，短期信贷的适时调节同坚持银根紧缩方针并不矛盾，而是为了更好地坚持紧缩的方针。所以，治理整顿进行到当前阶段，我们既要看到前一阶段总量紧缩取得的积极成果，也要看到前个阶段以总量紧缩为主的，特别是在治理整顿政策操作上进行一刀切的缺点及其带来的局限性和问题，要在总结前一阶段经验的基础上作出新的决策。根据上述分析，当前正确决策应当是把治理整顿的中心由总量紧缩为主转到继续坚持控制总量，控制总需求、投资、信贷；同时，把重点转到结构调整上来。为此，应做好各项政策的配套和落实工作，下大力气在改善结构、提高效益上取得实效。必须全面贯彻五中全会的决定，做好各方面工作。

简单讲一下总量控制和结构调整的问题。

第一，关于总量控制问题。要坚持紧缩的方针，紧缩大体有四个方面：（1）在财政政策上，要继续严格控制支出，1990年压缩5%。（2）金融政策上要严格控制贷款规模，严格控制票子的发行。（3）在投资政策上，要继续控制投资的总规模，不能超过4 000亿元。（4）在消费政策上，要坚决控制集团消费和个人不合理的超前消费。各项紧缩政策的力度，应以经济不发生大的滑坡为限。从治理整顿时期的客观实际条件看，我们三步走的发展战略，第二步（2000）发展到小康水平，在近期保持每年GNP增加6%就够了。实行财政、信贷紧缩，控制投资需求、消费需求，生产建设和人民生活都要从紧安排，不能照过去几年的老样子，经济过热时靠抬高起来的支出盘子、铺开的摊子来办事，大手大脚。上上下下，首先从上做起，要下决心，真正的而不是口头上的过几年紧日子，分担国家困难。总量紧缩涉及我们要勒紧裤带的问题，没这一条治理整顿是过不去的。20世纪60年代我们遇到的困难比这个大，而我们现在是在前进当中的紧缩。60年代遇到那么大的困难就靠紧缩，二三年就挺过去了，现在还要采取这个办法，全国要真正过几年紧日子，首先上面要示范，还要切实解决分配不公的问题，不能只一部分人过紧日子，另一部分人花天酒地。

第二，关于结构调整的问题。按照五中全会决定精神和国家产业政策的要求，有保有压，首先要动员各方面的力量确保结束农业生产徘徊的局面，使农业登上一个新的台阶。原想1990年登上9 000亿斤的台阶，2000年登上1万亿斤的台阶，现在1990年的台阶看来登不上了，农业的任务很艰巨。农业政策上的失误，农村的问题值得大家注意，要保证农业生产年增长率不低于4%。继续压缩加工工业的发展，保证能源、重要原材料、出口产品和基本生活资料、生活必需品的生产，对于市场严重滞销、消耗高、效益差的加工工业要进一步压缩。如彩电、易拉罐、啤酒等生产企业要大大压一批，促使这些企业在市场竞争中优胜劣汰，保证整个工业生产有7%~8%的速度就行了。在三年治理整顿期间，要把产业结构调整过来是不可能办到的，只能在产品结构的调整上快一点。因为产品是否适销对路受到市场影响，不调不行，产品结构调整可用现有的生产能力，不需要很多投资就可以做到。但是产业结构的调整，包括工农业结构调整、加工工业的基础设施调整需要大量投资，而投资目前受到限制，所以产业结构调整还不能大幅度做到，调整的余地不大，需要更长的时间，这是整个20世纪90年代甚至更长时期的任务。

在继续进行总量控制、抓结构调整的同时，还要不失时机地掌握宏观紧缩造成的某些买方市场的有利时机，来推进企业素质的提高。企业要在新的竞争环境下努力提高素质，加强企业经营管理、技术改造及企业组织的改组、整顿，通过这些来促进企业经济效益的提高。而企业调整、经济效益的提高都离不开优胜劣汰的竞争。这方面遇到的困难很大，如果不通过深化改革是解决不了的。

四、深化改革的问题

治理整顿期间还要强调改革，逐步加大深化改革的分量。五中全会决定对治理整顿和深化改革两个任务是并提的，文件对两者的关系作了很精辟的阐述，列举了三点：第一，治理整顿并不意味着改革停滞不前，更不是不要改革。治理整顿不仅将为改革的深入和健康进行创造必要的条件，而且其本身也需要改革的配合。第二，在集中力量进行治理整顿期间，改革要围绕治理整顿来进行，并且为它服务。第三，治理整顿和深化改革都不是目的，它们都是为了实现经济的持续稳定、协调发展。因此，不能把治理整顿和深化改革割裂开来，更不能把它们对立起来。总的来讲，一方面是治理整顿对深化改革有重要意义，治理整顿是为深化改革扫除障碍，创造一个更好的经济环境；另一方面，治理整顿本身没有深化改革的配合不行。治理整顿和深化改革本身都不是目的，都是为了经济更好地稳定发展。

深化改革对经济走上长期、持续、稳定、协调发展具有重要意义。过去十年，改革的主要功夫下在放权让利上。对企业、地方下放权力，让税、让利是必要的，这是为了调动积极性，为了扩大自主权，但放权让利过多过头，使中央调控力量大大削弱。针对这种情况，治理整顿期间，面对严峻的宏观经济形势，我们要强调多一点集中，多一点计划；国民收入更多一点集中到财政收入里来；市场混乱的现象要加以控制；对过度分散的财力、物力，适当增加中央控制的比重；暂时多采取一些行政性的调控办法，等等，都是必要的，否则难以进行较迅速有效的紧缩和调整。在治理整顿初期，党和政府采取的一些非常措施，如对一部分产品实行冻结价格，或实行最高限价，对双轨制的生产资料、议价部分实行最高限价。在一个时期对某些商品关闭市场，由国家收购。对一些商品（如农业生产资料）实行专营，以及对资金投放的额度进行控制，信贷的投放由中央银行规定额度，层层加以限制；还有对工资总额的严格控制等。这些都是行政性的控制措施，主要是为赢得喘息时间，使过热的经济温度降下来，以使我们能够重新协调社会总需求和总供给的关系。采取行政性措施，各国，包括西方市场经济的国家，在遇到比较紧急的经济问题时也会采取这一做法。如20世纪70年代初，尼克松政府遇到通货膨胀时，就采取冻结工资、冻结物价措施。这不是稀奇的事情，更不是改革后退，是在这个形势下必须采取的。但是，治理整顿单靠行政办法是不行的，单靠集中是不行的。比如，控制物价，单纯地靠冻结的办法、限价的办法，就是要国家来花钱，粮、蔬菜、煤炭价格很低。大白菜，北京市花了很多补贴。我国为稳定物价花的补贴是相当多的，占财政收入比重的30%。这对稳定物价有好处。现在一斤粮票值0.4元，钱是国库拿出来的，好处老百姓一点儿都不感谢，财政负担越来越重。但是一方面财政要控制，赤字要减少，物价补贴越来越大，赤字控制不住，对总量控制不利。另一方面，物价定死了，价格的扭曲转不过来，对生产、消费都不利，不能鼓励生产，节约消费。例如，要节约粮食，在这样的低粮价下，谁节约？浪费很厉害。有些该提价的，如煤就要提价，否则不能发展了。总之，价格不调整，限死了，出现新的扭曲。治理整顿期间一方面总量控制，另一方面要把不合理的产业结构、产品结构加以调整，价格限死了，出现新的扭曲，不利于结构调整。所以，行政的办法是必要的，但是单靠这些行政性的办法是不能持久的。要使治理整顿取得成效，即使在治理整顿期间也要尽可能采取或转到用经济办法上去。采取经济办法就要考虑进一步深化改革的措施，完善经济机制，使经济真正走上持续、稳定发展的道路。

关于当前的经济调整和经济改革

过去我国经济长期以来没有走上持续、稳定、协调发展的正道，老是大起大落。这次又犯了这场大病。主要病因前面分析了两条，一条是政策失误，一条是机制缺陷。政策失误，主要指在经济发展中指导思想上头脑发热，脱离国情，超越国力，急于求成，追求过高的速度。机制缺陷，主要指我国片面地放权让利，改革措施不配套，微观的经济膨胀机制得到强化，自我约束机制和宏观调控机制没有相应建立健全起来。这是引发最近这次通货膨胀和秩序混乱的经济体制的根源。要使经济走上持续、稳定、协调发展的道路，不但要通过治理整顿来端正经济发展的指导思想，防止发展战略、发展政策上的失误；更根本的是，克服经济机制本身的缺陷，在完善经济机制运转的功能上下功夫，使经济不仅在治理整顿期间稳定、协调发展，而且在治理整顿后长期走这条道路。治理整顿期间或是治理整顿任务完成后，反弹的可能性随时存在。不从治理整顿和深化改革两方面同时下功夫，很难使经济持续、稳定、协调发展。所以，治理整顿和深化改革必须相互结合、相互促进。这绝不是一句空洞的口号，而是中国经济要走上持续、稳定、协调发展的内在的迫切要求。

治理整顿进行到目前阶段，已取得的成效主要是浅层次的问题，而深层次的问题只有通过经济机制的转换和完善，也就是要通过深化改革才能解决。这就是在继续坚持治理整顿的同时要逐渐加大深化改革的分量的理由。在整个治理整顿期间，由于经济环境和经济秩序还没有完全走上正常，改革的步子不能过大，主要是围绕治理整顿的要求来进行。但是也要看到，随着治理整顿取得更多成效，在经济和市场趋于稳定、宏观环境好转的情况下，较大的改革措施不是不可以相机出台。1989年价格结构上，我们适当提高粮棉合同收购价格，提高了盐和盐制品的价格，特别是9月份，较大幅度地提高了铁路、民航、水路、客运票价，这些都是必要的、可行的、正确的。例如，这次调整客运票价，调得很厉害，涨了一倍多。一年调整客运票价金额88个亿。1983年纺织品全面调价大概为20个亿，大大小于这次。这么大幅度的调价，曾担心连锁反应，一个是心理上的反应；一个是实际上的一种商品价格与其他商品价格连起来，增加其成本，会带来轮番涨价问题。这次并未带来多大的社会震荡，连锁反应也不大。昨天又出台了一个措施，即外汇官价从3.7元调整到4.7元。过去不敢这么做，现在敢了，估计不会有什么大问题。它说明总需求控制住了，票子控制住了，人民币的发行、总额控制住了，宏观环境变好，人们的预期好转，在这种情况下，可以出台一些较大的改革措施。随着治理整顿和紧缩政策取得更多成效，我们也可以大胆出台一些重要的改革措施，比如，有些价格不但是调价，还可以放开由市场调节，现在是很好的机会。一旦出现了买方市场，价格是降的趋势。可利用新近出现某些买方市场的势头，推出一些原来由于经济环境过紧，通货膨胀压力过大而不能进行的改革措施。例如，调放结合的价格改革，"两权分开"的企业改革，以及为建立以间接管理为主的宏观调控体系所需要的财政、税收改革，金融体制改革，市场体制改革等都可相继出台。

改革总的方向，还是十二届三中全会所讲的——社会主义经济是公有制基础上的有计划的商品经济，我们要建立有计划的商品经济的体制。十三大所讲的社会主义有计划的商品经济体制应该是计划与市场内在统一的机制。内在统一，即计划与市场有机统一的体制。社会主义有计划的商品经济是内在统一，但也不排除板块的结合。最近提出计划经济与市场调节相结合的体制与过去总的提法，我认为都是一致的，这些提法是改革的方向。如何对这些提法理解、阐述，是个专门问题。

中国经济体制改革的若干理论问题*

——坚持改革开放，扩大对外经济合作
国际会议论文
（1989年12月26日）

十年来中国社会主义经济建设和经济改革的实践，同经济理论工作的发展是密切联系的。改革以前几十年来在中国占统治地位的传统社会主义经济理论的一大缺陷，就是单纯地研究生产关系，而忽视生产力及其与生产关系的矛盾的研究。这种脱离生产力发展状况来研究社会主义，导致经济理论中盛行"唯意志论"和"自然经济论"。"唯意志论"表现为片面强调不断变革生产关系，以加速向统一的全民所有制过渡，加速向共产主义过渡；还表现在片面强调政治挂帅、思想觉悟等主观因素，而忽视物质技术基础和物质利益原则在经济发展与经济变革中的作用。所谓"自然经济论"则是本质上把社会主义经济看成非商品经济，而是以实物分配为特征的自给自足式的经济。中国改革前的经济体制，从理论上说，基本上是在上述"唯意志论"的影响下，按照对社会主义的"自然经济"观的理解来构造的。因而具有所有制单一化、经济运作实物化、经济管理集中化、收入分配的平均主义化和内外关系上的封闭化等特征。

1978年中共十一届三中全会提出了经济体制改革的任务以后，中国经济学界逐步摆脱了"唯意志论"的思想束缚，结合改

* 原载《财贸经济》1990年第2期。

革的实践，对传统的社会主义经济理论进行了反思。这一反思的最根本的成就，就是一步步地纠正了传统的非商品经济的社会主义观，树立了社会主义的商品经济观，并且确认中国现在还处在生产力水平较低、商品经济很不发达的社会主义初级阶段。这样，对社会主义的再认识，首先导引出"社会主义商品经济论"和"社会主义初级阶段论"。这两论可以说是中国经济改革理论的两块基石。

正确认识我国社会现在所处的阶段，是建设有中国特色的社会主义的重要问题。早在1981年中共十一届六中全会通过的《关于建国以来党的若干历史问题的决议》中，就已提出中国社会现在正处于社会主义初级阶段的论断。1987年中共十三大又对"社会主义初级阶段论"进行了比较系统的阐述，指出它不是泛指任何国家进入社会主义都会经历的初始阶段，而是特指我国的社会主义是脱胎于半殖民地半封建社会，在生产力水平远远落后于发达的资本主义国家，商品经济极不发达条件下建设社会主义，必然要经历的特定历史阶段。关于我国社会主义经济是否具有商品经济性质，从改革一开始经济理论界就进行争论，1984年中共十二届三中全会通过的《关于经济体制改革的决定》第一次明确肯定："社会主义经济是在公有制基础上的有计划的商品经济"，一举破除了长期在经济理论中占统治地位的非商品经济的社会主义观，从而表明了中国经济改革是把计划经济和市场调节结合起来的有指导的市场取向型的改革，这是在中国经济理论发展中迈出的具有划时代意义的一步。

社会主义初级阶段论和社会主义商品经济论这两个理论基石的重要含义，在于它们重新恢复了马克思主义把是否有利于社会生产力的发展作为评价各种理论、方针、政策是否正确的最终标准。当然我们并没有放弃生产关系的尺度，特别要坚持社会主义原则，但是要紧密结合生产力标准而不能像过去我们长期做过的那样离开生产力来抽象谈论社会主义。

在上述两个理论的基础上，中国的经济理论对改革的一系列问题进行了探索，取得了进展，其中主要有以下三点。

一是在所有制问题方面。中国传统的理论认识有这样几个支柱观点：在社会主义社会中，包括个体经济在内的非公有制成分是濒于消灭的经济成分；公有制经济本身应当朝着单一的国有化方向发展；不同所有制主体之间不能互融；公有制经济中的所有权与经营权不能分开。这些支柱观点几年来开始动摇，新的经济理论观点取而代之。例如树立了公有制为主体多种所有制并存的观点；不同所有制不但在国民经济宏观结构上可以并存，而且在企业微观构造上也可以互融的观点。又如私营经济在实践中的存在与发展，作为社会主义经济的补充，获得从理论到法律上的认可。公有制经济内部的改革正在沿着所有权与经营权两权分开和使产权关系明朗化的方向，进行着艰辛的探索。

二是在经济运行机制方面。改革前经济理论的基本认识有：公有制经济的运行只能靠直接的行政手段进行调控；企业的行为只能由国家的指令性计划来导向；市场作用的范围仅仅限于部分消费商品；国家作为经济管理者与作为财产所有者的职能是不可分的。这些传统认识在改革中被一一破除。新的理论提出了间接调控为主的改革方向和模式，把企业行为、市场机制和国家管理三个环节的改革有机地构造为一体；企业应当成为自主经营、自负盈亏的商品生产者；市场（包括产品市场和生产要素市场）应当发挥重要的调节作用；国家作为经济管理者的职能应当同它作为财产所有者的职能分开；等等。当然，间接调控为主并不意味着完全取消国家的直接调控。直接的行政调控和间接的市场调控这两者相结合（即官方文件所讲的计划经济与市场调节相结合）的程度、范围和方式，要经常根据实际情况进行调整和改进。

三是在收入分配方面。改革前中国经济理论遵循的按劳分配原则，受到平均主义思潮的严重扭曲。改革以来，除了恢复按劳分配的观点外，分配理论研究进展的特点是把按劳分配原则同商品交换原则紧密地联系起来，推出了以按劳分配为主体的包括某些合法的非劳动收入在内的多种收入分配形式和多种分配机制并存的观点，并且结合劳动力供求和分配问题的讨论，提出了劳动收入分配也要引进市场机制的观点。

以上列举的一些重要理论问题的进展，都环绕着对社会主义经济再认识这个总题目，从而为解决中国经济体制改革的目标模式问题提供了理论基础。与此同时，特别是1984年以后，经济改革理论研究进入到一个较深的层次，人们不只关心改革什么和改革的目标模式问题，而且更加有意识地注意研究改革本身的规律性和与改革策略选择有关的理论问题，其中包括：改革的经济环境问题，新旧双重体制摩擦问题，利益刺激与机制改造的关系问题，价格改革与所有制改革孰重孰先问题，经济改革与经济发展的关系问题，等等。所有这些同改革目标、改革策略的选择有关的理论问题的研究，都取得了一定的成果，随着中国经济建设和改革实践的进一步发展，这些问题也有待于进一步深入探索。

中国经济在改革开放中届满十周年的前后，步入了一个新的调整时期。这一转折引起国外一些人士的疑虑。特别是1989年中国平息了春夏之交的一场政治风波之后，在经济工作方面坚持治理整顿的方针，一些人士认为这是"六四"风波后中国更加强调四项基本原则，不再强调改革开放的表现。有些人甚至以为，进行治理整顿意味着改革开放的停止和倒退，中国将再度回到孤立状态，不再向西方学习。这些看法，显然出于对中国发生的事情不甚理解，有必要给予切合实际的回答。

首先，中国进行经济上的治理和整顿，并非始自1989年政治风暴之后，而是从1988年秋天就已经开始了。之所以进行这场调整，并非直接出于政治考虑，也不是因为经济改革和开放的方向错了，而是因为在十年经济改革和发展取得显著成就的同时，由于在改革和发展两个方面的步子都迈得过快，导致了经济生活中出现一些问题，主要是供需总量失衡，产业结构扭曲，引发了比较严重的通货膨胀和市场秩序混乱，到1988年夏季一度发生了银行挤兑和市场抢购现象，严重阻碍了经济改革和经济发展的顺利进行。比如在1988年夏季那样物价猛涨、市场混乱的情势下，原来预定要出台的物价改革和工资改革就不得不中止进行。针对这种情况，1988年9月中共十三届三中全会决定对经济进行治理整顿，以便为经济改革和发展的进一步顺利进行创造一个比较良好有序的经济环境。经过一年多的贯彻，治理整顿已经取得预期的初步成效，过热的工业速度逐渐降温，过高的物价涨势逐渐缓和，但是几年来累积起来的总量失衡和结构扭曲问题一时难以消解，治理整顿过程中又出现新问题有待解决。最近召开的中共十三届五中全会通过了进一步治理整顿和深化改革的方针，以期用包括1989年在内的三年或更长一些时间基本完成治理整顿任务，以更好地推进改革开放和促进国民经济持续、稳定、协调地发展。所以，经济治理和调整方针的提出和贯彻，都是在坚持改革开放总方针指导下进行的，绝不是对改革开放总方针的背离。

其次，治理整顿方针本身的贯彻，也离不了改革的配合。针对过去改革中对企业，特别是对地方下放权力、让税让利过多，中央的宏观调控能力大大削弱的情况，最近提出，在治理整顿阶段，要多一点集中，多一点计划，对过度分散的财力和物力，适当增加中央控制的比重，并暂时多采取一些行政调控办法，这些都是必要的。否则难以进行比较迅速的紧缩和调整。但是，治理整顿单靠行政办法是不行的，比如用财政补贴手段来控制物价，国家财政负担太重，并且造成新的价格扭曲，这种办法显然不能持久进行。所以即使在治理整顿期间，也要尽可能采取经济办法，按照逐步建立间接调控为主的改革方向，考虑进一步深化改革的措施，把计划与市场更好地有机结合起来，以促使中国经济走上持续、稳定、协调发展的轨道。过去十年改革中，在对企业、对地方政府放权让利，以刺激他们的积极性上，做了不少工作，但是，微观经济的自我约束机制和宏观经济的调节控制机制，都没有相应地建立健全起来，这是引发最近这次通货膨胀和秩序混乱的体制根源。要求经济得以持续、稳定、协调发展，不但要通过治理、整顿以端正指导思想，在防止发展战略和经济决策的失误上下功夫，更根本地还要从克服经济机制本身的缺陷，完善机制的运转上下功夫。所以，治理整顿与深化改革必须互相结合，这绝不是一句空洞的口号，而是中国经济走上持续、稳定、协调发展的内在的迫切需要。当然，在治理整顿阶段，改革还不宜走大步，主要是围绕治理整顿的要求来进行。治理整顿的任务基本完成后，改革的步子就可以放大。

中国经济体制改革的若干理论问题

上面我简要地说明了中国经济的治理整顿同深化改革，并不是互相对立、互相排斥，而是互相结合、互相促进的。这也适用于对外开放。治理整顿同改革开放的一致性，从经济学的角度上，是不难理解的。但一涉及意识形态，就又有人提出疑难。他们认为，中国现在重新强调坚持四项基本原则，就是从改革开放的方针后退，又把坚持四项基本原则同改革开放对立起来了，似乎要改革开放，就不能坚持四项基本原则，一讲坚持四项基本原则，就不能改革开放。按照这种看法，中国的改革开放可以不坚持社会主义方向而实行资本主义化，可以否定公有制而实行私有化，可以放弃国家对经济的计划指导而实行完全的市场经济，等等。这种看法和主张在中国是完全行不通的，也是对中国共产党提出的改革开放主张的完全误解和曲解。1978年中共十一届三中全会以来主张的改革开放，是坚持四项基本原则的改革开放，即作为社会主义制度自我完善的改革开放。我的这篇文章第一部分所述对于中国经济改革若干理论问题的探索，就是本着社会主义制度自我完善的要求，把坚持社会主义方向同改革开放有机地统一起来，把社会主义方向具体贯彻到所有制、运行机制、微观与宏观、计划与市场等各个方面的改革中去。只有这样，我们才能不断完善社会主义制度，以促进国民经济和其他社会事业更好、更快地发展。

我看治理整顿和深化改革*

（1989年12月31日）

1989年春夏之交的北京风波后，在经济工作方面坚持治理整顿的方针，一些人士认为这是"六四"后中国更加强调四项基本原则，不再强调改革开放的表现。有些人甚至以为，进行治理整顿意味着改革开放的停止和倒退。这些看法，显然出于对中国发生的事情不甚理解，有必要给予切实的回答。

两点原因

首先，这次中国进行经济上的治理整顿，并非始自1989年政治风波之后，而是1988年秋天就已开始了。当时之所以进行这场调整，是因为在十年经济改革和发展取得显著成就的同时，由于在改革和发展两个方面都急于求成，步子迈得过快，导致了经济生活中出现一些问题，主要是供需总量失衡，产业结构扭曲，引发了比较严重的通货膨胀和市场秩序混乱。1988年夏季发生了银行挤兑存款和市场抢购商品的风潮，严重阻碍了经济改革和经济发展的顺利进行。

在物价猛涨、市场混乱的情势下，原来预定要出台的物价改革和工资改革就不得不中止进行。针对这种情况，1988年9月中共十三届三中全会决定对经济进行治理整顿，以便为经济改革和

* 原载香港《大公报》。

发展的进一步顺利进行创造一个比较良好的经济环境和秩序。

经过一年多的贯彻，治理整顿已经取得预期的初步成果，过热的工业速度逐渐降温，过高的物价涨势逐渐缓和。但是，几年积累起来的总量失衡和结构扭曲问题一时难以消解，紧缩过程中又出现一些新问题有待解决。不久前召开的中共十三届五中全会通过了进一步治理整顿和深化改革的方针，以期用三年或者更长一些时间基本完成治理整顿任务，以更好地推进改革开放和促进国民经济持续、稳定、协调地发展。所以，治理整顿方针的提出和贯彻，都是在坚持改革开放总方针指导下进行的，并不是对于改革开放总方针的背离。

其次，治理整顿方针的贯彻，离不了改革的配合，十年改革中，国家对企业、中央对地方实行下放权力、让税让利，以调动他们的积极性，这是必要的。但是，放权让利过多，使得中央对宏观经济的调控能力大大削弱。针对这种情况，在治理整顿阶段，要多一点集中，多一点计划，对过度分散的财力物力，适当增加中央控制的比重，并暂时多采取一些行政调控办法。有些人把这些措施看成是"旧体制复归"，这是不对的。因为采取较多的行政性措施是为了赢得喘息时间，使过热的经济比较迅速地降温，以便于重新调理。

单靠行政办法不行

遇到严重的经济形势时暂时强化某些行政性管制的做法，即使在实行市场经济的各国也不乏实例。从长远看，我们还是要通过改革，把中央拥有足够的宏观经济调控能力同充分调动企业和地方的积极性更好地结合起来。而且治理整顿本身，单靠行政办法也是不行的。比如用政府补贴的办法限制物价，可以收到物价稳定一时的效果，但是这会加大财政赤字，不利于总量平衡；

又会进一步加深价格的扭曲，不利于结构调整。这种办法显然不能持久进行，所以即使在治理整顿阶段，也要尽可能采取经济办法，考虑进一步深化改革的措施，把计划与市场更好地有机结合起来，以促使中国经济走上持续、稳定、协调发展的轨道。

互相配合互相促进

值得注意的是，在过去十年改革中，虽然在对企业、对地方政府放权让利上做了不少工作，但是，微观经济的自我约束机制和宏观经济的调节控制机制，却没有相应地建立健全起来。这是引发这次严重通货膨胀和秩序混乱的根源。要使经济走上持续、稳定、协调发展的道路，不但要通过治理、整顿以端正指导思想，防止发展战略和发展政策上的失误，更根本的还要从克服经济机制本身的缺陷，完善机制的运转上下功夫。所以，治理整顿与深化改革必须互相结合，互相促进，这并不是一句空洞的口号，而是中国经济走上持续、稳定、协调发展道路的内在的迫切需要。

当然，在治理整顿阶段，改革还不宜走大步，主要是围绕治理整顿的要求来进行。但是，随着治理整顿取得更多的成效，随着宏观经济平衡和市场经济秩序进一步改善，一些重要的改革措施也可以相机出台，例如"调"和"放"相结合的价格改革，两权（所有权和经营权）分开的企业改革，以及为建立以间接调控为主的宏观经济管理体系所需要的财政税收体制、银行货币体制等方面的改革。治理整顿的任务基本完成后，改革的步子就可以更加放大。

成效无容争辩

上面讲的治理整顿与深化改革的一致性，从经济学的角度是不难理解的。但是有人认为，中国现在重新强调坚持四项基本原则，就是从改革开放的方针后退，又把改革开放同坚持四项基本原则对立起来了。按照这种看法，中国要改革开放，就得放弃社会主义，实行资本主义。这种主张在中国这样一个情况复杂的大国是行不通的，也是对中国提出的改革开放的主张的完全误解和曲解。

中共十一届三中全会以来提出的改革开放，始终是坚持四项基本原则的改革开放，即作为社会主义制度自我完善的改革开放。把改革开放同坚持社会主义方向结合起来，中国在这方面已经进行了十年多的实践，尽管发生了一些问题，但取得的成效是无容争辩的。沿着这条改革开放的路子走下去，中国的经济将会取得更大的成就，这也是毋庸置疑的。

既要治理整顿，也要解决机制上的问题*

——在香港《经济导报》召开的中国专家座谈会上的发言纪要
（1989年12月）

20世纪90年代的经济现在还看不清，但是，有一点是可以看清楚的：工农业总产值翻两番；三步走战略的第二步，到2000年人均收入达到800~1000美元，原来是按照7.2%的速度算就可达到。前十年平均已是10%左右，那么在后十年有个5%~6%就足够了，速度上讲我看问题不大，按照我们过去那个劲头，5%~6%是不太难的，问题在于怎样使经济结构合理化，提高经济效益，解决这个问题说到底就是要防止大起大落。

中国共产党十三届五中全会中提出"持续、协调、稳定"六字发展方针，原来公报的初稿中没有这一段，后来公布时加了这一段。

持续、稳定、协调地发展，就要从国情国力出发，公报中讲了，四十年来最大的教训是"脱离国情，超过国力，急于求成，大起大落"，这样一种指导思想带来很大的损失。所以在治理整顿期间和治理整顿完成之后，都应坚定地树立六字方针（持续、稳定、协调），不能再追求不切实际的高速度。不论在历史上，

---

* 原载香港《经济导报》1990年第5号。

还是最近发生的问题，毛病都出在这里，之所以要治理整顿，就是因为头脑发热，而且用一些"现代化"的经济理论支持头脑发热，就是什么"通货膨胀有益论"，用通货膨胀刺激经济发展等。

另一条，要贯彻我们的六字发展方针还要实现机制的转换，光靠指导思想不行。当然，指导思想很重要，这次也特别强调这个东西。但是，还有一个深化改革的问题。因为旧的机制就存在着促使总量膨胀、结构扭曲的一些因素，原来的体制就有这些因素，那么在改革中，由于不配套，还强化了膨胀的因素。即使是指导思想很好，机制还不断地反弹。行政管制放松之后它会反弹，即使在治理整顿期间也随时有反弹的可能。现在就有一种压力，要全面放松。所以要通过深化改革来解决这个反弹。

十年改革中我们主要抓的是放权让利，调动企业、地方和职工积极性，搞物质刺激。至于微观经济中的自我约束没有建立，宏观经济的调控机制都没跟上去，因此就会发生反弹。宏观的调控机制和微观的自我约束机制要靠深化改革来建立，不是仅靠双紧方针就能解决的，双紧方针只能解决一时的问题。

对于大起大落的分析，我们认为原因有两条，一是政策的失误，急于求成；二是机制的缺陷，大锅饭的机制。在1988年9月前我们讨论经济形势问题时，有些同志提出，现在的主要问题是政策失误，因此提出要稳定经济，稳中求进，但是这样一种意见在当时是不被接受的。当时另外一些同志认为政策上没有失误，主要是一个机制问题，当然我也承认是有机制问题，但是如果在那个时候光强调机制问题，而认为政策上没有失误，意思就是不要搞治理整顿，不要搞紧缩，通货膨胀还是照样搞下去，那会把我们的经济推到什么地步！所以这两个原因在不同的时期强调什么很有关系。有的时候我们就要强调政策失误，纠正发展过热，否则改革搞不下去，发展也搞不下去。要稳中求进，要治理整顿。1988年9月因为市场抢购，被迫地接受了这一点，当时只说"见事迟，抓得晚"。这次中央全会有了更重要的分析，中央、国务院承担这个责任：决策上有失误。所以在那时要强调这个问题。至于机制上的原因，认为应当通过改革来解决，当然是不错的，因为我们也并不反对改革。但是，如果只是强调机制改革，就是掩饰当时政策的失误，就会把治理整顿无限推迟。

经过一年的治理整顿，收到初步的成效，现在到了强调我们经济生活不稳定的另一面的原因，应当突出强调机制上的问题。治理整顿还有三年，同时也要强调深化改革，要真正地把改革抓起来，要和十三大的改革精神衔接起来。

经过这一年的治理整顿，指导思想在不断地端正。在治理整顿中为了收得速效，多一点计划，多一点行政的办法也是对的，但老靠这个东西不行，没有持久性。例如，物价光靠补贴，光靠限价是不能长久的。财政补贴吃不消是一条，另外，再这么搞的话，价格更扭曲，会为结构调整增加新的障碍。所以行政的办法必要，但到了一定的时候要考虑一些更多的经济办法，更多地考虑计划经济与市场相结合，有指导地把市场导向型的改革推进下去。我们这几年就是这样做的，不然的话，我们又买不到花生米了，在过去的二十几年中我们吃不到花生米，我们这十年什么都有的卖，对改革的成绩是不能低估的，有计划的商品经济的方向不能丢。

虽然一年来的治理整顿确实收到一些成效，但是这些成效还是表层的。速度下来了，物价暴涨的恐惧心理缓和了，但是深层的东西没解决，结构上、效益上的问题，原已形成的利益结构不动不行了，利益机制不动不行了，不解决的话随时都可能反弹。为解决深层的问题，也应走深化改革这条路。

最后一点，我认为经过一年的治理整顿，有了一个比较好的条件，很明显的是货币控制住了，总需求开始控制住了，当年

既要治理整顿，也要解决机制上的问题

的供需差额也缩小了许多，部分的买方市场已形成，至少是一个很好的机会，迫使企业更好地改革，当然现在的买方市场是不巩固的，不正常的，是由于行政紧缩造成的，我们要使它逐渐走向正常化，困难很大，不可能在一两天内解决，但方向应促成有限买方市场的形成和巩固，这有利于竞争，提高效益，改善经营管理，目前是一个很好的时机。同时，也是有利于其他的改革出台的一个时机。很明显的一个例子，1989年客运票价改革，数额达几十亿，但对于整个物价没有什么影响。因为宏观的形势在转好，你稍微大步地调一下没关系。我感到现在是一个比较好的时机，把机制转换也同时进行下去，当然要谨慎，和治理整顿的步子紧密地配合，把深化改革推进下去。只有这样才能在三年整顿中做到六字方针，而且在三年之后也能防止反弹和大起大落的毛病。这样，我们的经济质量就能提高，虽然速度也就是5%~6%，我觉得这个速度就已经很好了，如果在这个速度下，结构合理，效益也很高，就可以达到20世纪90年代的第二步战略目标。

在中国工业合作经济学会
成立大会上的讲话*

（1989年）

　　首先，我对工业合作学会的成立表示祝贺。季龙同志要我来讲一讲。下面，我就十年的改革和当前的调整问题谈一些看法。不一定很准确，提出来和大家探讨。

　　这十年大体上可以分为三个阶段。第一阶段，是1978年的中共十一届三中全会，揭开了我国经济改革的序幕，改革的重点是在农村，主要推行承包责任制，在城市，围绕扩大企业自主权，进行了一些改革的试验。第二阶段，是1984年的中共十二届三中全会，制定了关于经济体制改革的决定。从这以后改革的重点转入城市，中心是增强企业的活力，在生产、流通、分配各个方面进行了一系列初步的改革。第三个阶段就是1988年的中共十三届三中全会，制定了治理经济环境、整顿经济秩序、全面深化改革的总方针，中国的经济进入了新一轮的调整和进一步深化改革的时期。十年的变化是不小的，各人有各人不同的概括。我个人认为，一个是理论方面的突破，思想观念的突破；再一个就是经济体制格局的变化。

　　理论观念的变化，最根本的是提出"两论"，就是"社会主义商品经济论"和"社会主义初级阶段论"。"两论"可以说是

＊　根据录音整理。

我国经济体制改革的两块理论基石。传统的认识是建立在社会主义不是商品经济的基础上，认为过渡越快越好，没有认识到我国还处在社会主义的初级阶段，生产力很不发达，商品经济很不发达。所以，这十年提出"两论"是很重要的。"有计划的商品经济论"是1984年十二届三中全会提出的，我们社会主义经济体制改革的方向就这样认定了，认定了这是一个市场取向型的，就是我们要更多地运用市场机制。当然，我们的市场取向不是简单地套用西方的那一套市场经济，而是有计划、有领导的。"社会主义初级阶段论"的提出，是在1981年十一届六中全会提出的，那是针对中国的特殊情况提出的，这个情况就是中国由于半封建、半殖民地一百多年的统治，经济特别落后，改革的需要特别迫切。可见，我国提出这么一个理论，是根据自己的特殊情况的，并不是要强加于人。当然，"社会主义商品经济论"则是一个带有普遍性的问题。现在各个搞改革的国家，说法不同，但在社会主义应该和商品经济融合起来，发展商品经济这点上是一致的。

在"两论"这两块理论基石上的基础，我们的一些传统理论认识发生了突破性的改变。我简单地把它概括为三个方面。

一、在所有制理论方面

对社会主义经济理论的传统认识，有这么几个观点，一是在社会主义社会，对包括个体在内的所有非公有制成分要加以消灭。二是公有制本身要朝着单一的国有制发展，小集体变大集体、大集体变国营，越大越公越好。三是在不同的所有制主体之间是互相隔离的，全民就是全民，集体就是集体，不能互相融合。四是公有制经济中所有权和经营权不能分开，国家所有，只能国家经营；集体所有只能集体经营。经过十年改革，对这些传统的认识都变了。新的经济理论，树立了以公有制为基础多种所有制并存的观点，包括私有经济在内。这种并存，是两个意义上的并存：一是在国民经济宏观结构上的并存；二是企业微观构造上可以互相融合。就是不同所有制企业通过互相参股、企业集团、股份公司等形成，相互融合。私营经济这几年也有根本改变，而且雇工7个人以上的从法律上到理论上都得到承认，这是个很大的变化。公有制经济内部的改革也沿着所有权和经营权分开的方向，以及使产权关系明朗化的方面，通过各种形式进行艰辛的探索。

二、经济运行机制方面的认识

改革前，关于社会主义公有制经济如何运转有这么几点认识：一是国有制经济的运转只能靠直接的行政命令手段；二是企业的行为，企业的产、供、销只能由国家计划来导向；三是市场作用的范围只限于很小一部分的消费品，大部分消费品不经过市场，而是经过配给，当然，还有两种所有制之间的交换。四是价格只有计算、核算的作用，加上一些再分配的作用，比如农产品的价格，我们采取低价义务的征购，把农村农民的积累拿到国家来进行经济建设，价格不起调节作用；因为价格的制定和调整，只能由国家计划来规定。五是国家作为经济调节者的职能，与作为全民所有制财产所有者的职能是不能分开的，它既是全民所有制财产的所有者，同时又是经济运行的指挥者、管理者。这些在传统观念里是天经地义的。经过十年的改革，这些传统观念也一个一个地被破除了。

新的理论在经济运行机制上提出一个"三位一体"的目标模式，就是国家调节市场，市场引导企业，包含着国家的管理、市场的机制、企业的行为；其中市场是一个枢纽。作为目标模式，把三个环节的改革有机地构成一个整体。企业应该成为市场导向或者是利润导向的商品生产者。市场不仅包括商品市场，还应包括各种生产要素市场，如资金市场、劳务市场、房地产市场、技术信息市场等。与此相关，价格、利率这些经济参数也应该基本上按照供求关系来确定。价格的形成不能仅由国家来管，而应该逐步更多地考虑市场供求关系，使价格的运行在机制中起到一个调节的作用，而不单纯是计算作用了。国家作为经济调节者的职能同它作为财产所有者的职能应该分开，作为政权机构，它应该对经济负有宏观调节的职责，但作为所有者，应该有另一套机构和程序来管理，如设立国家资产管理局、投资公司等，就是顺应这个思路的，当然，有些问题还不太清楚。

三、收入分配问题

改革以前，中国的经济理论遵循马克思主义的按劳分配的原则，这个原则实际上长期受到平均主义思潮的扭曲。在三年大跃进，十年动乱时期，按劳分配实际上是被否认的。改革以来，我们恢复了按劳分配的理论，把按劳分配的原则同商品交换的原则结合起来，推出了以按劳分配为主体、多种收入分配形式和多种收入分配机制并存的观点。就是除了工资等按劳分配的收入外，还承认一些非劳动收入，包括资产收入、经营风险收入等。另外，结合劳动力供求的讨论，劳动力供求逐步市场化，提出按劳分配原则也要按照商品经济的原则来重新塑造，推出了收入分配也要市场化的观点，这个问题还在讨论。

理论的重大变化还可以列举一些，我仅概括为上述三点，即所有制应该是以公有制为主体的混合所有制；经济运行机制应该是国家调节市场、市场导向企业的模式；分配应该是以按劳分配为主体的多种分配形式，多种分配机制并存的格局。

现在我讲一讲经过改革十年的实践，经济体制本身格局的变

刘国光
经济论著全集
第
8
卷

化。这种变化有五点：

（一）所有制结构变化

十年来由单一的公有制向以公有制为主体的混合所有制转变。国有制经济比重下降，非国有经济成分的比重上升。如工业总产值中，1978年到1988年十年来，国有制经济从原来占80%以上，下降到现在的64%；集体所有制经济从19.2%上升到32%。在工业产值中占1/3，其中乡办企业上升到14.1%。包括个体经济、私营经济、中外合资以及外商独资在内的私有经济成分，1978年几乎为零，1987年增加到2.4%。

（二）企业机制改革方面

特别是占产值、利税比较大的国营企业，开始由政府部门的附属物，逐步向自主的商品生产者和经营者转变。通过放权、让利，企业在财务、人事、供销等方面，自主权有所扩大。改革前，全民所有制预算内企业留利不到5%。1987年达到45%。目前，正在采取租赁制、承包制、股份制等方式，进行所有权和经营权的分离，使产权关系明朗化的实验和探索，已有90%的国营企业实行承包责任制。

（三）市场机制改革方面

改革前市场的范围局限于一部分消费品，十年来逐步扩大到生产资料和各种生产要素。现在农副产品市场和工业消费品市场已初步形成。生产资料市场和短期资金的市场有了一定的发展，技术、信息、劳务，长期资金市场和房地产市场开始出现。价格由市场来决定的产品在农副产品中约占65%，工业消费品中占55%，工业生产资料中大约占40%，总的来看，大约有一半商品的价格在不同程度上由市场调节。

（四）政府对经济的管理，开始由行政权管理为主逐步向经济手段为主的间接调控转变

国家指令性计划管理的产品、统一分配的物资品种大大减少，在全社会生产建设的资金中，政府财政拨款和银行贷款所占的比重发生了显著的变化，政府财政拨款过去在经济建设资金中占3/4以上，现在降为1/3以下。而银行贷款由过去不到1/4，现在上升70%左右。由于国民收入分配格局变化，收入向企业、向地方、向居民倾斜，国家所得减少，因此财政拨款也就减少。社会资金多了，经过银行贷款所占的资金就多了。这样，金融手段在调节经济方面的作用有了进一步增强。金融、价格等经济杠杆手段的增强，为宏观经济管理逐步向间接调控过渡提供了一个初步的条件。但是这些条件还很不够。

（五）内外经济交流格局方面

开始由封闭的经济逐步向开放型经济转变，包括对内和对外开放。国内经济在改革前，由于政企不分，企业隶属的中央行政部门或地方政府部门都力求在自己的管辖范围内自成体系，搞大而全、小而全，形成了部门之间的封锁分割，地区之间的封锁分割。十年来，对分清政企职责，打破地方、部门分割作了一些探索。目前，比较行之有效的是发展横向经济联合。全国已形成49个跨省区的横向经济网络，有近4万个工商业联合体，100多个大型工业企业集团。

在对外开放方面，迈出了这么几大步：第一，1979年，中央决定在广东、福建两省实行灵活政策，对外开放；第二，1980年决定兴办深圳、珠海、汕头、厦门四个经济特区；第三，1984年，开放沿海14个港口城市；第四，1985年决定开发长江三角洲、珠江三角洲、闽南三角地区；第五，1986年以来陆续开放山

东半岛和辽东半岛；第六，1988年春，决定建立海南省，作为全国最大的对外开放特区，在广东、福建建立范围更大的改革开放试验区。同时，1988年制定沿海开放战略，进一步开放。

十年来，全国通过不同方式，实际使用国外资金累计达到320多亿美元。已批准的中外合资、合作经营和外商独资经营的企业有将近1.5万家，进出口总额1988年比1978年增长4倍。实行对外开放在中国经济发展中起着越来越重要的作用。

以上讲的是十年变化。下面讲讲经济发展的成就和问题。

经过十年改革，我国原有僵化的、封闭的中央集中计划经济体制逐步向充满活力的开放的社会主义有计划的商品经济体制转化，经济改革和经济发展互相促进，给整个国民经济带来勃勃生机。改革开放的十年，是中国经济发展最为旺盛，经济实力增强，人民得到实惠最多的时期。国民生产总值每年平均增长9.5%，大大高于前28年，平均增长6%的水平。居民实际消费水平，1978年到1988年年均增长7.9%。增长的速度在中国的历史上是空前的，绝大多数人民已经解决了温饱问题，一部分居民开始向小康水平迈进。这是一个铁的事实。这些成就同改革开放是分不开的。

中国经济在前进的过程中也遇到不少困难和问题。目前最突出的，人们议论最多的是三个问题：一是物价上涨过快，特别是1984年第四季度发生经济过热以来，年年大幅度增长。1985年到1987年年均上涨7.3%。1988年物价上涨率进入两位数，全年上涨18.5%，超过了公众所能承受的程度，相当一部分居民实际生活水平下降。二是收入水平分配不公，一方面是大多数人内部，收入差距没拉开，平均主义倾向更为严重；另一方面是行业间、企业间、职业间的收入差距不合理地扩大，特别是体脑劳动倒挂进一步恶化。三是经济秩序，特别是流通秩序混乱，"官倒""私倒"流行，贪污行贿成风，以权牟私不良现象颇为发展，一些已经绝迹的丑恶东西又沉渣泛起。这些问题引起社会上的普遍关注和公众的严重不安，影响了社会的安定和人民对改革的信心。这些现象，是在改革开放为时不久，市场、组织、法规制度很不健全，社会主义商品经济新秩序还没有建立的情况下难免出现的问题。要把改革开放继续推进下去，必须正视这些问题，解决这些问题，而这些问题，也只有通过认真地治理、整顿和进一步深化改革，才能得到逐步解决。

中央提出治理整顿和深化改革的方针，是非常必要的。在这种新的形势下，社会上包括经济理论界的思想还是比较活跃的，议论很多。有些同志认为，我们的改革是否已经走到了尽头。改革确实到了一个关键的时刻，在这种情况下，产生了两种倾向，一种倾向认为当前的困难矛盾出在改革，市场取向型的改革。因此，解决这些困难，必须重新收权，才能整顿好秩序，控制住价格的上涨。这是一种留恋过去的办法。另一种倾向认为，当前出现的毛病靠治理整顿没有用，在公有制的框框里，在社会主义范围内，改革是改不下去的，马克思那一套不行了，只有私有化才是出路。我认为这两种倾向都站不住脚。社会主义本身还很年轻，从十月革命算起，也不过七十余年。中国的改革也不过十年，怎么能就这么下结论？十年来我们改革的成就是举世瞩目的。不能因为遇到困难就说改革到了尽头。我们应该有信心，首先，我们不能退回到僵化的旧模式中去。因为旧模式是高度集中、排斥商品经济的，它所造成的恶果已被所有社会主义国家的历史所证明。第二种倾向性意见是走私有化道路，资本主义模式，这不适合中国的情况，撇开意识形态问题，也不是中国的出路。改革的命运和中国经济改革的方向是相联系的。党中央确定社会主义经济是有计划的商品经济，指明了改革的方向是建立在宏观控制的市场取向型经济。现在经济中混合所有制同市场机制是可以相容的。纯粹的国有制同市场机制确实是格格不入的。在可以预见的相当长的一段时期内，在中国这种混合所有制将是以公有制为主体的，公有制包括一部分国有，一部分集体，一部分合作。纯粹的国有制和纯粹的私有化都有一定的毛病，纯粹的国有制不容易摆脱产品经济模式的弊病。而纯粹的私有制在目前的情况下，很容易导致走向官僚资本主义的道路，这是有前车之鉴的，印度就是一个非常腐化的官僚资本主义国家。所以，我说走回头路和搞私有化，都不是中国改革的方向。现在经济的发展显示一种趋向就是混合所有制的方向，这比较符合中国的实际。既能适应市场取向型的改革，也能够坚持公有制为主体的社会主义方向。

　　其次，我们目前进行的治理整顿，直接的原因主要是通货膨胀和市场紊乱。发生通货膨胀的原因很多。简单说起来，李鹏同志报告前，一种意见认为我们现在的困境是客观造成的，不可避免的。任何一个改革的国家，在改革的进程中都会遇到这种问题，而我们目前就处在这样一个时刻；同时，任何一个发展中国家也都有通货膨胀，这不是政策上的失误。理论界是有这种观点的。另外一种看法认为，造成通货膨胀是决策上的失误，因为有人在主张、鼓吹通货膨胀有益论，通货膨胀能刺激经济发展，这种理论影响了我们的决策。我认为实际上这两方面原因都有。一个是体制方面的原因，这是客观的原因；一个是理论和决策上的原因。从体制方面的原因来说，现在处在两种体制并存的时期，老体制、新体制哪一个都没有取得支配的地位。传统的管理体制并没有消失，而竞争性的市场机制也还不能有效地运转。传统体制本身就包含着使经济过热的倾向，需求膨胀的倾向，特别是投资膨胀倾向。在新旧体制转换的时期，由于宏观调节没有跟上，以及企业微观的自我约束机制还没有形成，使需求膨胀倾向进一步强化。随着权力的下放，投资主体越来越多元化。从权力下放中受益的地方政府和企业没有能够形成自我约束的机制，进一步推动了消费膨胀和投资膨胀。过去的老体制主要是投资膨胀，当时是低消费、低工资，消费膨胀只是由投资膨胀带来的。建设规模大的，投资中有一部分转化为工资和消费基金，投资大了，企业多了，就业的人多了，农民到城市的多了，消费基金跟着增长了。过去的投资主要是政府意志，因为投资的权力在政府。现在投资的主体多元化了，政府、银行、企业、个人都可以投资。另外，消费基金作为一个独立的膨胀源泉，不像过去是由投资膨胀带来的，而是它本身具有这种机制。由于投资、消费的双膨胀使得社会总需求大大超过总供给，导致了严重的通货膨胀。这是我们目前的经济机制所带来的。另外，我们在宏观上还没有一个适当的调节的机制跟上去，应该说这是一个客观的原因，除此之外，还有经济发展政策和宏观经济管理上的原因，主要是由急于求成的欲望造成的，即不但经济改革要求快，而且经济发展也要加快。如乡镇企业的发展，沿海对外开放的发展，以及各种加工工业的发展，都是现代化建设中所不可避免的，都是需要发展的，方向并没错。但是要求太急，追求开放的速度超过了国家财力、物力所能承受的程度。比如发展乡镇企业，好处很多，可以解决就业问题、农民收入问题以及作为城乡大工业补充的问题等，而且是将来解决中国城乡矛盾的一个很重要的途径。这也是一个正确的方向，当然它的发展还有一个发展速度、承受能力问题以及内部结构的问题，如挤占了大工业所需要的紧缺原材料和动力，高耗、低效，等等。不久以前，苏联经济学家阿甘别吉扬来华同姚依林副总理谈起我国乡镇企业的问题，姚副总理讲，如果我们这几年不是转移了七八千万人（指农转非农）而是5 000万人，那么我们现在的日子好过得多。发展乡镇企业的方向是对的，但是规模不宜过大，速度不宜过快。

中国经济过热的问题来自经济体制和经济政策两个方面的原因，所以治理这个问题也要从这两方面着手。当然治本的办法是结束新旧两种体制并存的局面，彻底以新体制代替旧体制，建立企业的自我约束机制，市场的公平竞争机制和国家对经济宏观管理的调控机制，来消除导致需求膨胀、经济过热的体制上的原因。但这种彻底的改革办法，不是一朝一夕的事。而治理经济过热和通货膨胀又是一个迫切而又不能拖延的问题。所以在经济政策上采取放慢发展速度，在宏观管理上采取财政、信贷紧缩的方针，大力压缩投资和消费需求，这是治理经济环境的当务之急。半年来我们采取紧缩方针取得了一定的成效，但采取紧缩方针的过程中我们也遇到一些困难。特别是人们担心"滞胀"和滑坡的问题，现在搞紧缩会不会影响经济的发展？由于紧缩，资金发生困难，生产、流通都受到影响。比如农产品的收购资金、工业企业的流通资金等困难，确实现在我们在紧缩中遇到了两难问题：如果坚持紧缩，就要遇到资金紧张、生产流通领域的困难，有些生产就要受到影响；如果放弃紧缩，就会继续过热，就有可能出现恶性膨胀，怎么办呢？世上没有十全十美的事情。我们整顿经济秩序，治理经济环境，实际上就是要把速度降下来一些。既然经济已经大起，就必然要有一个大落，与其将来有一天失去控制的大落，不如现在自觉地紧缩。必须经过一段时间的消肿。包括重复建设，浪费能源原材料，一些高耗、低效的东西应趁此机会裁掉。所以紧缩期间的发展速度必然要低于正常速度。这是一个经济规律问题。我们要努力减轻消肿的痛苦，极力缩短紧缩的时间。现在有些同志提到"滞胀"，我们要把"滞胀"的含义弄清楚。"滞胀"是西方经济学中的一个概念。按照英国经济学家凯恩斯的观点，在充分就业以前，在社会资源达到充分利用以前，通货膨胀和失业人数应该成反比。就是说社会上还有多余的资源和富余的人员还没有利用，就要搞点通货膨胀，搞点赤字财政来刺激需求，使得失业人数减少，就业人数增多。第二次世界大战以后各主要资本主义国家都奉行凯恩斯的理论，并且都使经济得到了发展。但是到了20世纪70年代以后，凯恩斯的理论失灵了，就是通货膨胀，失业出现，物价高涨，失业与高物价并存，通货膨胀与失业率成反比的规律不存在了，西方把这种现象叫作"滞胀"。可见，"滞胀"是有特定含义的。因此，有些同志不同意，用"滞胀"来说明中国经济调整中经济发展速度下降的问题。现在治理整顿当中，紧缩货币、抑制经济过热，会出现经济发展的低谷。工业生产速度1988年20%，1989年第一季度11%。比1988年下降，但还是个正数，是增产速度的下降，并不是停滞，我个人认为这个速度还是很高的，还没有调整到正常速度以下。因此，目前这种情况不能叫"滞胀"。另外，我们前几年增长速度过高，如果从原来的20%，降到7%~8%，这也不能叫"滞胀"。如果以避免滞胀为理由反对紧缩，那就是要重新搞通货膨胀，那只能导致经济生活的更加混乱。在经济工作中，我们往往受一些常识性理论错误的干扰，如当前的经济过热，确实也跟一些理论提法有关。1988年、1987年不断出现"通货膨胀有益论"和"赤字财政无害论"，一些报纸上公开宣扬可以用通货膨胀办法来争取时间，刺激经济的发展。1988年上半年通货膨胀已出现，当时还把拉美一些国家百分之几百的通货膨胀率作为实例，说人家通货膨胀率百分之几百，经济照样增长。其实，巴西、阿根廷等国家经济是很困难的，就是亚洲国家，像日本、南朝鲜等，虽然他们在一段时期存在物价上涨的问题，但是世界上没有一个国家的政府是把通货膨胀作为自己的政策的，那些国家都是想办法治理通货膨胀的。日本现在的物价就非常稳定，日本是经济发展较好的国家。把错误的信息、理论在报纸上宣传，对于我们不是没有影响的。例如1986年经济来不及软着陆就重新起飞，在一定程度上是受搞紧缩得不偿失或滑坡论的观点的影响。因此对这些问题要冷静对待。

在目前这种情况下，唯一的办法就是李鹏同志在政府工作报

刘国光

经济论著全集

第 8 卷

告中讲的，一方面在总量上坚持紧缩，在结构上抓紧调整。总量上紧缩就是总需求的控制，即投资规模的控制、个人消费需求的控制、货币发行的控制、信贷总量的控制、财政赤字的控制。这些必须要紧缩，一松不得了。另一方面，对于我们急需的东西，在结构上要抓紧调整，要设法解决有效供给的问题，把一些过热的东西，高耗、低效的东西大大地砍掉，使有限的能源、资金用到生产我们最急需的东西这方面来。就总的生产速度的增长来讲，还需要压低。现在有一种意见：认为现在治理环境、整顿秩序主要增加供给，它强调了供给这一方面，而不是压缩需求那一方面。实际上，这几年出现的问题主要是需求膨胀，这是最主要的。因此，治理整顿的着重点应该是压缩需求，同时把有效供给搞上去，中央当前的方针也是这样。笼统地提增加供给是很危险的。因为供给就是生产，生产表现为速度，那么20%的工业生产速度，百分之十几的国民生产总值的速度，能说这样的一个供给是太低了吗？这样一个速度已经是我国的能源、原材料、资金、外汇能力所承受不了的。所以，笼统地提增加有效供给，就是说要把我们过热的经济、过高的速度进一步加热，进一步加快，这是非常危险的。只能是调整经济结构，增加有效供给，我个人认为调整结构是一个最难的问题，是一个重要的问题。整个治理整顿的成功与否和结构调整成功与否关系很大。目前结构的调整确实遇到一些困难。因为要砍掉一些东西，涉及地方甚至银行的利益，很不容易解决。这个问题需要从政策上加以解决，不能一刀切。要制定有区别的紧缩政策。调整结构遇到困难，这其中还有一个社会心态问题，因为调整必然要关掉一些企业，一些人要失业，这本来可以通过一些配套措施解决，但现在人们的心态是，在经济低谷时期，最好是平平安安、舒舒服服地度过，不要伤筋动骨。像巴黎时装表演，根本脱离我们的国情，奢侈浪费成风，一张门票几十块钱，根本脱离了我们目前的调整环境和国情。所以，虽然中央的意见是希望大家准备过紧日子、苦日子，但社会上的心态准备不够。我们需要承受生活水平下降的压力，但事实上是一部分人现在在承受生活水平的下降，像公交人员、教师等，我们应该让全社会来承受，而不能让一部分人来承受。否则，现在你提出的这个口号人家也只是听听而已，有的人就会说我已经在承受生活水平下降的压力了，你还要我怎么着？有的人就会说你要我过紧日子、苦日子，为什么另外一部分人可以去发财，而且发的还可能是不义之财呢！像这种心态，怎么可能出现20世纪60年代初那一声号令，2 000万人回乡下去，而且勒紧裤带与国家共渡难关的局面？！所以，需要一套配套的措施，光讲不行，要同时解决收入不公、社会风气不正等问题。另外，这一切同进一步深化改革也是分不开的。重大的改革不进行治理整顿是改不下去的，像价格改革，如果没有一个宽松的环境，就不能动，1988年我们就碰壁了。所以，治理整顿是进一步深化改革必须要做的。另一方面治理整顿本身也需要一系列的改革，包括地方财政包干、分灶吃饭问题、银行的独立性、企业化问题等都要改革。同时，把社会保障制度建立起来。治理整顿与深化改革这两个方面是紧密结合在一起的，互相影响的。

加大改革步伐，推进治理整顿[*]

（1990年1月9日）

肇始于1988年第四季度的治理整顿，截至1989年第四季度，已经取得了有目共睹的成效：过度的货币投放初步得到控制，1989年10月末市场货币流通量只比上年同期增加10%；过猛的物价上涨受到抑制，1989年11月份，35个大中城市物价水平仅比上年同期上涨5.9%；过热的经济增长开始回落，1989年11月份，工业生产改变了前两月负增长的局面，工业总产值比上年同期增长0.9%……总的看来，宏观经济环境有了明显的改善。

肯定一年来治理整顿的初步成果，并不意味着治理整顿已经达到了既定的目标。目前，总量失衡的格局尚未彻底打破，结构扭曲的矛盾依然尖锐，紧缩过程中又不可避免地出现了一些新的难题，我们没有任何理由盲目乐观和对治理整顿掉以轻心。第一，治理整顿的成效基本上是依靠行政手段取得的，如冻结物价、实行专营、关闭部分市场、严格压缩银行信贷额度等，采取这些行政性措施是十分必要的，它能为稳定经济争得喘息时间，但绝非长久之计。第二，治理整顿的成效是以增加财政负担为代价的，"花钱买指数"、高价吸收储蓄、补贴保企业平安等都直接或间接地增加国家财政支出，而在国家财政收入难以大幅提高的情况下，势必增加国家财政困难，不利于总量平衡。第三，采取行政措施虽然使当年的总需求有所收敛，但长期积累下来的供

---

[*]　原载《金融时报》。

需缺口仍未弥合，6000亿元的社会购买力，800多亿元的内债以及400亿美元的外债，都时刻提醒我们对控制总需求不能有丝毫的懈怠。第四，在控制总需求的同时，尽管我们依据产业政策在能源、原材料、资金、交通运输等方面对农业和基础产业进行了必要的"倾斜"，但是行政性的冻结物价或限价措施产生了新的价格扭曲，不利于结构调整，而且由于未触动存量结构，使结构扭曲的问题没有明显改善。

因此，我们当前面临的首要任务仍然是治理整顿，即继续控制总需求和调整结构，在这点上千万不能动摇和模糊。值得认真考虑的是，继续实施行政措施、增加财政补贴和依靠增量调节来控制需求、调整结构，恐怕难以有更大的回旋余地。所以，亟待寻求新的途径推进治理整顿。

在我看来，将治理整顿与深化改革有机地结合起来，尤其是在目前，加大深化改革的分量，加快改革步伐，不仅是推进治理整顿尽快走出眼下困境的需要，而且是保持国民经济长期持续、稳定、协调发展的关键。

我历来主张改革应当有一个相对宽松的经济环境。而经过一年来的治理整顿，经济过热现象已基本消除，通货膨胀暂时得到遏制，出现了局部买方市场的势头，这都为深化改革提供了现实契机，从而为一些过去由于环境紧张、通货膨胀严重而不能或暂缓出台的改革措施的重新出台提供了可能和机会。事实上，1989年适当提高粮棉合同收购价格，提高煤炭出厂价格，提高盐价，大幅度提高铁路、民航、水路客运价以及最近对人民币汇率的调整等改革措施的顺利推出而未引起任何不良的连锁反应也充分说明，在随着治理整顿取得成效、市场趋于稳定、人们对通货膨胀的预期降低、宏观经济环境改善的条件下，不失时机、积极稳妥地推出更多深化改革的措施，是完全可行的。

首先是改革宏观调控机制，逐步建立符合计划经济与市场调节相结合原则的，综合运用经济、行政、法律手段的宏观调控体系，有步骤地推进宏观直接调控为主向间接调控为主的过渡和转化。在这点上有必要强调指出的是，在间接调控手段还不完善或不具备的条件下，适当地采取一些行政手段是必要的，但是，在运用行政手段时，要时时切记不能给进一步的改革设置障碍，不能借治理整顿搞垄断、搞分割。否则，不但不能真正解决当前的困难，还可能造成资源配置的进一步恶化，经济生活的更加紊乱。以此为前提，在金融体制的改革方面，一是要强化中央银行的宏观调控职能，建立正常的货币发行程序，严格控制货币发行"总闸门"；二是在实施信贷紧缩、控制信贷总规模的同时，着力调整和改善信贷结构，提高资金使用效益；三是启动利率杠杆，充分发挥利率的宏观调控作用。在财政税收体制的改革方面，有必要改变国家财力分散、宏观调控能力削弱的状况，适当提高中央财政集中的程度，要积极准备在条件成熟时，逐步由财政包干制向分税制过渡，加强宏观调控能力。

其次是改革企业体制，建立企业真正自主经营、自负盈亏、自我约束的新机制。在继续坚持、完善和发展企业承包制的同时，改变企业包盈不包亏、政企不分、"两权"模糊的状况，采取多种形式，逐步做到企业产权的明晰化和经营权的独立化。

再次是改革价格体制，通过"调""放"结合的方法，从根本上改变价格严重扭曲，既不反映价值，又不反映供求关系的状况，为经济结构的调整创造条件。

此外，计划体制、物资体制、外贸体制等方面的改革，也要配合治理整顿，有计划、有步骤地深化。

最后要强调的一点是，深化改革不可能没有困难和风险，也不可能万无一失，但只要我们注重社会保险、保障制度的建立和完善，采取必要的防范措施，通过周密、细致、谨慎的工作，将困难、风险、失误减少到最低限度，还是做得到的。

关于进一步治理整顿与
深化改革的问题*

（1990年1月）

    1988年9月，中共十三届三中全会通过"治理整顿决定和实行财政、信贷双紧方针"，一年多来，取得了压缩经济过热和缓解通货膨胀的阶段性成果。但是，有些对采取紧缩政策所取得的成效及前几年经济过热造成的滞后影响估计不足，把当前经济生活中出现的困难，简单归咎于紧缩，特别是归咎于银行收紧信贷、收紧银根。他们主张全面放松银根，放弃总需求的收缩政策，以解决当前企业、市场、财政的困难，这种倾向性的议论不少。下一步怎么办？我认为照这种主张是危险的。因为我们不是第一次遇到这个问题，也不是第一次遇到这样的议论。

    前车覆，后车鉴。1984年下半年经济发展过热，信贷失控，一年投放票子262亿元，比改革前30年投放票子的总额还多，不得不进行全面紧缩。1985年年初工业生产速度下降，跌入谷底，结果引起一片惊慌，许多地方惊呼生产滑坡。尽管当时理论界和实际部门有不少好意见，要坚持紧缩（当然不要一刀切），但是，当时宏观决策的思想依然是使经济重新走上扩张的道路。这种经济扩张政策，使银根从1986年中期放松，一直迟缓到1987年秋季，带来新的物价上涨，又使中央、国务院采取紧急措施，

---

    * 原载《现代中国经济》1990年第1期。

1987年9月开计划会、体改会，再次实行强硬的财政、信贷双紧方针。到年底，紧缩开始收到成效。刚进入1988年春，在"工业生产不要滑坡"的思想指导下，紧缩方针又被放弃，再次形成信贷发放的高峰。直到8月份，几年积累下来的过大需求，推动物价大幅度上涨，终于又发生全国性的挤兑存款、抢购商品风潮，这是几年来第三次强硬紧缩的背景。值得注意的是，前两次紧缩之所以半途而废，都是强调工业速度不能滑坡所致。实际没有滑坡，而是遇到暂时困难。当时决策思想担心的是经济降温，生产速度下降。这样的指导思想终于把我国经济引上大调整的艰苦时期。这次紧缩，又到了关键时刻，又面临如何抉择的问题，如果说前两次总量的紧缩半途而废，导致新一轮的宏观失控，我们的国民经济还能承受，那么这次如果半途而废，出现更激烈的通货膨胀的冲击，经济就更难以支撑、难以治理了。

今后，治理整顿方针必须坚定不移地坚持执行，坚持双紧方针不能动摇。但在坚持宏观总量紧缩的同时要注意防止另外一种倾向，即忽视总量紧缩的前一阶段的阶段性特征，简单继续执行前一段宏观总量紧缩为主的政策，忽视了适时的调节和推进结构调整。当前正确决策应当是把治理整顿的中心由总量紧缩为主转到继续坚持控制总量，同时，把重点转到结构调整上来，为此应做好各项政策的配套和落实，下大力量在改善结构、提高效益上取得实效。

关于总量控制问题，要继续坚持紧缩方针。紧缩大体有四个方面：（1）在财政政策上，要继续严格控制支出；（2）金融政策上要严格控制贷款规模，严格控制票子的发行；（3）在投资政策上，要继续控制投资的总规模；（4）在消费政策上，要坚决控制集团消费和个人不合理的超前消费。各项紧缩政策的力度，应以经济不发生大的滑坡为限。从治理整顿时期的客观实际条件看，我们三步走的发展战略，第二步2000年发展到小康水平，在近期保持每年GNP增加6%~7%就够了。总量紧缩涉及我们要勒紧裤带的问题，没这一条治理整顿是过不去的。要全国真正过几年紧日子，首先上面要示范，还要切实解决分配不公的问题，不能只一部分人过紧日子，另一部分人花天酒地。

关于结构调整的问题，按照五中全会决定精神和国家产业政策的要求，有保有压。首先要动员各方面的力量确保结束农业生产徘徊的局面，保证农业生产年增长率不低于4%，使农业登上一个新的台阶。其次，继续压缩加工工业的发展，保证能源、重要原材料、出口产品和基本生活资料、生活必需品的生产，对于市场严重滞销、消耗高、效益差的加工工业进一步压缩。保证整个工业生产有8%的速度就行了。在治理整顿期间调整的重点是产品结构，因为产业结构的调整，包括工农业结构调整、加工工业和基础设施调整，需要大量投资，调整的余地不大，需要更长的时间，这是整个20世纪90年代甚至更长时期的任务。

治理整顿期间还要强调改革，逐步加大深化改革的分量。中共十三届五中全会文件对治理整顿和深化改革两个任务的关系做了很精辟的阐述：第一，治理整顿并不意味改革停滞不前，更不是不要改革。治理整顿不仅将为改革的深入和健康进行创造必要的条件，而且其本身也需要改革的配合。第二，在集中力量进行治理整顿期间，改革要围绕治理整顿来进行，并且为它服务。第三，治理整顿和深化改革都不是目的，它们都是为了实现经济的持续、稳定、协调发展。因此不能把治理整顿和深化改革割裂开来，更不能把它们对立起来。总之，一方面，治理整顿是为深化改革扫除障碍，创造一个更好的经济环境；另一方面，治理整顿本身没有深化改革的配合不行。治理整顿和深化改革本身都不是目的，都是为了经济更好地稳定发展。

深化改革对经济上走长期持续、稳定、协调发展的正常轨道具有重要的意义。在过去的改革中，为了调动积极性，为了扩大

刘国光
经济论著全集
第
8
卷

自主权，对企业、地方下放权力、让税、让利是必要的，但放权让利过多过头，使中央调控力量大大削弱。针对这种情况，治理整顿期间，要强调多一点集中，多一点计划；国民收入更多一点集中到财政收入里来；市场混乱的现象要加以控制；对过度分散的财力、物力，适当增加中央控制的比重；暂时多采取一些行政性的调控办法；等等。这些都是必要的，否则难以进行较迅速有效的紧缩和调整。因此，行政的办法是必要的，但是单靠行政性的办法又是不能持久的。要使治理整顿取得成效，即使在治理整顿期间也要尽可能采取或转到用经济办法上去。采取经济办法就要考虑进一步深化改革的措施，完善经济机制，使经济真正走上持续稳定发展的道路。

　　过去我国经济长期以来没有走上持续、稳定、协调发展的正常轨道，这次又犯了这场大病。主要就是两条，一条是政策失误，另一条是机制缺陷。政策失误，主要在经济发展中指导思想上头脑发热，脱离国情，超越国力，急于求成，追求过高的速度。机制缺陷，主要指我国片面的放权让利，改革措施不配套，微观的经济膨胀机制得到强化，自我约束机制和宏观调控机制没有相应建立健全起来。这是引发最近这次通货膨胀和秩序混乱的经济体制的根源。要使经济走上持续稳定、协调发展的道路，不但要通过治理整顿来端正经济发展的指导思想，防止发展战略、发展政策上的失误；更根本的是，克服经济机制本身的缺陷，在完善经济机制运转的功能上下功夫，使经济不仅在治理整顿期间稳定、协调发展，而且在治理整顿后长期走这条道路。治理整顿和深化改革相互结合，相互促进，这绝不是一句空洞的口号，而是中国经济要走上持续稳定、协调发展的内在的迫切要求。

　　治理整顿已取得的成效主要是浅层次的问题，而深层次的问题只有通过经济机制的转换和完善，也就是要通过深化改革才能解决。它要求在进一步治理整顿的同时逐渐加大深化改革的分量。在整个治理整顿期间，由于经济环境和经济秩序还没有完全走上正常轨道，改革的步子不能过大。主要是要围绕治理整顿的要求来进行。但是也要看到随着治理整顿取得更多成效，在经济和市场趋于稳定，宏观环境好转的情况下，较大的改革措施不是不可以相继出台。1989年在价格结构上，适当提高粮棉合同收购价格，提高了盐和盐制品的价格，特别是9月份，较大幅度地提高了铁路、民航、水路、客运票价，并且进行了人民币外汇汇率调整，并未带来多大的社会震荡，连锁反应也不大。说明总需求控制住了，票子控制住了，人民币的发行、总额控制住了，宏观环境变好，人们的预期好转，在这种情况下可以出台一些较大的改革措施。特别是推出一些原来由于经济环境过紧、通货膨胀压力过大而不能进行的改革措施。例如，调放结合的价格改革，两权分开的企业改革，以及为建立以间接管理为主的宏观调控体系所需要的财政、税收改革，金融体制改革等都可相机出台。

对治理整顿和深化改革关系的若干思考*

（1990年2月2日）

治理整顿和深化改革是当前我国经济工作的两大任务。中国共产党第十三届五中全会《关于进一步治理整顿和深化改革的决定》分析了两者的相互关系，指出治理整顿是为深化改革创造条件，前者要有后者的配合，两者都不是目的，而是为了实现经济的持续、稳定、协调发展。

治理整顿为深化改革创造适宜的经济环境

自1988年秋中央决定实行治理整顿以来，国内外一些人士产生过疑虑。有人认为，治理整顿意味着改革的停止和后退；也有人怀疑，十年改革是否搞错了，所以才来一个大的调整。这些看法显然不符合中国的实际。

我国经济经过十年改革，出现了勃勃生机，经济实力增长之快，人民所得实惠之多，都是前所未有的。之所以要进行这场治理整顿，并不是因为改革搞错了，而是因为在十年改革和发展取得显著成就的同时，在改革和发展两个方面都急于求成，步子迈得过快，导致我国经济在前进中出现了一些难题。主要是供求总

---

* 原载《人民日报》。

量失衡，产业结构失调，从而引发了比较严重的通货膨胀和市场秩序紊乱，到1988年夏季，爆发了银行挤兑存款、市场抢购商品的风潮，严重阻碍了经济改革和发展的顺利进行。

在激烈的通货膨胀和市场秩序混乱的情势下，原定在1988年下半年出台的价格工资改革不得不中止进行。这件事又一次证明，在供求紧张的经济环境中，经济改革难以顺利开展；改革需要一个相对宽松的环境，也就是供求总量大体平衡并略有余地的有限买方市场。这条浅显的道理，1984年后被忽视被否定，而用另一条相反的道理——"改革只能在紧张的经济环境中进行"——来指导经济发展和改革，采取了用通货膨胀来加速经济发展的政策。这终于把我国经济引入了一条难以通过的胡同。正是针对这种情况，1988年秋，十三届三中全会决定对经济实行治理整顿，以便为我国改革和发展的进一步顺利进行创造一个比较良好的经济环境和秩序。

经过一年多的努力，治理整顿已经取得预期的初步成果，过热的工业速度逐渐降温，过高的物价涨势逐渐缓和。但是，几年累积起来的总量失衡和结构失调问题一时还难以消解，经济紧缩过程中又出现一些新问题有待解决。不久前召开的五中全会，决定用三年或者更多一些时间基本完成治理整顿任务，以更好地推进改革的深化，促进经济的持续、稳定、协调发展。所以，治理整顿方针的提出和贯彻，都是为改革创造一个适宜的经济环境，是在坚持改革开放总方针的指导下进行的，而绝不是对改革开放总方针的背离。

治理整顿离不开深化改革的配合

十年改革中，国家对企业、中央对地方实行下放权力，让税让利，以调动它们的积极性，这是必要的。但是，放权让利过多，也使中央对经济的调控能力大为削弱。针对这种情况，在治理整顿期间，强调要多一点集中，多一点计划，对过度分散的财力物力，适当增加中央控制的比重，并且暂时多采取一些行政性的调控办法，这些也是必要的。采取一些应急的行政措施，可以赢得时间使过热的经济比较迅速地降温，以便于进一步调整。有些人把采取这些行政性措施看成是"旧体制复归"，这是不对的。因为，纠正过去改革中放权让利过头的东西，并非改革方向的逆转，而是改革措施的完善。遇到严重的经济困难时暂时强化某些行政性管制的做法，即使在实行市场经济的国家也不乏实例。从长远看，我们还是要把集中与分散、把中央拥有足够的宏观经济调控能力与充分调动地方和企业的积极性更好地结合起来。

还应看到，治理整顿本身，单靠强化行政性措施是不行的。比如用政府补贴的办法限制物价，可以收到物价稳定一时的效果，但是这会加大财政赤字，不利于总量平衡；又会加深价格的扭曲，不利于结构调整。这种单纯行政办法显然难以持久，其结果也有悖于治理整顿的初衷。所以，在治理整顿过程中，在采用必要的行政办法的同时，也要尽可能采用经济办法，考虑进一步深化改革的措施，把计划与市场、经济办法与行政办法更好地结合起来。

治理整顿进行到目前，已取得的成就主要还是浅层次的，如群众对于物价暴涨预期的缓和，等等；而深层次的问题，诸如总量失衡、结构失调、效益下降等，尚未根本扭转。浅层次的问题，用行政性的强制手段就可以收到立竿见影的效果。但深层次的问题，根源于经济机制内部，光靠行政手段而不通过机制的转换和完善是解决不了的。所以，随着浅层问题的逐一解决、深层问题的逐一显露，有必要在继续坚持治理整顿的同时，逐渐加大深化改革的分量，这是当前面临的一个重要课题。

治理整顿和深化改革都是为了实现经济的持续稳定协调发展

四十年来，我国经济一直没有走上持续稳定协调发展的正轨，老是大起大落，近几年又犯了这个毛病，以致需要花三年甚至更长时间进行治理。为什么老犯这个毛病，甚至在进行了几年改革之后，仍然摆脱不了，其原因何在？概括起来说，主要有两条病因：一是政策失误，二是机制缺陷。

政策失误，主要是指在经济发展的指导思想上，脱离国情，超越国力，急于求成，片面追求过大的建设规模和过高的增长速度。一旦国民经济承受不了而跌了下来，往往造成重大损失，严重挫伤群众的积极性。但是情况一有好转，就又头脑发热，出现新一轮的大起大落。五中全会清理了这种急于求成的指导思想，提出要牢固树立持续、稳定、协调地发展经济的指导思想。这个问题要反复地讲，不但在这几年，而且在治理整顿任务完成之后，仍要长期坚持持续、稳定、协调地发展经济的方针。

机制缺陷，主要是指内在于传统的和现行的经济体制中的促使总量膨胀的固有弊病。传统体制中存在的投资饥渴、数量驱动及其带来的膨胀效应，人们已经熟知了。改革以来，由于过分强调对企业对地方政府放权让利，改革措施又不配套，于是造成了这样一种局面：一方面微观经济的膨胀机制得到强化。另一方面微观经济的自我约束机制和宏观经济的调节控制机制却未能相应地建立起来；在新的间接调控手段尚不健全甚至尚未具备的时候，就过早过多地否定了原有的直接调控手段；在企业和地方政府的自我调节能力还没有树立以前，中央宏观调控能力却已大大削弱。所有这些，都是造成近几年经济过热和秩序混乱的体制根源。不言而喻，这些病源只有通过全面深化的改革，实现了机制转换，才能逐步得到解决。

　　以上所述政策失误和机制缺陷，这两方面的原因对于解释我国经济过热过冷的大波动来说，都是不能忽视的。但是在不同时期突出哪一方面的原因，对于经济决策的选择来说却颇有讲究。比如1988年实行治理整顿以前，在讨论如何走出困境问题时，有一种意见认为，造成当时经济困境的原因不是决策失误而是机制缺陷。按照这种意见，就不必改变当时实际上执行的通货膨胀等导致经济过热的政策，不必实行治理整顿。尽管机制缺陷的问题不能忽视，那时改革与发展的正确思路，首先应当是强调纠正政策失误，强调立即停止通货膨胀等错误政策，实行"稳中求进"的方针。这也是后来中央决定采取的治理整顿和深化改革的方针。治理整顿经过一年多的贯彻实行，前几年的政策失误初步得到纠正，持续、稳定、协调地发展经济的指导思想开始树立起来。树立这一正确的指导思想，对于防止政策失误当然有重要意义。但是，光有正确的指导思想，并不能保证经济实现长期持续、稳定、协调发展。因为如前所分析，现行的经济体制仍然是一种膨胀的机制，这种膨胀机制随时可能"反弹"。不仅在治理整顿任务完成以后，行政管制一旦放松，仍将可能出现总需求膨胀的反弹，而且即使在当前的治理整顿过程中，由于各方面遇到暂时困难而反映出来的压力，也有可能迫使我们放松管制，出现反弹。所以时至今日，更要注意机制缺陷方面的问题。要防止膨胀机制的反弹，除了继续坚持治理整顿方针，牢固树立正确的指导思想，避免发生政策上的失误外，当前更要注意克服机制本身的缺陷，抓紧机制本身的改革。只有这样，才能保证不仅在治理整顿期间，而且在治理整顿任务完成之后，长期实现国民经济的持续、稳定、协调地发展。所以，治理整顿和深化改革必须紧密结合，互相促进，这并不是一句空洞的口号，而是中国经济走上持续、稳定、协调发展的内在的迫切需要。

对治理整顿和深化改革关系的若干思考

妥善安排改革的步伐，坚持改革的正确方向

前面我们讲了当前在继续坚持实行治理整顿的同时，逐渐加重改革的分量的必要性。当然，在集中力量进行治理整顿期间，由于经济环境和秩序还未能走上正轨，改革的步子就不能过大，主要应围绕治理整顿来进行，着重在稳定、充实、调整和改善前几年的改革措施，如完善各种承包责任制等。但是，随着治理整顿取得更多的成效，随着宏观平衡和市场秩序进一步改善，一些较大的改革措施也可以相机出台。比如，1989年在价格结构方面，我们适当提高了粮食棉花的合同收购价格、盐和盐制品的价格，特别是9月份较大幅度地提高了铁路、民航、水路的客运票价，12月份又调整了外汇牌价，等等。这些调价措施，如果在前几年经济过热时出台，定会引起连锁反应，火上加油地助长物价涨势。但在1989年严格控制信贷投放和货币发行、人们对于市场涨价的预期缓和以后，这些调价措施就没有引发什么剧烈的反应和震荡。这表明，随着治理整顿的深入进行和经济环境趋于宽松，适当加大改革的分量不但是必要的，而且是可行的。比如，我们可以利用新近出现的某些买方市场的势头，推出一些原来由于经济环境过紧、通货膨胀压力很大而不能进行的改革措施，诸如"调"与"放"相结合的价格改革；政企分开、"两权分开"的企业改革，以及为建立以间接调控为主的宏观管理体系所需要的财政税收体制、银行货币体制等方面的改革。这些改革既要为当前的治理整顿服务，也要着眼于为经济的长期持续、稳定、协调发展创造体制条件。治理整顿的任务基本完成以后，改革的步子就可以放得更大。

中共十一届三中全会以来实行的改革开放，始终是坚持四项基本原则的改革开放，即作为社会主义制度自我完善的改革开

放。按照十二届三中全会决定的精神，我国经济改革要建立的新体制，是公有制基础上有计划的商品经济体制。十三大进一步明确指出，社会主义有计划商品经济体制，应该是计划与市场内在统一的体制。十三届五中全会又按照小平同志最新的表述，指出我国经济体制改革的目标是实行计划经济与市场调节的统一。党中央有关经济体制改革方向的这几个提法，其精神是一致的，都是我国经济体制改革的主要指导方针。我们要联系十一届三中全会以来历次代表大会和全会所决定的有关经济建设和改革的正确方针，深入学习十三届五中全会决定的精神，把治理整顿和深化改革的工作扎扎实实地推向前进，以促进我国经济走上长期持续、稳定、协调发展的康庄大道。

加强学术交流　推动区域经济研究[*]

——在中国区域经济学会成立大会
暨第一次学术讨论会上的讲话
（1990年2月28日）

中国区域经济学会经过近两年的筹备，经民政部批准，现在正式成立了。在此，我代表中国社会科学院，对中国区域经济学会的成立致以热烈的祝贺！希望中国区域经济学会从我国国情出发，理论联系实际，广泛而深入地推动和开展区域经济理论研究，为创建具有中国特色的社会主义区域经济学，为我国社会主义现代化建设服务。

区域经济研究在改革开放十年得到迅猛发展，取得了长足进步。在这一基础上，20世纪90年代区域经济研究发展朝什么方向发展，重点抓哪些方面问题，我谈一点初步看法，和大家商量。

首先，深入开展区域经济研究在我国这样一个发展中的社会主义大国意义重大。

众所周知，我国国土面积约960万平方公里，大致与欧洲相当。在这样广阔的国土上，各地区的自然、经济和社会条件千差万别。既有东部与西部的差异，又有南方与北方的差异，更有城市与乡村的差别。这种差异，集中表现出我国经济发展的区域不平衡性。从东西部差异来看，我国东部地区国土面积占全国的13.4%，人口占41%，而1987年国民收入占54.8%，社会总产

---

　* 原载《区域开发研究》1990年第2—3期。

值占56.8%，工农业总产值占57.9%；西部地区国土面积约占全国的56.9%，人口占22.9%，而国民收入只占15.6%，社会总产值占13.9%，工农业总产值占13.6%。这种经济发展的区域不平衡性在各省（自治区、直辖市）之间表现得更突出。1987年，我国人均国民收入最高的是上海市，最低的是贵州省，两省之差达8.2倍，而工业发达国家这一比率一般在2倍左右。

典型的发展中大国特征和地区经济发展的不平衡性，决定了我国区域经济在国民经济中占有重要的地位，区域经济研究有着广阔的发展前景。

从全国角度来看，国家经济社会发展战略规划的制定，经济政策的实施、体制改革方案的出台以及对外开放的推进，都应该认真考虑地区的差异性，充分反映各地区的特点。如果忽视地区差异性和地区特点，采取"一刀切"的做法，必然会挫伤地方的积极性，使区域经济乃至国民经济缺乏活力。我国改革开放以前，这方面的经验教训是很多的。

再从地区角度来看，我国各地区的情况千差万别，经济发展特别是地区产业结构不可能千篇一律，按同一模式。而应该从区情出发，扬长避短，发挥优势。毋庸置疑，地区优势的发挥，必须严格遵守、贯彻党中央和国务院的大政方针，坚持国家利益为大前提。

可见，区域经济在我国这样的大国中具有举足轻重的地位和作用。深入开展区域经济研究，是适应国民经济发展的需要，也是深化改革、坚持对外开放的需要。

其次，要认真总结改革、开放以来区域经济发展方面的经验，对出现的新问题，进行调查研究。

党的十一届三中全会提出一个中心、两个基本点的总方针以后，我们对新中国成立以来在生产布局和区域经济方面的经验教训进行了回顾和总结。针对过去存在的问题和弊端，调整了布局政策和区域政策，同时在区域经济体制改革方面进行了有益的探索。

在生产布局方面，实行了适度的地区倾斜政策。"六五"以来，国家投资的重点逐步由内地转向沿海地区。如以内地全民所有制投资为1，则沿海地区的投资"五五"时期为0.84，"六五"时期上升到1.02，1986年上升到1.15，1987年又增加到1.26，这种转变不仅加速了沿海地区的迅速发展，也有利于全国宏观经济效益的提高。在加快沿海地区经济发展的同时，国家对内地能源矿产资源的开发和能源基地、原材料基地的建设，给予了高度重视；并通过民族政策、扶贫政策和区域政策，从人、财、物和技术方面，对"老、少、边、穷"地区和经济不发达地区，提供了援助和政策优惠，使各民族、各地区朝着协调发展、共同富裕的道路迈进。

在对内对外开放方面，也取得了巨大的进展。1980年以来，我国先后开辟了深圳、珠海、汕头、厦门和海南五个经济特区，开辟了大连、秦皇岛、天津等十四个沿海开放城市，以及由36个市、205个县（市）组成的沿海经济开放区，从而形成一个从东向西、从南到北、连线成片、包括291个市县、近2亿人口、32万平方公里的沿海开放地带。在对外开放向纵深发展的同时，国内各地区之间的相互开放发展更为迅速，各种形式的横向经济联合、区域性联合如雨后春笋般涌现，冲破了传统体制下条块分割的桎梏，有力地促进了商品经济的发展，推动了市场的发育，特别是目前一些区域性联合组织，正在向高级形式的区域联合市场和区域经济一体化的方向发展。

在经济体制改革方面，实行了宏观经济的分层调控，使地区经济发展活力显著增强。党的十一届三中全会以来，针对过去高度集中体制的弊端，开始了以企业扩权、地方分权为主要内容的一系列改革。1980年2月，国务院颁布了《关于实行"划分收

刘国光
经济论著全集
第 8 卷

支、分级包干"财政管理体制的暂行规定》，实行在划定收支之后，由地方量入为出，统筹安排预算的新体制，这是我国财政体制的一个十分重要的变动，是向着宏观经济分层调控迈出的重要一步，通过1982年和1984年的两次"利改税"改革，以及1985年在此基础上实行的"划分税种，核定收支，分级包干"的办法，我国已初步建立起以"分灶吃饭"为核心的新型预算体制。同时，国家各产业部门也把一些直属企业下放到地方或中心城市管理。扩大了地方政府投资项目的审批权，重要物资的调配权，信贷控制权，外汇管理权等。随着地方政府经济调控权的扩大以及责任、利益的明确，极大地调动了各级地方增收节支、发展经济的积极性和主动性，地区经济充满了生机和活力。

毋庸讳言，在区域经济发展取得上述成就的同时，由于政策的不完善和改革措施的不配套等原因，也产生了一些问题，出现了一些新矛盾，如中央财政收入占国家财政收入的比重急剧下降、地区产业结构严重失衡等。应该看到，这些问题是发展和改革前进中的问题，只要采取恰当的对策，是完全可以得到解决的。对上述问题认真调查研究，向决策部门提出对策建议，我以为这是近期区域经济研究的一个重要方面。

第三，从我国国情出发，把握区域经济研究的方向，建立和发展具有中国特色的区域经济学。

区域经济学是一个内容极为丰富的新领域，十年来，我国地区经济的蓬勃发展，为区域经济研究提供了广阔的空间。区域经济理论工作者与实际工作者应以马列主义、毛泽东思想为指导，从我国国情出发，坚持理论联系实际，对区域经济问题，特别是近几年出现的新问题，进行广泛深入的系统理论探索，使其为国家制定经济发展规划和政策提供科学的依据，这是今后我国区域经济研究的基本方向。

具体说，大体可从以下几方面考虑。

1. 布局政策和区域政策。

20世纪80年代，中央对布局政策和区域政策进行了重大调整，政策效应如何，亟须科学地加以总结、评价，在此基础上，进一步对20世纪90年代布局政策和区域政策的展望与设计，提出我们的建议。

2. 区际经济关系。

我这里讲的区际经济关系是一个广义的概念，包括地区之间的贸易、投资、经济技术合作和相互支援等多方面，随着社会主义商品经济的发展，地区之间的经济关系日趋密切，各个地区如何在相互开放、平等竞争的基础上，积极发展区际经济关系，建立社会主义新型的区域经济新秩序，是当前亟须解决的一个重大区域理论问题。

3. 区域经济发展。

区域经济是国民经济体系中的一个开放性的子系统。在研究分析方法上可以参考，但不能照搬国民经济的分析方法，有的则需要依靠区域经济学者自己创新。

4. 区域经济体制问题。

十年改革，初步奠定了我国宏观经济分层调控体制的基本框架。在当前治理整顿中，如何进一步完善分层调控体制，这是一个既有重要实践意义，又有重要理论价值的课题。

同志们！我国区域经济领域需要研究的问题很多，我希望这次大会将成为推动我国区域经济问题研究的重要里程碑，成为我国区域经济学发展史上的重要篇章。

中国经济的改革和当前的调整[*]

——在莫斯科中苏经济体制改革学术 讨论会上所作学术报告 （1990年2月）

中国的经济体制改革是从1978年年底开始的，到现在已经经历了十一个年头，实践中和理论上的变化都不小，遇到的问题也不少。这里作一个简要的介绍。

中国经济体制改革的发展进程，可以按中国共产党的三个三中全会为划分标志，把它概括为三个发展阶段。

第一个阶段，从1978年12月中国共产党十一届三中全会到1984年10月中共十二届三中全会，历时将近六年。这一阶段改革的重点在农村展开，主要是改变了过去农村中普遍实行的政社合一的人民公社体制，以及以生产队为基本核算单位，集体经营、集体劳动、统一分配的方式，全面推行以家庭为基本经营单位的联产承包责任制。通过改革，有效地克服了原有农村经济体制中单纯依靠集中统一经营的缺陷，启动了农民家庭经营、分散决策、劳动和经营效率与农户收入直接联系的动力机制，极大地调动了农民的生产积极性，农业出现了全面持续发展的局面。与此同时，在城市主要是在工业企业中恢复了经济刺激机制，重新启用了奖金杠杆，并围绕扩大企业自主权，进行了一些试验性的改革，为在城市经济中发挥企业自主经营的积极作用探索道路。

＊ 原载《当代世界社会主义问题》1990年第2期。

1984年10月召开的中共十二届三中全会标志着经济体制改革进入第二个阶段。这次全会制定了《关于经济体制改革的决定》，确定了以城市为重点的经济体制全面改革纲领。改革的中心环节是增强企业活力，改革的基本目标是使企业从行政部门附属物的地位中解脱出来，成为独立自主、自负盈亏的商品生产者。改革在生产、流通、分配、消费各个领域逐步开展，对生产经营管理、计划、财税、金融、价格、劳动工资、商业、物资、外贸体制等进行了一系列的初步改革和新的试验。随着经济体制改革的发展，在科技、教育领域也陆续迈出了体制改革的步伐。

1988年9月召开的中共十三届三中全会标志着第三个阶段的开始。前一阶段的改革使国民经济焕发出充沛的活力，但由于在发展和改革的指导思想方面出现了一些失误，出现了较严重的通货膨胀和经济秩序混乱，所以全会提出了"治理环境、整顿秩序、深化改革"的方针，从而进入了调整和改革并举的阶段，目前中国正处于这个阶段之中。

十年改革的探索和实验

中国的经济体制改革并不是在已经有了成熟的充分的理论准备之后进行的，而是在对传统体制弊端进行剖析和对新体制进行探索过程中逐步提高理论认识的。改革以前几十年来在中国占有统治地位的传统社会主义经济理论的一大缺陷，就是单纯地研究生产关系，而忽视生产力及其与生产关系的矛盾的研究。这种脱离生产力发展状况来研究社会主义，导致经济理论中盛行"唯意志论"和"自然经济论"。"唯意志论"表现为片面强调不断变革生产关系，以加速向统一的全民所有制过渡，加速向共产主义过渡；还表现在片面强调政治挂帅、思想觉悟等主观因素，而忽视物质技术基础和物质利益原则在经济发展与经济变革中的作用。所谓"自然经济论",则是把社会主义经济看成本质上不是商品经济,而是以实物分配为特征的自给自足式的经济。中国改革前的经济体制,从理论上说,基本上是在上述"唯意志论"的影响下,按照对社会主义的"自然经济"观的理解来构造的,从而形成了过度集中的、排斥市场机制并以直接的行政调控为主的经济体制。

　　1978年中共十一届三中全会提出了经济体制改革的任务以后,中国经济学界逐步摆脱了"唯意志论"的思想束缚,结合改革的实践,对传统的社会主义经济理论进行了反思。这一反思的最根本的成就,就是一步步地纠正了传统的非商品经济的社会主义观,树立了社会主义的商品经济观,并且确认中国现在还处在生产力水平较低、商品经济很不发达的社会主义初级阶段。这样,对社会主义的再认识首先引导出"社会主义商品经济论"和"社会主义初级阶段论"。这两论可以说是中国经济改革理论的两块基石。在此基础上,中国对经济改革的一系列问题进行了探索和实验,并取得了显著的进展。

　　第一,在所有制和企业机制方面。改革前一般认为,在社会主义社会中,非公有制成分是应当消灭的,公有制经济本身应当朝着单一的国有制方向发展;国有制企业是政企不分,所有权与经营权不分的。改革后,随着理论禁区的突破,原有的单一公有制向着公有制为主体、多种经济成分并存的所有制结构转变。国有制企业在整个所有制结构中的比重下降,其他各类所有制的比重上升。例如,从1978年到1988年,在全国工业总产值中,国有制经济从80.8%下降到64%,集体所有制经济从19.2%上升到32.6%,包括个体经济、私营经济、中外合资及外资企业在内的涉私经济成分,从1987年的几乎为零增加到2.4%。国有经济成分本身通过"放权、让利",企业在财务、人事、供销等方面的自主权有所扩大。1979年国营企业留利约为14%,1988年达到62%。

这几年采取了租赁制、承包制、股份制等方式，进行所有权和经营权相分离，使产权关系明朗化的探索和试验，已有90%以上的国营工业企业实行了承包经营责任制。

第二，在市场机制方面。改革前一般认为，社会主义经济运行只能由计划来调节，而与市场调节不相容。市场范围只限于一部分消费品。在中共十二届三中全会确立了社会主义经济是在公有制基础上有计划的商品经济的观点以后，逐步把计划调节和市场调节有机结合作为经济运行机制改革的目标。市场机制的作用范围逐步扩大到生产资料和包括资金、劳务、信息、技术、房地产等在内的其他生产要素领域。现在，农副产品市场和工业消费品市场已初步形成，生产资料市场和短期资金市场有了一定的发展，技术、信息、劳务、长期资金市场和房地产市场也开始出现。1988年估计，价格由市场决定的产品，在农副产品中约占65%，在工业消费品中约占55%，在工业生产资料中约占40%。总的来讲，大约有一半商品的价格已经在不同程度上由市场来调节。

第三，在政府对经济的管理方面。改革前一般认为，公有制经济只能由政府用行政手段进行直接的管理。改革中，原有的直接行政协调为主的管理方式逐步向以经济手段为主的间接调控方式转变。国家指令性计划管理的产品和统一分配的物资品类大大减少。在全社会生产建设资金中，政府财政拨款和银行贷款比重发生了显著变化，前者从过去占3/4以上下降到1/3以下，后者从过去不足1/4上升到70%左右。金融手段以及价格等经济杠杆在调节社会供求方面的作用有了增强，为建立间接调控的宏观管理机制提供了一些初步的条件。

第四，在内外经济交流格局方面。改革前，由于中国处于不利的国际环境和对"自力更生为主"方针的片面理解，中国对外经济关系基本上处于封闭或者半封闭状态。改革使我国经济开始逐渐向开放型经济转变。在对外开放方面迈出了几大步：起初是对广东、福建两省实行灵活政策，特殊措施，对外开放；后来兴办深圳、珠海、汕头、厦门四个对外开放经济特区；继之开放沿海十四个港口城市和海南岛；后来又开放长江三角洲和闽南三角地区，山东半岛和辽东半岛；1988年春决定建立海南省并将其作为最大的对外开放经济特区；在广东、福建建立范围更大的改革开放试验区；同时制定了沿海经济发展战略，进一步扩大对外开放。到1988年年底，全国通过各种方式实际使用国外资金累计达477亿美元，已批准的中外合资、合作经营和外商独资经营企业已近1.6万家，进出口货物总额达到1028亿美元，比1978年的206亿美元增长了4倍。对外开放在中国经济发展中起着越来越重要的作用。

经过十一年的改革，中国原有的过度集中的以直接行政管理为主的经济体制，逐步向开放的有计划的商品经济体制转化。改革与发展相互促进，给整个国民经济带来了勃勃生机。改革开放的十一年，是中国经济发展最为旺盛、经济实力增长最快、人民得到实惠最多的时期。国民生产总值由1978年的3482亿元增加到1988年的13694亿元，按可比价格计算，平均年增长率为9.5%，大大高于前二十五年（1953—1978）平均每年增长6%的速度。居民人均生活费收入1979—1988年平均每年增长6.5%，大大高于前二十五年平均每年增长1.6%的幅度。绝大多数人已解决了温饱问题，一部分居民开始向小康水平迈进。中国经济发展的这些成就，同改革开放的业绩是分不开的。

当前的治理和整顿

如前所述，1988年9月召开的中共十三届三中全会，标志着中国经济改革和经济发展进入了一个新治理整顿的阶段。这次治理整顿是一次大的经济调整，前后要花三年或者更多的时间。

为什么要进行这样大的调整？对此是存在不同认识的。特别是1989年春夏之交在中国平息了一场政治风波之后，在经济上继续坚持治理整顿，国内外有些人士认为是改革开放停止了，倒退了；也有人认为是因为十年来的经济改革搞错了才进行治理整顿的。这些说法都不符合中国的实际。

这次治理整顿并不是从1989年6月政治风波以后才开始，而是始于1988年秋天。当时并不是直接出于政治原因，更不是因为改革搞错了，而是由于十年来经济改革和经济发展在取得显著成就的同时，出现了种种困难和问题。十年中国经济改革和经济发展是不平衡的，前六年以农村为中心的经济改革，所取得的成就尤为显著。从1984年下半年开始把改革重点转移到城市之后，经济工作中出现了不少失误，使中国经济在前进过程中碰到了许多困难和问题。其主要表现：一是总量失衡（社会总需求大大超过总供给）愈益严重；二是结构扭曲（工业与农业之间，加工业与基础工业之间、工农业生产与基础设施之间等比例关系失调）愈益恶化，由此导致了比较严重的通货膨胀和经济秩序混乱。从1984年发生经济过热以来，物价连年大幅度上涨，1988年物价上涨进入两位数，达到18.5%，超过了公众所能承受的程度。到1988年夏季，引发了规模广泛的群众性的银行挤兑存款和市场抢购商品的风潮。同时在经济秩序特别是市场秩序紊乱中，流通领域出现了过多的公司，"官倒""私倒"流行，以权谋私，收入分配不公日益严重等问题，引起了社会的普遍关注和公众的严重不满。应当看到，经济生活中出现的上述问题，是引起1989年春夏政治风波的社会背景之一，这也就加重了这次经济调整的政治意义。因为十分清楚，经济稳定是政治稳定的前提，只有通过治理整顿和深化改革，把国民经济引上持续、稳定、协调发展的道路，才能保证政治上的长治久安。

刘国光

经济论著全集

第

8

卷

1988年9月中共十三届三中全会通过《治理经济环境、整顿经济秩序》的决议，是一个转折。这一转折的直接原因是1988年夏天的挤兑、抢购风潮，打乱了原来准备进行的价格改革、工资改革等重大改革的部署。治理经济环境和整顿经济秩序，是为改革的顺利进行扫除障碍，创造相对宽松的环境和良好的秩序，而且治理整顿本身，也离不开改革的配合。所以，治理整顿方针的提出和贯彻，是在坚持改革开放的总方针指导下进行的，而不是对改革开放总方针的背离。

对于近几年中国经济改革和发展中出现的困难和问题，其严重的程度达到了需要用三年或更长时间来进行治理整顿，中国经济学者有不同的解释。有的强调经济体制方面的原因，认为这是经济体制改革走到这一步必然要发生的；有的则强调政策方面的原因，认为是发展政策和宏观经济管理上的失误造成的。事实上，这两方面的原因都有。

从体制方面的原因看，中国正处在新旧两种体制并存时期，传统的、过度集中的、以直接的行政调控为主的计划经济体制遭到削弱但并未消失，新的竞争性的市场机制还不能有效地运转，以间接调控为主的宏观经济体系还没有建立健全起来。传统体制本身包含着投资饥渴、追求数量扩张等促使经济过热增长的倾向。在旧体制向新体制过渡时期，这种膨胀倾向得到了进一步强化。因为迄今为止，改革的主要工夫花在放权让利和利益刺激上面。权力下放造成了投资主体和投资渠道多元化，利益刺激的加大，则使国民收入分配向地方政府、企业和个人倾斜。从放权让利中受益的地方政府和企业本身又缺乏自我约束机制，这就进一步助长了投资和消费需求双双膨胀，使社会总需求大大超过总供给，成为严重通货膨胀的重要原因。

经济过热和通货膨胀的发生，除了上述体制的原因外，还有经济发展政策和宏观经济管理上的原因，主要是当时决策者重犯了脱离国情、超越国力、急于求成的错误。本来，1982年中共十二大在制定实现到本世纪末工农业总产值较1980年翻两番的任务时，提出了"先慢后快"的稳步发展的方针。就是说，前十年的平均速度可以低于二十年翻两番需要的平均每年7.2%的速度。在经济发展战略部署中把农业、能源、交通、教育、科技这些薄弱环节列为发展的重点。1985年中共全国代表会议关于"七五"计划的建议中提出，为了改革的顺利进行，必须防止盲目攀比追求速度，避免经济生活的紧张，为改革创造良好的经济环境。这些决定都是正确的，吸收了20世纪80年代初期中国经济理论界研究和讨论的成果。但是，当时在中央主持经济工作的决策人存在着急功近利的思想，没有认真去贯彻中央的正确决策。后来在经济理论界有少数人提倡"赤字财政无害论""通货膨胀有益论"。这些错误理论支持了当时实行的扩张性的财政政策和货币政策，虽然经济发展速度被刺激上去了，80年代远远超过了原定的速度，但是付出了国民经济总量失衡和比例失调的重大的代价。中共十二大制定的发展战略原本要加强的几个薄弱环节非但没有加强，反而更加成为制约经济发展的几大"瓶颈"，推动着通货膨胀愈演愈烈。

正因为中国的经济过热和通货膨胀问题来自经济体制和经济政策两个方面的原因，所以治理这个问题也要从这两个方面着手。当然，治本的办法是结束新旧双重体制并存的局面，彻底用新经济体制代替旧经济体制，建立企业的自我约束机制、市场的公平竞争机制和宏观经济的调控机制，以消除导致需求膨胀、经济过热的体制根源。但是，用新体制代替旧体制的彻底的改革，并非一朝一夕之功，而治理经济过热和通货膨胀又是迫切不能拖延的问题，所以在发展政策上放慢速度，在宏观管理上采取财政和信贷双紧缩方针，大力压缩投资需求和消费需求，就成为当务之急了。

中国经济经过一年的治理整顿，经济过热的状况已有改变，过高的工业增长速度已有回落。1988年增长20.8%，1989年上半年与1988年同期相比的增长率为10.8%，前三季度的平均增长率为8.9%，全年增长率为7%。物价上涨的势头也趋于缓和，全年平均比1988年上涨17.8%，其中新上涨的因素大约是7%，而1988年一年新涨价因素达到14%。所以物价上涨率虽然与上年的18.5%的上涨率相比，下降不多，但人们对物价上涨的预期缓和了。货币回笼的情况比较好，通过举办保值储蓄等措施，全部居民储蓄估计增加1200亿元以上。这些都证明治理整顿已朝着预定的方向取得成效。

但是，由于前几年经济过热带来的滞后影响，历年积累下来的总需求超过总供给的格局仍未根本改变，各种结构性的矛盾仍然十分严重。同时，在治理整顿中也出现了一些新的问题，主要表现在：1989年下半年工业增长速度下降猛了些，个别月份出现负增长；市场销售疲软，有些企业处于停工半停工状态，职工奖金减少甚至工资打折扣，失业率上升，各级财政收入也由此而受到影响。对于上述情况如何认识？国内有些人认为是因为紧缩过度了，带来了生产滑坡和滞胀；多数人则不这样看，认为这是治理整顿的阶段性效应，是必然会出现的，是暂时的。而且对于生产是否滑坡不能只看一年，1989年下半年出现的低增长和个别月份负增长是以上年同期过热的高增长为基数计算的，如果把两年的增长合起来平均计算，增长率都在10%以上，不是滑坡或停滞。当前的状况是前几年的总需求过度膨胀开始得到了纠正，还出现了某些商品的买方市场，这正是我们所要努力争取的目标之一，就是要为改革提供一个相对宽松的环境。买方市场的出现对企业产生了压力，是促进企业调整产品方向、提高产品质量、改进技术、提高经济效益的大好时机。为了减缓市场疲软的压力，支持一批重点企业和有困难的企业，我国还在1989年第四季度投放了相当数额的贷款作为启动资金，估计1990年市场状况有可能得到些缓和。

关于进一步深化改革的问题

以总量紧缩为主的治理整顿方针实行一年多来，已经取得初步的阶段性成果，但历年积累下来的总需求超过总供给的格局尚未根本打破，结构性矛盾仍然十分突出，经济效益下降的局面尚未扭转，中国经济目前仍然面临着治理整顿的艰巨任务。1989年10月召开的中共十三届五中全会，重申了并进一步明确了继续实行治理整顿的决心和措施。当前治理整顿工作的重心，要从过去一年多以紧缩总量为主，转到继续控制总量，力促结构调整上来，同时要不失时机地掌握宏观紧缩造成的某些买方市场的有利时机，促进企业素质和经营效益的提高。经济结构的调整和经济效率的提高，都离不开优胜劣汰的市场竞争，这方面面临的阻力还很大，不通过改革的进一步深化，是解决不了的。

十三届五中全会的决定对于治理整顿和深化改革两个方面的任务是并提的，并指出了两者的相互关系：一方面，治理整顿是为了改革的顺利进行创造良好的经济环境；另一方面，治理整顿的本身也离不开改革的配合；两者都是为了促进中国经济能够走上持续、稳定、协调发展的道路。

在治理整顿阶段，我们面临着严峻的经济形势。由于前几年持续的放权让利，中央的宏观调控能力大大削弱，在这种情况下进行治理整顿，不得不强调多一点集中，多一点计划，对过度分散的财力和物力，适当增加中央控制的比重；并暂时多采取一些行政调控的办法。如对一部分物价实行冻结或最高限价，对一部分商品物资实行专营，以及对资金投放和工资增长幅度的控制等。国内外有些人把这些措施看作是改革的停顿或者倒退，认为出现了"旧体制复归"，这是不正确的。因为采用较多的行政性调控办法是暂时的，是为了使我们赢得喘息时间，使过热的经济迅速降温，重新进行调理，为改革的进一步深入展开创造一个良好的经济环境。遇到紧急的经济形势时强化行政性措施的做法，在世界各国包括实行市场经济的国家都有实例。从长远看，我们还是要通过改革，把中央拥有足够的进行宏观调控的权利同调动地方、企业的积极性更好地结合起来，更多地采用经济手段和法律手段进行调节。

从另一方面看，治理整顿任务本身的完成，光靠行政办法也是不行的，还要有深化改革的措施配合。例如，用政府补贴的办法限制物价，可以收到一时稳定的效果，但这会加大财政赤字，不利于总量平衡；而且会进一步加深价格扭曲，不利于结构调整；这样就同治理整顿的本义相悖。这种行政办法显然不能持久进行。所以即使在治理整顿阶段也应当尽可能过渡到采用经济办法，考虑进一步深化改革、完善机制的措施。

让我们再换一个角度来看，当前在治理整顿方面已经取得的成绩，主要是校正了浅层次上的问题，如消费者对物价上涨预期的缓和等。而深层次的问题，如结构扭曲，机制紊乱等，尚未转机。已经出现的某些买方市场是用行政紧缩手段压出来的，但微观经济的膨胀机制并未消除，宏观经济的调控机制并未建立，企业负盈不负亏的状况并未改变，总需求大于总供给的局面并未根本扭转。如果不进一步深化改革，暂时出现的某些买方市场的势头随时可能消失，重新恢复卖方市场的统治。因此，治理整顿的成果，需要进一步深化改革来保证；否则，单纯从财政货币政策上进行紧缩调整，就有可能因种种压力而再度放松银根，又会出现总需求膨胀的反弹，形成经济过热—收缩—再过热的循环。当我们通过治理整顿，纠正了经济政策上的失误，端正经济发展的指导思想之后，需要着重把注意力放在深化改革上，克服经济机制中的根本缺陷，完善新的经济运转机制。只有这样，才有可能使我国经济实现持续、稳定、协调的发展。所以，深化改革与治理整顿必须相互结合、相互促进，这绝不是一句空洞的口号，而是中国经济要实现持续、稳定、协调发展的内在的迫切要求。

当然，在治理整顿阶段，由于经济环境和秩序还未完全走上正常，经济改革的步子还不能过大，主要是围绕治理整顿的要求进行。但是，随着治理整顿政策取得更多的成效，在宏观经济平衡进一步改善、经济和市场进一步趋于稳定的情况下，一些重大的改革措施也可以相继出台，比如，我们可以利用新近出现的某些买方市场的势力，推出一些原来由于经济环境过紧，通货膨胀压力很大而不能进行的改革措施，如"调""放"结合的价格改革，两权（所有权与经营权）分开的企业改革，以及为建立间接调控为主的宏观经济管理体系所需要的财政税收体制、银行货币体制等多方面的改革。根据不久前召开的中共十三届五中全会关于《进一步治理整顿和深化改革的决定》的精神，在治理整顿期间要做好以下几方面的改革：

（1）继续深化农村改革，推行稳定的农村政策。现有的以家庭经营为主的联产承包责任制要继续坚持，不断完善。与此同时，要建立健全农业产前、产中、产后服务体系。在有条件的地方，将根据农民自愿的原则，稳步地推行适度规模经营和发展新的集体经济。

（2）继续坚持和完善承包经营责任制等行之有效的改革措施，进一步深化企业改革。要认真总结经验，完善承包条件，建立承包企业的约束机制。与此同时，进一步做好"税利分流、税后还贷、税后承包"等试点，积极探索正确处理国家和企业关系的多种承包形式。继续稳步进行公有制为主体的股份制试点，进一步探索企业自我发展、自我约束机制的新形式。

（3）继续推行宏观经济调控体制的改革。逐步建立起符合计划经济与市场调节相结合原则的经济、行政、法律手段综合运用的宏观调控体系。进一步理顺计划、财政、银行等部门之间的关系，使之有效地进行宏观经济的调节与管理。

（4）整顿市场秩序，建立健全市场制度，慎重推行价格改革。在严格控制物价上涨和避免财政补贴过多，不造成新的价格扭曲的前提下，对某些价格严重偏低的农产品和工业生产资料价格进行调整，并着手逐步解决价格"双轨制"问题。

（5）完善收入分配制度，逐步缓解社会分配不公的矛盾。同时，配合逐步展开的住房、社会保障制度等方面的改革，合理引导消费行为，调整收入分配格局。

（6）继续改革并完善外贸外汇管理体制，更积极地利用外资和引进先进技术，继续提倡和鼓励沿海地区发展外向型经济；继续贯彻并在实践中进一步完善经济特区和沿海开放地区基本政策措施，把我国的对外开放搞得更好更活。

中国国有制经济改革的探索[*]

（1990年2月）

中国的经济体制改革已经过去十多年了。这一改革包含着两个互相联系的方面，一方面是所有制关系的改革，另一方面是经济运行机制的改革。所有制关系问题从改革一开始就得到了广泛的重视。在过去十年（1979—1988）改革中，中国所有制的宏观结构和微观形式都发生了不少变化，所有制理论也在改革实践中得到充实和发展。本文谨对中国所有制改革的重点——国家所有制改革的理论与实践在十年中的发展做一回顾和分析。

一、改革前国有制经济的基本特征

中国改革前的国有制与其他社会主义国家改革前传统国有制是同一类型：由于长期"左"倾思潮影响，在实践中又表现出自己的一些特殊性。从国营企业外部关系看，"越大、越公、越好"的指导思想使经济成分日益单一化，国有制和变相国有（如城镇大集体企业、政企合一的人民公社等）越来越成为垄断国民经济的所有制成分；在传统的计划经济体制下，国家用高度集中的行政命令的方法管理经济，国营企业在人、财、物、产、供、

---

[*]　写于1989年6月，写作过程中，杜海燕协助提供素材。原载苏联科学院《通报——经济学系列》1990年第2期（СЕРЦЯ ЗКОНОМИЧЕСКА-Я ЦЗВЕСТИ Я АНСССР）。

销等各个方面都没有什么自主权，而且由于忽视经济规律和片面强调政治挂帅，企业经营管理好坏与企业经营者和普通职工也没有直接的利害关系，因而缺乏激励职工关心企业生产经营的利益机制。这样一来，企业成为没有独立目标、没有独立利益、单纯依附于行政部门的附属物。在企业内部，实行的是党的一元化领导，企业经理实际上仅仅是党委集体决议的执行人，其主要职责是负责组织完成上级机关下达的指令性计划任务。企业职工在参与企业经营管理方面也没有多少权利可言，因而对企业生产经营并不十分关心。在经历了新中国成立初期政治动员所焕发出的革命精神高涨之后，开始感到缺乏一种持久的动力来支持生产和工作的积极性。

从本质上说，改革前的国有制经济是一种排斥市场、排斥竞争的垄断型经济。随着生产力的发展和经济联系日益复杂化，这种传统国有制经济效率低下的弊端日渐显露，其最突出的表现是，企业外部缺乏竞争机制所产生的压力，企业内部缺乏激励机制所产生的动力，企业生产经营缺乏自主活力，这些使企业不关心市场需求变化，因而从体制上影响着国有制内部乃至整个社会资源的有效配置和合理使用。所以，从1979年着手经济改革时起，中国理论界和实际部门就开始探索改革国有制以提高其效率的途径。

二、国营企业改革实践的发展和碰到的问题

国营企业改革目标是使企业能够成为不依附于国家的自负盈亏的商品生产者，这一点通过改革初期的讨论逐步形成了一致的认识。但是，如何实现这个目标却存在着很大分歧，走过了曲折的道路。1978—1988年，企业改革主要是沿着"放权让利"的路子走下来的。改革过程大体上可以划分为三个阶段。

第一阶段（1978—1982）。改革的主要内容是扩大企业自主权，推行各种经济责任制。从1978年第四季度开始，中国四川省率先在宁江机床厂等六家国营企业进行扩大企业自主权改革试验，年末试点范围扩大到100家企业。1979年7月，国家经委、财政部等六个部门在总结四川改革经验的基础上，在京、津、沪三市选择了包括"首钢"在内的八家大中型企业进行扩权改革试验。1979年年末试点企业增加到4 200家，1980年又扩大到6 600家，占全国预算内工业企业数的16%，占工业总产值的60%，占利润的70%。在试点企业实行了对企业实现利润按一定比例留归企业支配的利润留成制度，并规定根据企业经营状况的好坏对职工实行奖励，同时扩大了企业经营权，如允许企业自销超计划产品等。1981年又进一步对36 000家工业企业实行了固定利润上缴任务、超额实现的利润留归企业的改革试验；同时在企业内部实行包括厂长负责制、任期目标责任制、岗位责任制在内的各种形式的经济责任制。至此，已有80%的国有工业企业卷入了这项改革。

这一阶段改革通过向企业放权让利，初步改变了政府对企业管得过死、企业缺少活力和动力的局面，奖金刺激调动了企业职工生产经营积极性，推动了工业生产的发展和经济效益的提高。但是，扩权改革暴露出一系列问题，主要是利润上缴基数偏低，一般是以上一年企业实际实现利润为承包基数，规定一定比例的增长幅度。在经过"文化大革命"长期动乱尚未整顿就绪的情况下，许多企业这一时期的效益指标甚至还未达到自己的历史最好水平，因而利润增长潜力相当大。经过有利于企业的讨价还价，使利润增量中国家所得部分出现过小趋势。而各种责任制因过于粗糙，缺乏应有的约束力来保证企业行为合理化，在企业内部经营机制没有变化的情况下，"放权让利"的改革导致了企业短期行为大量滋生，政府财政收入基础受到损害，同时也造成了企业之间不平等，助长了企业向国家讨价还价、攀比收入的行为。

第二阶段（1983—1986）。企业改革的主要内容是实行"利改税"，进行各种完善经营机制的改革试验。针对第一阶段企业改革中出现的问题，为了稳定政府财政收入，拉平企业之间的竞争条件，从1983年6月1日开始实行"利改税"（上缴利润改为上缴税收）。"利改税"按计划要分两步走，第一步的具体做法是对大中型企业实现的利润一律按55%税率征收所得税，企业缴纳所得税后的利润还要在国家和企业之间进行合理分配，一部分上缴国家，另一部分按国家规定的留利水平留给企业。企业税后利润以1982年数据为基数，逐级核定上缴比例，一定三年不变。对固定资产原值不超过150万元、年利润不超过20万元的小型企业，征收八级超额累进税，税率最低为7%，最高为55%。第二步"利改税"从1984年10月开始实行。按原来的设想是在价格理顺的情况下，实行单一征税制度，取消国有大中型企业上缴利润的办法，把所得税由比例税改为累进税。同时实行资源税、固定资产税、调节税，从而消除行业、企业之间苦乐不均的问题。但实际实行的是在统一的所得税以外，用一户一率的"调节税"替代了利润上缴。利改税的改革保证了政府财政收入的稳定增长，但税负过重压制了企业改善经营的积极性，据1985年统计，国营企业财政负担率（企业上级财政的利税总额占企业实际实现利税总额之比）达到81%，同时通过讨价还价、一户一率制定的调节税造成"鞭打快牛"的现象，越是经营好的企业财政上缴任务就越重。

与这一阶段企业改革相配合，国家减少了直接下达企业的指令性计划指标和任务；减少了统一分配的生产资料种类，并在统一分配种类中又划出一部分生产资料由企业自销；改变了单一由国家定价的形式，实行了政府统一定价、浮动价格和自由价格相结合。这些方面的改革使企业外部环境发生了变化，市场机制得到了初步的发育，为企业改革的进一步发展准备了条件。

在这个阶段企业改革实践中，特别值得注意的是出现了一系列建立新的企业模式的尝试，对推动国有制企业根本改革产生重要影响。其中最主要的有承包制、租赁制和股份制。

1. 承包制。企业承包责任制是较早出现的一种经营形式。在1979年以后的扩权改革中实行的上缴利税承包就是最初的承包制。1983年实行的"利改税"，使许多企业承包制中止了，少数保留下来，弥补利改税覆盖率的不足，在一些亏损微利企业中实行，像首钢这种继续实行承包制的大型企业，全国只有二十几家。这个时期的承包制，主要是原企业经理对主管部门做出完成利润指标的承诺，而主管部门则根据企业利润指标完成情况给企业经理或职工予以奖励。那时，承包合同规定并不十分严格，而且约束也比较软，各种责任制也比较粗糙，同时普遍存在着向企业让利偏大的问题，企业内部改革进展也不大。

2. 租赁制。工业企业租赁制于1984年首先在沈阳汽车工业公司的企业中开始试点，随后在全国得到逐步推广，实行租赁的主要是一些亏损微利的小企业。具体做法是由主管部门出面，规定固定的租金，把企业出租给愿意承租的个人，租赁期满向主管部门缴纳租金后剩余的纯收入完全由承租人所有或支配。最初，租赁制只是一项反亏损措施，以后逐步演化为一种新的国营企业经营形式。承租人由个人变成团伙，变成企业全体成员，租金由定额变成浮动比例，成为一种与其他经营形式中的利润分配没有多大差别的分配形式。最初，租赁企业的经营者在责任和收益明确的情况下，利用租赁合同赋予的权利对企业经营机制进行改革，从而提高了企业效率。但租赁制本身暴露出一些问题，最主要是企业行为短期化，以后对租赁制的完善使其租赁性质逐步减弱，变成与承包制没有显著差别的一种经营形式。

3. 股份制。1984年北京出现了中国第一家股份企业。以后逐步推广，1985年下半年由于宏观经济紧缩导致许多企业资金不足，经地方政府许可，不少企业把发行股票作为企业筹资手段，截至1988年年底全国已有6000家股份企业，共发行60多亿元股票。在股份制实际推行中，实际部门注意的重点多半在股份制可以灵活地筹集资金，以及通过职工入股、分享资产收益可以调动职工的生产积极性上，然而对如何保证仍然是以国有产权为主体的整个股份制能有效运转，却没有给予充分的注意。结果在实践中，真正按现代股份公司规则实行的极少，绝大多数股份都采取了保本、保息、分红的办法，不仅不能承担风险，相反却为企业和职工个人瓜分和侵占国有资产利益提供了机会，以至于后期不得不强制规定股息率不得超出15%。由于股份集资不利于对整个社会资金流程的集中控制，股息分红不利于对收入分配的集中管理，因而1986年底，政府对股份制在企业中的推广做出了限制，使这项改革一度停步。

中国国有制经济改革的探索

上述企业经营机制的改革试验，打破了国有国营的统一模式，对所有权与经营权的分离途径进行了探索，在一定程度上限制了政府对企业的行政干预；同时还促进了企业领导体制、用工制度、收入分配制度等方面的改革；这样，就在一定程度上加强了经营者对企业的责任，调动了企业内部各方面的积极性，增强了企业的活力。但是，这些试验并没有从根本上跳出传统国营企业模式，而且还使在第一阶段放权让利改革中初显端倪的一些问题日渐严重起来。主要是：第一，企业行为短期化。各种与收入挂钩的分配形式刺激了企业追求短期收入最大化的心理，因而一些不顾长期利益的经营行为、投资行为和分配行为增多。第二，负盈不负亏。由于产权关系模糊，企业承担风险缺乏机制性保障，在经营遇到困难时往往通过提价、财政补贴、拖欠贷款等把负担转给国家和社会。第三，讨价还价普遍化。企业经营中包括上缴利税在内的各种参数几乎都可以通过讨价还价加以影响和改变，从而助长了企业的投机心理。

第三阶段（1987—1988）。企业改革的主要内容是推行和完善承包经营责任制。在前期的改革中，小型企业比较活跃，而国有大中型企业体制上表现出活力不足的状况。1986年工业企业亏损达到72.4亿元，比上一年增加78.7%，亏损企业数达到5.55万个，占企业总数的13.2%。其中尤以大中型企业减利增亏现象严重，加大了国家财政负担。为了扭转这一趋势，从1987年开始全面推行承包经营责任制。承包企业1988年底达到90%以上。同20世纪80年代初的承包相比，这次承包在性质和形式上发生了很大变化。从性质上说，承包制由原来单纯落实财政任务的手段演变成一种比较完整的企业经营形式，从形式上说，承包内容由单纯承包上缴利润变成承包若干项投入产出指标。具体承包形式有：递增包干，上缴利税按一定比例递增；定比包干，上缴利税比例一定若干年不变；定额包干，上缴利税数额一定若干年不变；减亏包干，规定亏损额，减亏部分留归企业；等等。最普遍的承包形式是"两保一挂"，即保上缴利税，保企业技术改造，企业工资总额与上缴利税按一定比例（一般为1∶0.3~0.7，即上缴税利每增长1%，工资总额就增长0.3%~0.7%）挂钩。同时为了完善承包制，一些操作办法得到推广，如招标产生承包人，承包合同经法律部门公证，延长承包期，在承包企业内部推行聘任制、优化劳动组合等。

承包制提出的原则是"定死基数、确保上缴、超收多留、欠收自负"。这种改革形式具有兼容性较大的优点。目前，由于市场发育程度仍然很低，价格关系混乱状况没有根本改变，使企业之间的境况千差万别。在企业外部环境不均衡条件下，承包制不失为企业改革的一种可行的过渡形式，它便于用合同形式确定国家与企业之间的权、责、利关系，调动经营者和职工的积极性。而且由于这项改革简便易行，与现有的企业管理素质相适应，易于为各方面所接受，因而推广很快。但是，承包制在实践中也暴露出一系列问题，主要是承包制本身并不能有效地杜绝政府对企业的行政干预，使企业权利仍然得不到充分保障；承包指标不规范，讨价还价仍难免，企业之间苦乐不均破坏了平等竞争的客观基础；国家向企业让利偏大；经营者顶不住职工追求福利最大化的压力，企业行为仍然缺乏有效的约束。这些问题的存在表明国营企业改革尚有待于深化。

在推行承包经营责任制的同时，近年来在企业改革方面有三项改革试验值得注意。其一是引入企业法人经营制度的试验。为了明确发包主体，1987年，一些地区在企业内部组建由所有者代表、经营者、职工代表以及社会上专家组成企业董事会，充当国有资产的法人代表，全权负责企业资产决策。这项改革碰到的最主要的问题是，由政府主管部门牵头组建的董事会，并不能真正通过利益制衡有效约束企业行为，董事会往往因变成主管部门而干预企业的组织，对企业经营不起任何作用而流于形式。其二是建立国有资产管理机构的试验。从1987年起开始组建国有资产管理局，目的是同其他政府机构实现组织分工，专事国有财产代表职能。从这项改革试验情况看，一方面是碰到了其他政府部门不愿放弃管理企业权力的阻力；另一方面这种虚拟产权组织自身也有政府化、行政化的趋势，如何从机制上保证这个组织能有效行使所有者职能问题仍然悬而未决。其三是企业破产法的实施。为了发挥市场竞争机制优胜劣汰的作用，对竞争失败、资不抵债的企业实行破产。但这方面的困难是，划不清企业亏损是政策环境造成的还是企业经营不善造成的，再加上部门壁垒阻碍资产存量的调整，以及破产企业职工就业安置的棘手问题，等等，政府部门对企业往往采取保护性扶植政策，使国营企业实际破产的微乎其微。

从以上三个阶段的国营企业改革过程来看，改革进行了多方面的探索并且处于不断深化之中，取得了许多有益的经验，同时也可以从中得出，国有制改革并不是一件轻而易举的事，需要不断总结经验、发展改革。在这方面可能还有很长的路要走。

三、国有制改革理论上的分歧和进展

中国国营企业改革初期较多受到东欧国家特别是南斯拉夫改革理论与实践的影响，人们把传统国有制效率低下的原因，归结为作为所有者的职工不能够直接管理企业，不能从利益上关心国有资产使用效率，因而需要重建劳动者所有制，改变职工在国营企业中的地位，赋予其民主管理的权利，在这方面最著名的理论是"企业本位论"。这种理论成为我国国营企业改革第一阶段扩大企业自主权、推行各种经济责任制的主要根据。

持这种理论的人主张，国营企业改革的方向是企业全体职工共同占有企业资产，分享资产收益。具体操作方案是建立企业职工代表大会，或者由全体职工选举企业管理委员会，决定经理、厂长任免，并做出投资、资产处置、利润分配等重大决策。认为这样改革可以保证政企分离，减少政府对企业的行政干预，从而保证职工权益，推进社会民主化进程；可以使职工关心企业效益，共同承担企业经营风险，打破大锅饭，强化企业之间的竞争机制。总之，这种理论认为，通过重新建立职工所有制的改革，可以焕发职工的主人翁精神，从而根本扭转国有制低效率的现实。并且认为，这种改革设想才真正符合马克思恩格斯关于在社会主义社会将重建个人所有制理论的本质精神。

然而，初步的改革实践使人们发现，由职工占有企业的资产难以避免国有制为集团所有制所取代。这种改革理论面临的难点是：企业资产素质相互之间存在着明显差异，这种差异与企业职工的主观努力没有直接关系，因此职工以企业为单位占有国有资产并分享其收益，必然存在着先天的不平等，这使集团所有制在产生过程中便存在着难以克服的客观障碍。而且，即使建立了集团所有制，同样不能保证资产效率的提高，最主要的是企业职工均等分享资产收益诱发企业追求短期利益的动机和行为，并不能保证其关心长远资产收益的最大化；而由企业职工选聘的经理，往往因缺乏有效的利益激励和约束机制而抵御不住职工追求福利最大化的压力，于是就会产生"工资侵蚀利润"，加剧收入和消费膨胀的现象，这意味着国有资产利益将受到损害。同时，集团所有制由于产权收益分配的内部化，必然会排斥劳动力和资金的生产要素的横向流动，从而影响着资本存量的调整和组合，影响着市场机制对就业结构的调节。这对社会生产要素市场的发育和资源配置效益的提高必然产生不利影响。这些问题已为"放权让利"的改革实践所证实。因而理论界普遍认为，劳动者所有制模式不宜作为改革传统国有制模式的主体目标。在改革的目标模式中可以容纳某些具有集团所有制性质的工人自治企业、合股企业、合作企业，但是用集团所有制完全取代国家所有制，显然不是国有制企业改革的方向，更何况集团所有制自身效率上也存在着难以逾越的障碍。

尽管重建职工所有制的理论在改革中被证实存在着多方面的问题和弊病，但在中国改革过程中这种理论的影响始终存在，并且不断以这样或那样的形式在实践中得到反映。如近年来推行的"全员承包""全员租赁""无上级企业"和在股份制企业中建立"企业股"的改革主张，事实上就是重建职工所有制理论在实践中的延续。就拿设置"企业股"的问题来说。从理论上说，企业资产增值是其所有者的权利，由企业留利形成的资产增值也理应归属原来的所有者。然而国有制改革面临着一个二律背反的难题：国家是国营企业产权的名义主体，而企业职工则是与国营企业资产直接结合的实际主体，资产的增值如果仅仅表现为名义主体的利益，而却与实际主体不相关，那么又何以凝聚全体职工，使职工关心企业资产的增值。于是矛盾便集中反映在企业留利的性质上，并产生了设置企业股以使企业留利所形成的资产归企业所有的折中解决方案。我们之所以不赞成实行"企业股"方案，一方面是因为对职工提高企业资产效率的有效激励可以通过其他途径加以解决；另一方面最主要的是"企业股"成立会使企业行为二元化，促使企业侵蚀终极所有者股东的权利，发展下去，有重蹈集团所有制覆辙的可能。

当重建职工所有制的改革在实践中遇到困难以后，在国有制内涵改革出路的探索中提出了所有权与经营权分开的改革思路。这个思路着眼于限制政府对企业的行政干预，推动政企职责分开，强化经营者在企业中的地位和作用。

所有权与经营权分开的思想，无疑是对传统国有制理论的一个重大突破，并且在实践中成为包括承包制在内的各种强化经营权改革试验的主要理论根据。但这种改革思路付诸实践的效果并没有像设计者所设想的那样显著，其中有些改革还产生了某些副作用。从实践看，按照所有权与经营权分开的思路改革国营企业。会产生两种不同的可能：一种分开的结果是导致两权完全的游离，使所有者不能通过有效的机制影响和约束企业行为，从而重蹈产权集团化的覆辙，这一点的危害性我们在前面已经做了分析；另一种分开的结果是导致分而不开，使传统体制不断以这样或那样的形式复归。就是说，"两权分离"由于两权的内涵界定不清，由于缺乏经济上和组织上的保障，因而不可能使所有者和经营者真正各司其位，各尽其职。在没有有效约束的情况下，不断膨胀的政府权力不可能不转化为对企业生产经营的超经济干预。在没有制度规范和利益激励不足的情况下，指望经营者能有效地抗御这种干预，显然是不现实的。而在企业内部，传统的"铁饭碗"的就业制度和"大锅饭"的分配制度并没有真正打破，导致一方面难以根除职工劳动生产率低的主观因素，另一方面又难以抑制职工追求福利最大化的群体倾向。在这种情况下，指望经营者会有效地行使分权改革中获得的经营权，保证国有资产长期利益最大化，显然也是不现实的。中国改革实践中推行的承包制不断反复，放放收收，就充分证明了这一点。所以，所有权与经营权分开理论本身的不彻底性，决定了按照这种理论改革国有制企业，很难使企业体制摆脱传统模式的影响。

所有权与经营权分开的思路不能概括国有制改革的全部内容。这种思路的不完整性集中表现在以下三个方面：第一，没有触及国营企业受行政干预的制度根源，即政府同时承担政权职能和所有者职能。政府作为国家所有者和国家管理者具有性质不同的目标，因而向企业发出的管理信号或指令常常存在着矛盾，而政权的特性又使这些管理带有企业不得不接受的强制性质，这也就是在现实中两权难以分离的矛盾的根源所在。第二，"两权分开"的思路没有解决如何构造国有产权主体问题。什么是国有产权主体，它应该怎样工作，通过何种机制约束企业行为，这些两权分开的前提问题不首先加以解决，那么"两权分开"便失去了现实基础。第三，"两权分开"理论没有触及所有权与经营权分开以后经营权如何有效运转问题。"两权分开"并不等于企业内部经营机制的根本转变。而这需要一系列制度、组织规则甚至文化方面的配套建设。总的来说，所有权与经营权分开的理论，更多地论证了"两权分开"的必要合理性，但却没有足够充分地注重"两权分开"的现实可能性，更没有解决分开后的新机制建设问题，因而不能成为国有制改革的全部理论基石。

既然"两权分开"理论并不能概括国有制改革的全部内容，那么就需要进一步从整体上探讨社会主义所有制模式，重新构建国有制改革的理论框架。随着中国改革实践的深入，对这一理论框架基本线索的认识逐步清晰了。看来国有制改革将包括以下三个基本环节，即（1）政府所承担的政权管理者职能和财产所有者职能分解，从而改变两个职能系统紊乱和相互牵制造成所有者缺位的局面；（2）通过国有产权的分散化重建终极所有权，使其发挥有效约束企业行为和承担竞争风险的功能；（3）推动终极所有权与法人所有权分离，使企业以法人制度为依托有效地行使经营自主权。

在传统体制下，政府同时身兼政权机构和所有者代表的职能，结果产生了两种变异：一种是由于中央政府实际上不可能直接管理数以亿计的国有资产和成千上万的国营企业，因而不能不把管理权委托给各个产业部门和各个基层政府，结果形成了部门和地方分割的产权结构；另一种是不同的政府职能机构从各自主管业务的角度插手企业的经营管理，又使国家所有者的身份进一步分解到诸如计划、财政、银行、劳动甚至上级党组织等身上。

所有这些使所有者职能只能依附于行政权力系统和行政组织规范。由于缺乏同企业经营效果直接的利益联系，再加上行政系统内部横向牵制和纵向依赖的影响，管理国有资产的行政官员实际上并不能行使所有者的职能，有效地约束企业行为，对国有资产效率负责，于是便产生了国营企业"所有者缺位"的悖理现象。因此，国有制改革第一步就必须实现所有者职能的"整合"和"分离"。所谓"整合"，就是把原来分散到不同政府机构的所有者职能集中起来；所谓"分离"，就是使集中起来的所有者职能完全脱离它所依附的行政权力系统，由利益独立的经济组织承担起来。至于这种新的国有资产主体采取什么样的组织形式则有待于探讨。现在看来，由各级政府出面组建仍然带有垄断性质的国有资产管理局，确有许多弊端，主要是难以避免行政化、政府化倾向，但目前不妨作为一种过渡性措施采用。

进一步的问题是如何构建"终极所有者"。为了建立竞争性市场结构，需要创造出能够激励竞争、有效约束竞争行为和实际承担竞争风险的产权制度。从理论上说，产权是一种为追求财产独占而具有排他性的权力，由此构成商品经济条件下市场竞争的客观基础。而在所有的国营企业的终极所有者都是由权力和利益完全一致的高度统一的政府来承担的条件下，很难设想会发生企业之间的有效竞争。从中国国有制改革的实践看，即使引入了市场竞争机制，不仅不能产生优胜劣汰的作用，相反却在迫使作为终极所有者的政府不断向"竞争"中的企业减税让利，最终使政府陷入财政困境。引入市场机制的改革强化了国营企业的利益动机，企业之间开始为各自收入最大化开展竞争。但由于没有独立的产权约束企业行为，因而承担竞争风险的实际不是企业，而是作为终极所有者的政府，企业往往为其短期收入利益不惜牺牲长远资产利益，政府又不能破自己的产，不得不补贴亏损企业。结果引进竞争后，好处是企业的，坏处是政府的，企业越是竞争，政府越是困难。这也是中国改革中各种市场机制建设迟迟不能奏效的原因。

正是基于这样的原因，人们提出了建立持股机构和社团以分散国有产权的设想。具体说就是组建一大批利益相互独立的国有资产经营公司、投资公司、保险公司、养老金基金会等，由它们按资产的风险性、收益率来组织、管理和经营国有资产，通过持股的方式对国营企业发挥"终极所有者"的职能。实行这种改革的好处是，大量国营企业得以实行了真正意义上的股份制，在实行股份制中坚持了以公有制为主体的原则，各个国有资产投资经营公司相互之间的竞争，包括相互持股渗透和相互改组兼并等，有利于促进资产存量的调整和配置效益的提高，有利于打破目前国营企业因划分到条条块块管理而形成的众多的行政壁垒，有利于从企业外部为保证国有资产的长期效益进行有效的监督，有利于对庞大的国有资产存量进行重新配置。

目前，这项改革正在拟议之中。从理论上分析，这项改革难点可能在于：第一，如何避免这些国有资产经营公司政府化倾向，特别是政府持股是否会强化行政干预；第二，如何处理这些新建的资产公司与原有的政府机构的关系，如何划分二者之间以及资产公司与企业之间的权限；第三，如何确定国有资产分产的规则和建立资产经营公司的规则。由于这项改革涉及的是整个国有资产宏观结构的设置问题，因而不可能指望通过小范围试验取得有效的经验，涉及全局的改革如果没有操作上的可靠论证，付诸实施将是困难的。规范化的操作设计本身将会遇到各种利益关系的对比和较量，其难度可想而知。过去我们实施的改革措施，多半是一对一讨价还价的产物，因而缓解了利益的矛盾和冲突。而整个国有产权的重新分配，想绕开利益矛盾恐怕是困难的。但无论怎样说，这种改革理论已经在总体上勾画出在国有制改革中重新构建终极所有者的基本方向。

确定了财产终极所有者之后，进一步改革的内容是推动企业资产的终极所有权与法人所有权的分离，在法人所有权基础上重建企业经营制度。在这方面可以有选择地借鉴西方现代股份公司制度。一方面作为终极所有者的股东或股东社团对企业财产拥有股权，从而保留对企业财产的最终处置权，并最终承担资产损益风险，同时这些股权所有者又不能直接支配企业财产，干预企业经营。另一方面企业作为法人，享有支配、处分企业财产的权利，并以此为基础拥有自主经营的权利、承担自负盈亏的责任。这样一来，终极所有者只能外在于企业行使其权利，而企业内部则在法人所有权的基础上实现产权与经营权的统一，使其相互制约，保证企业行为的合理化。在企业内部要组建由股东或其代表大会选举产生的董事会，代表股东对外行使法人权利，对内负责制定重大资产经营决策，聘任包括经理在内的管理人员，制定保护资产利益的规章制度并监督执行。通过这种办法使企业既有竞争动力，又能有效地约束自身行为，并承担起竞争风险。

当然，要使包括董事会在内的一整套法人制度有效地发挥作用，至少需要两个重要前提条件：一是改变政府直接干预企业经营管理的现实；二是终极所有者能有效地约束企业行为，也就是说，有待于国有制改革前述两个环节问题的妥善处理和最终解决。中国改革实践表明，在企业内部建立的法人所有权并不能消除企业外部的所有者缺位状况，而作为法人所有者的董事会由政府主管部门出面牵头组织，往往成为从组织上强化政府行政干预的工具。所以，在终极产权问题没有真正解决之前，单纯改进经营组织制度，包括引入法人制度，并不能从根本上消除传统国有制的弊病，相反这些经营组织制度往往会在各种扭曲和变形中为传统体制所同化。

总的来看，在中国国有制改革过程中，国有制理论得到不断发展和充实，尽管目前在改革的具体设想和主张上还存在着分歧，但人们对传统国有制模式不能适应社会主义商品经济的要求，已经统一了认识。同时通过讨论和实践，对国有制改革的目标模式也逐渐形成了比较明确的、比较一致的见解。这对国有制进一步改革无疑会有积极的意义。同时，对国有制改革目标的认识仍然存在着进一步深化的必要，特别是许多改革设想如何付诸实施，如何解决具体的操作问题，等等，可以说还研究得很不够。因此，理论研究任务不仅没有完结，相反还相当艰巨，有待于加强和深化。

四、国有制改革的可能前景

从总体方向看，国有制改革将改变传统的高度集中统一的产权结构，促进竞争性市场的发育和成长，将消除所有者缺位现象，提高国营企业经营效率。沿着这个方向改革，从宏观看，将建立起以公有制为主体的多元化社会主义所有制结构；从微观看，将在股份经济、法人制度基础上，发展起不同产权主体的相互渗透、相互制约、相互竞争的混合型产权关系组织形式。

为了实现这个改革方向，首先要把原来众多的国有国营小企业出售给集体或私人所有，分散经营，建立并发展作为社会主义经济补充形式的私人经济，并发展各种形式的社会主义合作经济，这样改革将有利于竞争性市场结构的形成。实践表明，在目前中国生产力发展不平衡的条件下，有些领域、行业或产品比较适合小生产和分散经营，因而从经济合理性的角度应允许非国有经济包括私人经济发展，补充大生产和集中经营的不足。某些国有小企业也可以在不改变其所有权性质的前提下，通过推行委托制、代理制、承租制，把经营权完全转交给团伙或个人，所有者代表机构对这些企业只保留资产收益权和实行监督的权利。

其次，对于为数不多，但在产值、税利和产业重要性上构成国有制主体的大中型国营企业，可以在产权分散化的基础上发展由代表国家和公众利益的各种不同社团或机构持股的同时也吸收私人股份的股份经济，从而在国有制内形成能促进提高效率的竞争结构。在企业内部则推行法人制度，组建由不同社团股东代表构成的董事会，对企业行使法人权利，负责包括选择经营者在内的企业重大经营决策，并对资产收益承担直接风险。通过这些办法，按现代股份经济原则组建起社会主义股份经济。

近年来的改革中出现了一大批跨越不同所有制界限的混合所有制企业（各种类型的企业联合、企业集团），股份制的发展将为这种混合所有制提供更为有效的组织形式。今后纯一的国有制比重将会大大缩小，只限于那些具有天然垄断性的行业或部门。更多的企业将采取由不同所有制相互渗透和融合产生的混合所有制。在这种混合所有制中，将通过代表国家和公众利益的机构、社团持股控股的方式，保证其公有为主的性质。

至于纯国有制、混合所有制和合作或个人所有制在整个社会产权结构中具体占多大比例为宜，鉴于目前中国公有制经济在国民经济中占压倒地位，非公有成分尚微不足道，我们可以不必忙于定出不同所有制成分之间的合理比例，而应在政策措施上把公有经济和非公有经济、国营企业和非国营企业置于同等地位，在市场的公平竞争中考察各自的效益和生命力，让优胜劣汰的市场演化过程来从容决定各种所有制成分的数量界限。那些在平等的市场竞争中证明有效率的，应让其存在发展下去；那些只有躺在国家身上才能支撑下去的，应被淘汰。公平竞争的办法，对于目前在数量上占绝对优势的公有经济应该不是一种威胁，相反却是促进其加速改革和提高效率的强大动力和压力，从而可以在实质上保持公有经济在整个社会经济中的优势地位。

在治理整顿基础上进一步
深化改革的思考*

（1990年2月）

　　治理整顿与改革发展存在着相容性。治理整顿是为进一步深化改革和实现持续稳定协调发展创造必要的条件。但是我们也必须承认，治理失序的经济活动，调整扭曲的经济结构，每隔几年便反复一次，很难避免对改革和发展的正常进程产生不利影响。特别值得思考的是，对于包括我国在内的所有社会主义国家，缺少宽松的经济环境已经成为经济体制改革一再受阻的一个共性原因。从我国的情况看，在十年改革中先后出现了三次较大的宏观经济失控，膨胀—紧缩—再膨胀，似乎已经成为我国经济运行的常态。那么，怎样才能避免经济过热，减弱经济震荡，为改革提供一个较为宽松的经济环境呢？

一、产生当前经济困境的深刻根源

　　产生当前经济困境的原因是多方面的。首先，同经济指导思想的偏差与政策失误有着密切的关系。党的十一届三中全会以后，我们开始强调要实现经济发展战略的根本转变："从外延

---

*　本文由中国社会科学院经济片形势分析小组组织编写，主持人：刘国光、张卓元；执笔人：戴园晨、杜海燕、忻文、郭晋刚、仲济根。原载《财贸经济》1990年第3期。

型转向内涵型，从数量型转向质量效益型，从粗放型转向集约型。"但事实上发展战略的转变远比我们最初估计困难得多。可以说，直到目前为止，我国经济发展战略的转变不仅没有完成，而且在很大程度上仍然是停留在传统战略的窠臼之内。所以，不顾经济效益、片面追求产值翻两番、"适度通货膨胀有利于经济增长"等观念才有其客观基础。而在当前治理整顿中，一旦注重了指导思想上的偏差，便很快收到了成效，过高的投资规模和失控的社会消费得到抑制，经济过热有所缓解，持续的通货膨胀得到某种抑制。这说明，克服指导思想的偏差对治理经济环境有十分重要的意义。

但是，面对国民经济中反复出现"膨胀—紧缩—再膨胀"的怪圈，简单地一律归结为指导思想的偏差，在理论上缺少说服力，在实践中也无助于使我国经济真正从根本上摆脱上述循环困境。经济发展过热和总需求膨胀之所以会一再出现，有深刻的制度因素。特别是对近两次宏观经济失控过程的分析可以看出，致使经济过热、宏观环境一再恶化的制度性因素，大体可以划分为三类：传统体制原生因素，体制转换过程伴生因素，体制改革偏差逆生因素。这三种制度性因素都与改革本身有着一定的联系，但却有极不相同的经济性质。

首先，我国传统体制是与传统经济发展战略高度适合的，其运行的基本特征是追求经济总量增长，从组织特征看，每个微观决策环节都与政府机关有密切的联系，不同程度地体现着政府的意图；从考核经济实绩的方法看，多方面鼓励经济总量的增长，以致培育起整整一代热衷于推行传统战略的行政干部和经济管理者；从约束系统看，始终没有效益观点，"软预算约束"降低了对决策质量的要求，刺激人们不计后果地追求经济投入目标。所有这一切体制特征在改革过程中并没有实现根本转变。相反，在改革过程中，我们引入了一系列新的激励手段，如财政包干、利税包干、外汇包干、工效挂钩等，进一步从利益上刺激了经济过热现象的恶性发展。所以，一再出现的经济失控是一种制度现象。

其次，我国体制改革没有采取一步到位的做法，双重体制并存成为一种不可避免的现象。在双重体制并存初期，传统计划体制的调控功能尚未受到很大影响，在这种情况下，引入市场调节机制，搞活了经济，促进了经济发展，这事实上是吸收了两大经济体制的长处。但是，随着改革的推进，传统计划体制解体，原有的宏观调控手段失效，经济体制自身的系统性和整体性下降，经济流程中众多环节出现新旧体制错位、经济规则紊乱的无政府局面，而整个经济则出现了中央计划管不住速度、定不了结构、算不出效益的局面，与此同时，经济中的软预算约束仍然发生作用，使以明晰产权制度约束为基础的市场机制，难以发挥有效的调节作用，结果两种体制相互牵制，各种经济行为失范，总量矛盾、结构失衡、效益下降便由此产生。这时事实上是吸收了两大体制的短处。所以，目前经济中出现的混乱无序状态，在很大程度上可以说是双重体制转换过程中一定时期的必然现象。如果要考虑这一时期开始的确切标志的话，那么，传统体制最主要的经济规则一旦失效，具体说是一旦指令性计划不能发挥其调节功能时，双轨制最困难的时期便开始了。由此可以得出结论：当前的经济困境与双重体制并存有密切的关系。

最后，在经济改革过程中进行的一些制度性建设，或者产生于旧思维框架之中，本身就不符合体制改革的方向，或许由于短期的政策需要而采取的本属临时性质的措施，短期有效，但长期使用则随着时间推移而效果递减，甚至产生负效应，对这些具有强烈过渡性的体制设计，又缺乏必要的储备对策加以替代，结果任其在与传统体制同化过程中"烂"下去。例如，在我国经济改革初期的理论讨论中已经揭示了过去所出现的"一统就死、一放就乱"的循环现象,并且在总结我国历史经验的基础上提出,要跳出以往在中央和地方权力划分上兜圈子,把改革的重点放在调整国家与企业关系上的思路。① 然而,客观现实令人不得不承认改革又步入了收放循环。这种自觉不自觉选择的深刻背景是值得我们更进一步分析的。不可否认的是这种改革选择违背了改革的总体设计。

总的来说,当前经济困境的深层原因在于体制发展中的失衡与偏差。因此,除继续端正指导思想外,只有深化改革,加快新体制的建设,才能走出困境。从这个意义上说,在治理整顿初期,注重纠正指导思想上急于求成、急功近利的偏差,实行紧缩政策,恢复某些传统的宏观调控手段,是有其一定道理的。由此,可以使经济中的各种矛盾暂时得到缓解。而从长远看,却不能根本解决问题,不能根本消除使我国经济一再步入困境的制度基础。

二、"诸侯经济"对我国发展与改革的消极影响

无论情感上是否能够接受,我们都不得不承认,我国经济在十年改革后,已经在某种意义上变成了以地方政府为基本决策主体和经济职能中心的一种"诸侯经济"。这与体制改革步入新的一轮收放循环有密切关系。在放权让利的改革中,财政占国民收入额的比重已经减少到19.2%,中央财政收入占财政收入的比重从原来的55%左右降到45%左右,而企业实行利润留成制度后所获得的财权,也为不断增加的"税外税"逐步收走,且企业的经营活动实际上仍是由地方政府指挥和支配的。这样的财政结构不能不说明,地方政府成为分权改革过程中的主要受惠者。

在治理整顿基础上进一步深化改革的思考

① 刘国光:《对经济体制改革中几个重要问题的看法》,《经济管理》1979年第1期。

在扩大地方政府权利方面影响最大的改革措施是以地方财政包干为核心的行政性分权。从决策背景看，这项措施最初是在中央政府财政困难的情况下作为应急性措施采用的。但体制的变动一旦步入某一方向便具有某种固化特性，特别当地方政府从扩大财权中尝到甜头之后，介入地方经济发展的冲动就变得强烈起来，在经济利益机制的作用下很难避免地方政府截留中央下放的权力，收缴企业已有的权利。由于地方政府的全面介入，使财政包干已经成为供需总量矛盾和结构矛盾的焦点，成为滞缓和阻碍改革的"瓶颈"。

地方政府为了扩大自己可支配收入，争投资、争项目、争贷款、争资源，竞相攀比扩大投资规模，所以地方政府已经成为投资膨胀主体，制造经济过热的重要因素。而且，在价格不合理、扭曲的比价关系和市场利润导向下，地方政府投资大量涌入"短、平、快"项目，致使能源交通等基础设施建设薄弱，原材料工业发展不足，而加工工业急剧膨胀，重复投资、低水平竞争过度现象日趋严重，整个经济的规模效益、结构效益和要素组合效益持续下降，经济结构失衡，在屡禁不止的过热增长中不断加剧。

不仅如此，地方政府不断膨胀的利益已经形成了体制梗阻，制约着治理整顿效果，阻碍着体制改革的深化，反复几次的经济紧缩、压缩过热空气的措施之所以难以到位，在很大程度上是由于地方政府（当然也包括部门）从自身利益出发，在以往经验基础上形成的反政策预期和反政策行为，对治理整顿持等待观望态度，寄希望于紧缩政策起变化，不愿付出代价，担心积极执行紧缩政策会使本地区利益受到损失。所以，狭隘的地方利益已经成为干扰治理整顿工作的主要因素。与此同时，不同地区的地方政府为保护自身利益而设置的区域性壁垒，阻碍着统一市场的形成，不断酿成"蚕茧大战""羊毛大战""棉花大战"等，加剧着资源短缺，破坏了资源优化配置的条件。而地方政府追求双轨价差利益的活动，阻碍着市场组织的成长，制约着市场机制的发育。所以，地方政府权利扩大的结果，形成了传统体制小型化，从而构成了当前发展与改革困境的重要制度基础。

由于地方政府的介入，还使宏观调控手段失灵。最突出的是税收杠杆和货币调控手段都不能起到应有的作用。由于实行地方财政包干，对长线产业或产品提高税率不仅不会限制其发展，相反会进一步刺激其发展，因为地方政府可以从中得到更多的收入分成；而实行紧货币的宏观调控政策，在地方政府的中介作用下，受到打击更多的还是由中央控制的短线部门，因为地方政府为了保证自己的收入来源，对地方工业给予更多的照顾。所以，我们无论是承认或是否认，中国经济陷入"诸侯割据"的困扰之中已经成为客观现实。它不仅对目前的经济发展和改革有着极大的消极影响，而且也对下一步的发展和改革产生不容忽视的制约作用。

三、我国宏观体制向间接调控过渡的可能界限

国家直接控制企业的生产经营活动是传统经济体制的基本特征，由此产生的弊端也已为人们所普遍认识。在经历了几十年曲折和失误后，我们终于认定中国的经济运行不能没有市场机制的介入。毫无疑问，市场取向的改革，从总体上说是一种间接调控模式，它对于社会主义的改革具有深远意义。改革以来，在实现间接调控的尝试上，中国站在社会主义经济体制改革的前沿。但是，前沿并不意味着成功，在改革中推进并不等于成功的推进。

在改革的目标模式中，市场是联结宏观政策与微观活动的媒介。一般的企业就是要根据市场信号独立自主地做出长期和短期

的投入产出决策。在这种主体格局之下，政府与企业、企业与企业之间以市场为中介组成一个有机整体。所以，间接调控这种目标模式有效运转的前提是，必须存在着一个真正意义上的市场。但中国的改革是在商品经济很不发达的场地上起步的，我国曾尝试在一些领域或环节上非同步地推进市场机制的发展，试图通过由点到面的方式形成一个完整的市场体系，包括可以反映资源稀缺结构的市场参数体系和能够参与竞争并有效约束竞争行为的市场主体，但是，经过十年改革，我们还是面临着一个与间接调控要求相去甚远的残缺市场。正是在这个实质性问题上，中国经济运行机制的转换遇到了巨大的障碍。

（一）市场缺陷之一：价格信号失真

在供需总量矛盾和结构失衡的困扰下，我国价格改革始终步履维艰，以至于若干次价格改革方案还在酝酿之中就流产。经过认真测算付出巨额操作费用（如增加政策补贴）的调价，在总量矛盾和结构矛盾推动的通货膨胀面前表现得软弱无力，不仅在调整原有的不合理的比价关系方面缺乏有效的建树，而且有时还制造新的不合理的比价关系。在市场信号扭曲的情况下，放松宏观控制，想靠市场来调节和约束企业行为和地方政府行为，显然是一种奢谈。正是对这一点我们一直没有想深、想透，所以在改革思路设计上不断重复过去的失误，不断在改革中制造着新的矛盾。如在投入品价格普遍上涨时，政府曾寄希望于企业内部的消化功能，抑制产出品价格的相继跟进。然而，在外部缺乏竞争压力，内部缺乏约束机制的情况下，转嫁价格损失并从差价中谋利成为企业的本能选择。据调查，江苏省镇江市56家国营企业1988年1—6月份因原材料提价增加支出4200万元，而产出品提价增加收入4800万元，价格转嫁率为114.3%。在这种转嫁成为普遍现象时，为了维持市场秩序，政府又往往采取管制价格的办法，但在政策—对策机制的作用下，企业又会采取各种途径逃避政府的价格管制，这里最典型的是进行结构转换和制造新产品。结果受管制的产品生产萎缩，非管制产品生产扩张，供需缺口进一步扩大，结构失衡更加严重，形成短缺叠加效应，越是短缺的商品，管制程度越高，管制程度越高的商品就越加短缺。当然，在价格信号扭曲时，并非所有的企业都能捞上一把。当政府为稳定市场采取强制订货、限价供应时，企业便成为价格的牺牲品。这时企业就拿出相当多的精力去同政府进行一对一的讨价还价，结果形成企业"不找市场找市长"的现象，无形中又强化了企业的行政依附特性。

（二）市场缺陷之二：无规则竞争

由于市场发育程度参差不齐，致使不同产品价格之间，产品价格与要素价格之间无论是形成机制还是比价关系均处于相互脱节状态，无规则、应急性、随心所欲的行政干预，以及资金占用、人员素质、地理位置的差异导致不公平竞争发展。中国的市场组织历来带有浓厚的行政色彩，依附性大于独立性。改革以来，在市场上竞争的企业基本上没有改变原来身份，仍在奉行传统行为规则，森严的行政等级使竞争者带有超经济的烙印。企业欲立足于市场，通常要寻找有实力的政府机构政府官员当后台，不仅大中型国营企业如此，即使是一些已经从行政序列分离出来的新经济实体，面对高度无序的市场也常常因有苦难言、束手无策，在不景气时重新回到政府的怀抱。在无规则的市场上，不同身份、不同背景的公司无视市场交易的规则和起码的信誉，对市场份额展开无规则竞争，进而出现了倒买倒卖、循环加价的现象。特别是紧俏商品的灰市交换，在返利、回扣、佣金的推动下，一方面造成市价混乱，物价上涨；另一方面又加剧了公开市场上的短缺，使本来供需失衡并不十分严重的商品也变得"有行无市"。市场发育越是不完善，非市场化的交易越是盛行，真正意义上的商品市场也就越是难以健康发育起来。企业间的"物资串换"再现了20码麻布等于1只绵羊的商品交换的古老形式。

市场秩序和通货膨胀是天然伴侣。在持续的通货膨胀中，市场价格的离散程度迅速提高，降低了买方对比价结构的认识能力，而且寻找自由受到限制，在市场竞争中处于不利地位，而卖方在调价中自由度增大，在竞争中处于有利地位。这种情况的普遍化，使市场结构形成不对称垄断，从而进一步加剧了价格的扭曲。一旦买卖双方的竞争失去讨价还价的余地，参与交易活动的当事人的平等、交易中的价值对等，参与竞争机会相当的基本规则就变得毫无意义，从而"市场引导企业"就只能是说说而已。在这样高度无序、行政规则盛行甚至在许多方面还保留着传统封建色彩的市场上，要对不同经济主体行为进行间接调控，很难不给人以文不对题的感觉。所以，无论你是否认为企业改革是市场改革的必要条件，都必须接受这一现实：我们还没有一个完全可以为改变宏观控制体制提供必要条件的市场。实践证明，无视我国市场发育的现状，试图使中国经济体制改革的目标模式一夜之间成为现实，只能是事与愿违、欲速则不达。

进一步看，即使有了发育完全的市场，宏观间接调控的覆盖率也不可能达到100%。事实上，在任何一个商品经济社会中，都有一些领域不能通行市场等价交换关系和市场利润原则。一个社会的长期稳定发展既需要由市场动力系统来解决经济运行的效率问题，又需要由社会稳定系统来实现社会公平和安定。当两类系统分别由不同的企业承担时，企业也就自然分为两类。因此，我国市场取向的改革并不是要把所有的企业都推进市场竞争的行列。

我国经济体制的改革开始于扩大企业的自主权，力图通过市场机制的作用增强企业活力，但这种努力一开始便面临着一个深刻的矛盾，即政府目标的多元性和一旦有了自身利益追求后企业目标的单一化，作为超脱个别利益集团的政府所要达到的社会经济目标不是单一的，它要保障经济增长、满足社会需求、实现社会福利、保证社会平等和秩序。为了上述目标，政府在运用经济手段、行政手段和法律手段间接地调节经济生活的同时，有必要或多或少地直接介入生产领域，即组建政府自己的企业。从这个意义上说，国营企业的职能是政府职能在经济领域中的延伸。因此，政府的多元性目标必然会渗透到企业之中，政府对企业的各种干预正是上述渗透的体现，这种干预不仅在计划经济体制下到处可见，即便在商品经济十分发达的资本主义国家，只要政府认为它的企业还没有必要出售给个人，政府同样会对国营企业施以严格的监督和管理。

很明显，无论哪个企业在支持政府的多重目标时要想与自身的盈利目标保持一致都是困难的。当然，我们不排除某些企业在特定时期支持政府实现目标的同时有盈利的可能，但从理论上说，这种可能性只是偶然的，不可能性却是一种必然。如果这时政府还是将自负盈亏作为目标强加于国营企业，其结果是不难想象的。企业既可以以支持政府的宏观目标为借口拒绝对其亏损负责，也会在切身利益的感召下（如为了工资基金的增长），采取政府难以控制的方法逃避支持政府职能的义务。例如，在生产资料价格双轨制的条件下，指令性计划有时会成为企业争取的目标。为了得到政府平价原材料的供应，在签订合同时，企业完全可以按照政府的要求做出允诺；但在合同兑现时，吃亏的往往是政府。据国家统计局公布，1988年纳入国家指令性计划分配的产品，供货合同兑现率已降到近10年来最低水平。虽然合同兑现率下降同交通运输紧张，原材料、能源未能得到相应的保证有关，但主要原因还是企业为追求计划内和计划外产品的差价，逃避对政府承担的责任。这说明社会上终究要有一部分企业退出利润最大化的竞争行列，接受国家的直接调控。

四、宏观改革的核心是寻求自主权与市场机制配组的最优结构

1984年10月，中共中央关于经济体制改革的决定通过之后，中国改革由农村转向城市，开始了以增强企业活力为中心环节的城市体制改革。以放权让利为核心思路的改革，不仅给企业制度带来了深刻变化，而且极大地冲击了传统体制，使传统体制趋向解体，使中国经济步入了双重体制并存时期。

不可否认，放权让利的改革调动了人们的积极性，使公有制企业从长期受行政体制束缚的生产力中解放出来。但是，放权本身在经历了最初的良性效应期后，很快出现了刺激企业短期行为的现象，以至于最终导致了宏观经济失控的局面。那么为什么会出现这种现象呢？这恐怕与放权让利没有规则、不计后果有密切关系。我们发现，放权改革并不像一般人所想象的那样，没有大企业权小、小企业权大这种明显的规模分布特征，也没有市场条件好权小、市场条件坏权大这种结构分布特征，而在很大程度上表现为一种没有明确根据的随机现象。但这仅仅是实际放权的结果。而在改革初期，事实上曾笼统地提出这样的思路，即根据不同产品与国计民生的关系和不同地区对中央财政收入的贡献，作为放权的基本原则，对于那些生产关系国计民生产品的企业和对中央财政贡献大的地区，放权改革的进度就相对慢得多。这一政策思路本意是为了在体制转轨过程中保持中央宏观调控的实力。但是，由于这种思路缺乏严格的科学性，因而具体操作起来产生了逆向调节效应，越是与国计民生相关性大的产品（如粮、棉、油，以及能源、原材料等）就越不能按市场供求定价，与其他产品的经营相比，生产这类产品的比较利益就明显降低，致使这类

产品的生产在市场调节下处于一种相对萎缩的状态。同样，越是对中央财政收入贡献大的地区，就越缺乏按市场价格获得能源、原料的能力，致使这类地区的经济增长相对速度放慢，它们所提供的财政收入也逐年下降。所以，原来的放权思路实质上是一种竭泽而渔的思路。

进一步的问题是，在市场的发育中，由于比较利益的冲击，迟迟不愿下放的权力也因利益机制的作用而变形。最典型的是在指令性计划被大大削弱的同时，被保留下来的指令性计划也失去了应有的严肃性。指令性计划的完成情况逐年降低。不仅如此，传统计划体制中的许多因素都发生了显著的变化。在国民收入的初次分配中，中央财政所占的比例大幅度下降。据统计，1988年国家财政收入在国民收入分配中的比重已降到新中国成立以来的最低点。随着分权化改革，出现了资金分流也日益加快的趋势。国内财政收入由1978年的1121亿元，增加到1988年的2588亿元，大体上翻一番，而预算外资金收入则由1978年的347亿元增加到1988年的2270亿元，增长了5.5倍。

所以，全面的放权改革已经使原有的计划体制对整个经济活动的覆盖面明显缩小了，市场机制初步发育起来，很快形成双重体制并存的局面。但是，被行政性计划所控制的领域已不再是一个统一的整体，由于财政分灶吃饭、企业承包制等改革方案出台，被纳入计划轨道的企业也已形成了各自相对独立的经济利益。因此，表面上看计划体制仍然是统一的，但实际经济运行过程中这一整体已被层层分割。值得指出的是，目前有相当部分的社会经济活动，虽已游离计划体制的控制，但从事这部分经营活动的企业，却有相当一部分凭借着与政府的特殊联系，形成一种特殊的地位，它们既躲避了计划体制的制约，又没有纳入市场竞争规划的管束，从而成为社会经济生活中的特殊"公民"，以至于刚刚发育的市场机制，由于政府行政部门和种种非经济因素的介入，从一开始就受到重重磨难。其中最主要的问题是缺乏应有的规则秩序，使经济生活中出现了计划与市场都不管的调节真空带，而这与宏观改革的序列有着明显的关系。

就宏观改革的序列来说，探寻放权应该遵循的科学标准，是我国经济体制改革摆脱放权—收权循环困扰的关键，市场取向改革的实践表明，供求双方参与竞争的数量，市场份额的分割，产品供给与需求弹性的重大差异都不可避免地会影响放权改革的实际效果。因此有必要按照市场结构考虑放权的对象和规模。如产品和劳务具有自然垄断性质的部门和只有独家经营才能获得最大社会经济效益的公共服务领域，就不能像其他部门那样给予过多的自主权，对它们的调节必须给予更多的"计划信号"而不是市场信号，否则在追求微观效益的冲动下，它们的市场偏好通常会以牺牲社会公众的权益为代价。特别是在宏观环境不太宽松的条件下，供需失衡市场的存在是放权改革必须面对的现实。在买方市场中，市场商品的成本和供给价格承受着下跌的压力，这时微观主体即便有较大的价格决策权，要想以短期行为获利也是困难的。而在长期卖方市场存在时，市场取向的改革会强化业已存在的价格上涨的压力。目前许多小规模、高成本、低质量的生产不仅可以维持而且可以盈利的原因，就在于运用手中的权力，钻价格的空子，靠谋求非生产利润发财。

如果无视市场结构的现状，一味地认为放权就可以产生效率、产生活力、产生良好的市场秩序和有效的调节机制，不仅是不现实的，而且还会破坏国民经济的整体性，给改革造成损失。如一些社会公共消费部门，服务成效是难以用市场法则评价的，让这些部门去创收或企业化经营只能引起市场边界的混乱。目前政府机关等其他事业部门不正当的创收活动，已给宏观改革带来极坏的影响。如教育经费不足，让学校办企业创收自补。这种挖肉补疮的办法，导致许多企事业单位主业不旺副业旺，相互间攀比收入，不安心本职工作的情绪滋长、蔓延。在低技术水平的条件下，将一些经济资源投入生产经营，导致整个社会分工度下降，资源配置效益恶化。这些不正当的创收活动还助长了拉关系、走后门、出卖文凭、资金体外循环，用所辖权力换取物质福利等不正之风。而且这种创收活动还会增加非制度性收入，创造预算外资金，成为消费、投资双重膨胀的重要因素。违反市场结构的放权，不仅会加剧双重体制的摩擦，从而进一步抑制市场的发育，而且这种放权往往在开始时便埋下了收权的隐患，这正是我国放权改革总是跳不出放权—收权怪圈的原因所在。所以，放权的规则，或许是宏观改革第一位需要解决的问题。

五、近期内宏观体制改革的可能选择

当前严峻的宏观形势表明，中国的经济发展和体制改革已经到了紧要关头。要想打破僵局，使严峻的形势逐步得到缓解，为经济发展和改革提供一个相对宽松的经济环境，使治理、整顿真正落到实处，迫切的一个任务是积极稳妥地削弱地方政府的经济管理职能和权力，从而逐步淡化使总量失衡和结构失衡的一个极为重要的制度性原因，即推行"削藩"计划。削弱地方政府的经济权利和管理职能，以消除总量失衡和结构失衡的重要体制基础，消除发展与改革中的梗阻，尽管存在着难以估量的阻力，但这是或迟或早都必须做出的正确选择，是宏观政策包括当前治理整顿能够长期行之有效的前提，也是改革走出当前胶着状态的出路。我们认为，近期内可以着手采取的措施是：

1. 加快建立国有产权组织，促使产权职能与地方政府职能的分离，以抑制地方政府干预企业、介入经济过程的能力，为企业改革创造条件。

2. 加快银行独立化过程，强化中央政府的货币管理决策权。

加快银行独立化的过程意在减少地方政府对银行业务的压力和影响，改变目前地方银行机构与地方政府勾搭连环的局面，为中央宏观货币政策有效发挥调控机能奠定制度基础。此外，物价稳定、经济增长都直接与货币的管理有关。因此，货币管理决策权应该集中在中央。这包括两个方面：一是货币总量；二是信贷规模。实践中，货币总量的决策权虽说基本上由中央政府统辖，但地方政府在组织筹措资金的过程中，无视宏观局势的紧缩，随着扩大债券、股票的发行，客观上也起到了扩大货币总量的作用。在信贷规模上，要严格界定地方政府的活动范围。地方政府能够做的只能是为制定相应的产业发展目标给出必要的信息，以影响银行的信贷活动。

3. 推进税制改革，实现中央和地方财税决策权的分解。鉴于地方财政包干已成为中国经济发展和改革的障碍，应尽快转向分税制。税收决策权，主要指税收的开征、减免、税率的变动等。分税后的格局无疑是中央占大头。因此，税收的决策权主要在中央政府，这包括开征新税种、调整税率等。地方在税收上的决策权主要应体现在两个方面：第一，对归地方征收的税种，地方有一定的减免权和税率制定权；第二，对中央与地方共享的部分，地方的决策权必须在不侵犯中央税收收入的前提下实施，即地方政府只能在自己分享的那部分税收上做一些变动。

4. 近期内中央政府可以着手向地方政府发行用于基础设施建设的强制认购的国债，以便切实削弱地方政府的财力，用釜底抽薪的办法减少地方政府介入经济过程制造投资膨胀和收入膨胀的可能。

最后，必须指出的是，"削藩"计划并不是权宜之计。否则，一旦宏观形势好转，拆除的藩篱又会被重新加固，中国的经济发展便又将再次陷入收放循环的怪圈。地方主义、宏观失控、中央和地方权力的来回变化都是事物的表象，问题的实质在于，中央和地方政府职能和权限的界定一直未能纳入制度和法律的轨道。所以，"削藩"应该纳入政府体制改革的序列，才能有效地扭转"诸侯经济"的倾向。同时要指出，调整地方政府职能和权利的改革，是一个十分复杂的过程，面临着多方面的矛盾，因此不可操之过急，既需要采取切实可行的措施，又需要实施有条不紊的计划。

会见台湾教授访问团时的讲话

（1990年5月7日）

我想简要地谈谈祖国大陆经济发展情况和问题。

一、四十年变化

大家都知道，新中国成立已经四十周年了。大陆的社会主义建设，是在旧中国半封建、半殖民地贫穷落后的经济基础上起步的。四十年来，大陆经济的面貌发生了巨大的变化。1988年，国民生产总值已达到14015亿元，国民收入11770亿元，分别是1949年的19.8倍和18倍。1989年，又分别比上年增长了3.9%和3.7%。现已建成了较为独立的、门类比较齐全的工业体系和国民经济体系。随着生产的发展，全国居民消费水平由1952年每年每人76元，提高到1986年的639元，扣除价格上涨因素，平均每年增长3.7%。全国人民的温饱问题基本解决，一部分居民开始向小康水平迈进。这些情况表明，四十年来大陆经济建设的成就是明显的。我们在占世界1/14的土地上基本解决了占世界1/5以上的（11亿）人口的温饱问题。这个事实本身就很能说明问题。还要指出的是，大陆经济四十年的发展，是在人众地广、国情十分复杂、建设社会主义经济缺乏成熟的经验、经济政策出现过几次大的失误、国际环境上又受到西方和东方列强的孤立及封锁压力的情况下进行的。如果情况不是这样，特别是如果不发生像"大跃进""文化大革命"那样巨大的失误，大陆经济发展的状况就会比现在的实际要好得多。当然在看到大陆经济发展的成就的同时，也要看到存在的问题，这主要是：大陆目前仍处于农业国向工业国转变的过程中，呈现出现代部门与传统部门并存的明显的二元经济的特点，国民经济中处于主导地位的仍然是传统部门。尽管第二产业比重上升，农业在社会总产值特别在社会劳力中仍然占相当大的比重。以服务和信息业为主的第三产业落后的状况，还没有实质性的改变。经济发展的起落差还比较大，资源配置和利用效率还比较低，居民文化程度也比较低。人口增长给经济建设和人民生活的改善造成了巨大的压力，成为中国目前和未来经济发展的一个主要的制约因素。这些都是大陆经济发展的关键性的难题。

二、十年改革

以1979年年末中共十一届三中全会为标志，中国经济进入了一个新的改革阶段。大陆经济改革的实质是社会主义经济体制的自我完善，就是要把新中国成立初期形成的高度集中统一的、排斥市场机制的、主要以直接的行政手段进行管理的经济体制，通过有指导的市场取向的改革，逐步改造成为有计划的商品经济体制，以适应社会主义经济进一步发展的需要。世界银行在最近编写的关于《中国：国家经济备忘录》中指出："中国在过去十多年的经济改革和转变中，由于采取了一种讲究实效的改革方式，使中国取得了引人注目的为其他任何社会主义经济所无法比拟的经济成就。"改革开放的十一年，可以说是中国大陆经济生机最为旺盛、经济增长最快、人民得到实惠较多的时期，国民生产总值1978年到1989年，平均每年增长9.1%，大大高于自国民经济恢复完成后从1953年到1978年这25年中平均每年增长6%的速度，居民人均生活费收入1979—1989年平均每年增长7.6%，大大高于前25年平均每年增长1.6%的速度。进出口总额1979年到1988年增长了4倍，平均每年增长17.4%，大大超过前28年年均增长10.9%的速度。在取得的这些成就中，经济体制改革发挥了主要的作用。经过10年的改革，祖国大陆社会主义经济体制的格局在以下几个方面发生了巨大变化：一是在所有制结构方面，开始由单一的公有制向以公有制为主体的多种所有制形式转变；二是在企业机制方面，特别是占产值、利税比重较大的国营企业，开始由政企不分的政府部门的附属物，向着政企分开、所有权和经营权分离的方向逐步前进，向独立的商品生产者和经营者转变；三是在市场机制方面，改革前市场范围局限于一部分消费品，十年来逐步扩及生产资料和各种生产要素；四是在政府对经济的宏观管理上，开始由直接的行政调控为主逐渐向以经济手段为主的间接调控转变；五是在对外经济交流的格局方面，开始从封闭、半封闭经济逐渐向开放型经济转变。

对于十年改革，我还想补充一点，即改革的过程，大致可以划分为三个阶段。第一阶段是从1978年12月中共十一届三中全会始，到1984年10月中共十二届三中全会止，这一阶段改革的重点是在农村展开。以家庭为单位的联产承包责任制的全面推行，促成了农业大发展的局面。与此同时，开始了扩大工业企业自主权的试验。第二阶段是从1984年10月中共十二届三中全会到1988年9月的中共十三届三中全会。在这四年中，改革重点转入城市，中心环节是增强企业活力，同时对生产经营管理、计划、财政、金融、价格、劳动工资、商业、物资、外贸体制等进行了一系列的初步改革和新的试验。这两个阶段的改革使国民经济焕发出充沛的活力。但由于在发展的指导思想上的失误和各方面改革进程不相配套，引发了比较严重的通货膨胀和经济秩序混乱，阻碍了经济改革和发展的顺利进行。有鉴于此，1988年9月，中共十三届三中全会提出了"治理环境、整顿秩序、深化改革"的方针，从而使中国经济进入了一个新的调整和改革并举的阶段。下面我对这个阶段作点介绍和分析：

三、当前的治理整顿和深化改革

自1988年秋决定实行治理整顿以来，特别是经过1989年春夏之交中国平息了一场政治风波之后，在经济上继续坚持治理整顿的方针。国内外有些人士认为是中国改革开放停止了，倒退了，不再实行改革开放的政策了，这是一个很大的误会。中国经济之所以要进行这场治理整顿，并不是直接出于政治动因，而是由于在10年改革和发展取得进展的同时，在改革和发展两个方面都急于求成，步子迈得过快，导致我国经济在前进过程中出现了一些难题，其主要表现：一是总量失衡（社会总需求大大超过总供给）愈益严重了；二是结构扭曲（工业和农业之间，加工业和基础工业之间、工农业生产与基础设施之间等比例失调）愈益恶化，由此引发了比较严重的通货膨胀和市场秩序紊乱，到1988年夏季，爆发了银行挤兑和市场抢购的风潮，打乱了原定在1988年下半年出台的价格、工资改革等重大改革的部署。这件事又一次证明，在激烈的通货膨胀和市场秩序混乱的形势下，重大的经济改革是难以正常进行的。正是针对这种情况，才决定实行治理整顿的方针，以便为改革和发展的进一步顺利进行扫除障碍，创造一个比较好的经济环境和秩序。经过一年半的努力，治理整顿已经取得预期的初步效果。过热的经济逐渐降温，过高的物价涨势逐渐缓和，涨幅逐月减弱，从1989年10月起，已连续6个月保持在9%以下。但是，几年累积起来的总量失衡特别是结构失调问题，一时还难以消解；经济紧缩过程中，又出现了工业速度下降过大、部分产品市场销售困难和就业压力增大等问题有待解决。

1989年11月召开的中共十三届五中全会，再次决定用三年或者更多一些时间基本完成治理整顿任务，以更好地推进改革的深入，促进经济的持续、稳定、协调发展。所以，治理整顿方针的提出和贯彻，是在坚持改革开放的方针指导下进行的，而绝不是对改革开放方针的背离或放弃。

治理整顿与改革开放方针的一致性还在于，治理整顿单靠强化行政性措施是不行的，还必须有深化改革的配合。比如，用政府补贴的办法限制物价，可以收到一时稳定的效果。但是这会加大财政赤字，不利于总量平衡，又会加深价格的扭曲，不利于价格调整，这种单纯行政办法显然难以持久进行。所以在治理整顿过程中，在采用必要的行政办法的同时，也应该尽可能过渡到用经济办法，实行进一步的深化改革的措施。

再换一个角度来看，当前在治理整顿方面所取得的成绩主要还是浅层次的，如压缩投资规模、降低工业速度以及消费者对物价上涨预期的缓和等。而深层次的问题，诸如结构扭曲、机制紊乱、效益下降等，尚未根本扭转。浅层次的问题用行政性的强制手段就可以收到立竿见影的效果，而深层次的问题，根源于经济机制内部，光靠行政手段而不通过机制的转换和完善是解决不了的，所以，随着浅层次问题的逐一解决和深层次问题的逐一显露，有必要在坚持治理整顿的同时，逐渐加大深化改革的分量，这是我们进入20世纪90年代时首先面临的一个重要课题。

四、20世纪90年代的展望

我们已经跨入20世纪90年代。90年代大陆经济发展的目标，就是要实现"三步走发展战略"的第二步目标。我国经济建设分三步走（经济发展三部曲）是邓小平同志1979年12月接见日本前首相大平正芳时提出来的。三步走战略目标中的第一步，到1990

年，实现国民生产总值比1980年翻一番，解决人民的温饱问题。第二步是到20世纪末，国民生产总值再翻一番，人民生活达到小康水平。第三步，到21世纪中叶，人均国民生产总值达到中等发达国家水平，人民过上比较富裕的生活，基本实现现代化。目前，我们正处于经济调整时期的第二年，还要过两三年的紧日子，在这个时候展望90年代，有没有把握实现三步走战略的第二步的目标呢？

　　"三步走发展战略"的前两步，从1980年算起到2000年，20年中要把国民生产总值翻两番，平均每年需要递增7.2%。从1980年到1989年，我们以接近10%的增长速度，提前走完了第一步。这样，从1990年到2000年，平均每年只要增长5%~6%就可以实现翻两番。其中工业稍高一点，有6%~8%就足够了。1989年我国工业处于调整时期的降速阶段，但工业增长速度还是达到了6.8%。"低谷"过去以后还应略有回升。如果平稳地保持这个速度，90年代完成第二步目标从增长速度上说应该是问题不大的。所以，90年代我们的主要注意力，不应该放在增长速度上，而应该放在如何使经济结构合理化，如何提高经济效益的问题上，这是难度更大的问题。解决这个问题的前提一是要实现经济发展战略指导思想上的转变，由追求速度和数量转变为追求效益和质量，由外延粗放型为主的发展转变为内涵集约型的发展，由资源耗费型为主的发展转变为科技进步为主的发展。二是要进一步实现经济管理体制和运行机制的转变，在保持中速增长维护相对宽松的经济环境的条件下，逐步加快推进宏观管理、市场和企业三方面的配套改革，逐步加大有计划商品经济的新体制的分量。使经济运行逐步转向良性循环，形成长期稳定、协调发展的体制的、机制的基础。

　　我想指出，我国（大陆）经济转入良性循环的关键除了在经济发展中逐步实现结构优化和技术进步、逐步实现经济机制的转换这两条外，还有第三条就是坚持对外开放、发展对外经贸关系。这三条都需要我们通过改革去求得。如果我们正确地解决了上述的问题和矛盾，我相信，我们90年代的发展的前景是光明的。

五、对两岸经济关系的看法

大陆自1978年实行改革开放政策，提出三通主张以来，两岸交往特别是两岸经济贸易有着众所瞩目的发展，现在海峡两岸各个领域日趋密切的交流，已形成不可逆转的潮流。大陆对台湾方面已经完全敞开大门。1989年，岛内同胞来大陆探亲、旅游、从事商务的人数，多达55万之众，两岸的投资总额去年达37亿美元，台商来大陆投资的企业已有2000余家，投资总额突破了10亿美元。不久前有关台湾企业家到大陆洽谈投资的，在台湾各界引起了强烈反响。开拓海峡两岸正常的经济交往，已经成为台湾经济界人士的共识。

发展大陆与台湾的正常经济贸易交往，对两岸的经济发展都是有利的。台湾经济正处在产业结构转变的重要时期，大陆经济也面临着产业结构调整的任务。以大陆之大、需要之多，再加上两岸各有所长和所短，经济发展技术开发也有先有后，一直是互有交叉，所以互补合作将多于矛盾摩擦。如果海峡两岸能够充分地发挥各自的优势，积极地发展相互间的经济往来，在亚太地区逐步形成大陆与台湾、港澳地区之间的一种强有力的互补互利的经济分工合作关系，就不仅有利于和平统一的进程，而且可以加快两岸经济作为一个整体的中国的综合国力，振兴中华，造福子孙，为促进亚太地区的共同发展和共同繁荣，为维护亚太乃至世界的和平，做出作为中国人引为自豪的贡献来。

略论以改革促稳定，在
稳定中求发展*

（1990年5月）

在我国国民经济和社会发展的第八个五年计划（1991—1995）期间以至整个20世纪90年代，是我国社会主义现代化建设至关重要的时期。在这期间，我国的经济要实现三步走宏伟战略目标的第二步，到20世纪末国民生产总值再翻一番，人民生活达到小康水平；在经济体制改革方面，要基本实现新旧体制的转换。因此，继续深化改革，加大改革的分量，应该是"八五"计划以及整个90年代我国经济工作的一项十分重要的任务。

一

回顾我们走过的80年代，我国国民经济的发展速度是快的，国民生产总值年均增长将近10%，提前完成了翻一番的任务。但是在这期间也出现了一些问题，主要是国民经济的总量失衡、经济结构失调和比较严重的通货膨胀。为此，党中央提出了治理整顿的任务。通过近两年的努力，治理整顿工作已经取得了一定的成效。这主要表现在社会总需求和总供给的矛盾有所缓和，过热的工业增长速度降了下来，还表现在货币投放数量得到了控制，

---

* 本文系一次谈话纪要，原载《中国工业经济研究》1990年第5期。

物价涨势趋缓，流通秩序有所好转。这些成绩的取得说明党中央提出的治理整顿的决策是完全正确的。但是在治理整顿的过程中又出现了一些新的问题。例如，市场疲软，工业的增长速度下降得太多，工业经济效益差的问题尚未得到解决。总的来说，由于受客观条件及时间的限制，治理整顿以来我们取得的成效尚局限在国民经济运行的一部分领域并且是浅层次的，诸多深层的问题，如经济运行中多年积累起来的矛盾、经济发展中结构失调、效益下降的问题等还未能解决。

全面解决国民经济运行和发展中深层次矛盾的关键，是建立和完善适应我国国情及生产力发展一般特点的运行机制与发展机制。因此，在治理整顿的过程中，要逐步突出改革。当然在治理整顿的初始阶段，多一点行政的办法，多一点集中的办法是必要的，它对经济的稳定起了作用。但是随着治理整顿的深入，要逐渐转向更多地用经济的办法来解决矛盾。例如，当前国民经济中的一个突出问题是结构不合理，我们调整结构不光要靠调整资产增量，还必须调整资产的存量。要调整资产的存量，就会涉及经济体制问题，不用改革的方法，这个问题是无法解决的。又例如，价格问题，用行政的办法冻结物价就要靠财政补贴，这样财政的赤字会越来越大，不利于国民经济总量的长期平衡；另一方面，在冻结物价的情况下，不合理价格结构的调整无法进行，这样就会使物价更加扭曲，反过来更不利于经济结构的调整。因此上述问题要更多地用经济的办法、改革的办法来解决。如果我们从更长远更广泛的角度来看，国民经济要持续、稳定、协调地发展，就要转换经济运行机制和经济发展机制。现在微观层次的自我膨胀机制远没有解决，投资和消费扩张冲动的隐患依然存在，企业自我约束机制还没有建立起来，宏观层次的调控机制也没能解决。这些问题的最终解决要靠新的经济机制的建立，否则经过整顿以后，还会产生新的膨胀，还会造成经济的大起大落。

近一时期以来，中央反复强调目前压倒一切的任务是稳定。要保证我国的政治稳定、经济稳定和社会稳定，经济的稳定是基础。在经济稳定中有一个协调当前稳定和长期稳定的关系问题。进行结构的调整，就要关、停、并、转一批企业，这样有利于国民经济的长期稳定，价格的改革有利于国民经济的持续、稳定、协调地发展，还有财政体制的改革、地方财政包干制到分税制的过渡等。这些措施从长期看，是有利于经济稳定发展的，但是它们又会涉及方方面面的经济利益，各方面又都有一个承受能力的问题。因此要衔接和处理好当前稳定和长期稳定的关系。这些问题的最终解决要通过改革来实现。

以改革促稳定，在稳定中求发展。我认为这应是"八五"计划的中心思想。我们要吸取"六五""七五"期间的教训，在"八五"期间国民经济要实现中速增长，工业的增长速度要控制在6%~8%，农业的增长速度要保持在3%~4%，到"九五"期间国民经济的增长速度可以适当地快一些，这样整个20世纪90年代国民经济的增长在6%~7%，实现再翻一番的目标是有把握的。在"八五"期间的整个经济工作中，稳定、改革和发展，中心要围绕改革来进行；在发展的问题上，发展速度、调整经济结构、提高经济效益，要突出经济结构的调整。在工农业发展的关系上，不能再用挖农业的办法来发展工业，不能再用工农业产品价格的剪刀差和不等价交换来为工业提供积累，工业发展要更多地依靠自身的投入。同时，农业的扩大再生产也要依靠自身的积累，要依靠科技的进步。其次，在工业内部的发展关系上，要适当地加快重工业的发展，特别是原材料工业和交通运输业的发展，这是一个关系到整个经济发展后劲的问题。但是重工业的发展不能再重复过去挤占轻工业的老办法。另一个方面，在控制经济发展的速度上，在国民经济的发展计划和宏观管理上要规定一些警戒线。例如，投资增长率、货币发行增长率、工资总额的增长率等都要规定一个警戒线。这样就能控制经济过热，以保证我们有一个相对宽松的经济环境，来深化改革和调整经济结构。

二

"八五"期间我国经济体制改革的总体设计可以从三个方面来考虑：一是宏观方面，二是市场方面，三是微观方面。我们要逐步推出深化这三个方面改革的措施，把国家宏观调控、市场运行机制和搞好企业三个环节的改革有机地结合起来。

（一）宏观方面

要真正建立起行之有效的宏观调控机制，就要逐步建立符合计划经济与市场调节相结合原则的，综合运用经济手段、行政手段、法律手段的宏观调控体系。要有步骤地推进由直接控制为主向间接调控为主，由行政手段为主向经济手段为主的经济运行机制的转换。当然一部分关系到国计民生的产品，一部分具有资源性垄断的产品仍要由国家直接控制。

要加快财政体制的改革。国家预算遵循什么原则？过去有人提出财政要基本平衡、略有结余，现在有人主张财政预算要基本平衡、略有赤字。对于这个问题要深入分析。我们的财政要实行复式预算。财政预算的经常性账户，收入主要靠税收，支出包括政治、外交、文教、民政、军事等方面。这个经常性账户的收支不但不能有赤字，而且要有结余，结余下来的钱要投入国家的经济建设。另外一个账户是投资账户，也叫资本账户。这个账户的收入主要靠国有资产的收入和经常性账户的结余来安排，将来改革后这个账户的收入要包括国家股票等方面的收入。这个账户收支可以有赤字，赤字部分要靠发行公债和债券来弥补。

财政制度的改革要解决财政收入占国民收入和中央财政占整

个财政两个比例过低的问题。现在财政收入占国民收入的比重约20%，中央财政占整个财政的比重约40%。这样的比例不利于加强国家的宏观调控能力，不利于国家的经济建设。这里有一个中央和地方的关系问题，主要毛病在地方财政包干。这几年地方财政包干后，地方建设的积极性很高，这应该说是包干好的一面。但是这几年中央吃的是"死面"，地方吃的是"发面"，超额留成的大部分归地方所有，以至于中央财政占整个财政的比重越来越低，甚至低于西方市场经济国家的水平。这种状况在政企不分的情况下，强化了地方的自我膨胀机制，加剧了市场的分割和经济结构的扭曲。现在要调整中央和地方的关系，由包干制逐步向分税制过渡。

要深入银行体制的改革。在中央银行的职能中，保证国民经济的稳定是第一位的，支持经济的增长是第二位的。绝对不允许国家财政向银行透支，国家的公债、债券的数量也要控制在银行的信贷计划以内。同时，要摒弃货币发行量等于经济增长率加上物价上涨率这个公式，货币发行量要根据经济增长率加一定适当的系数来确定。要保证银行完成上述职能，就要改革银行制度，包括改革银行的准备金制度、公开市场制度、贴现率制度，要保证银行机构的独立性。国家中央银行是负责制定货币政策和信贷政策的，各专业银行和地方银行的信贷要有严格的计划。有了计划就要坚决执行，不能随意突破。

（二）市场方面

目前，市场的中心问题是价格扭曲，而价格改革的关键在于改革价格的形成机制。要在逐步理顺价格的基础上，建立起反应灵敏的市场运行机制。从当前的情况看，我国的价格，市场价和计划价大致各占50%。如果"八五"期间通过改革把市场价的比重提高到70%，那么经济运行的活力将大为增强。从这几年发展的经验来看，只要工资和福利补偿能够跟上去，10%以内的物价上涨率社会是能够承受的。如果我们把由于货币超经济发行引起的物价上涨率控制在3%~4%，那么我们就能够用6%~7%的物价上涨率来搞价格改革，这样不用很长的时间，我国的价格就能逐步理顺。我认为，随着治理整顿的深入和总量平衡、市场秩序的进一步改善，价格改革的措施应当不失时机地相继出台。1989年我国适当提高了粮食和棉花的合同收购价，提高了盐及盐制品的价格，1989年下半年以来，又较大幅度地提高了交通运输客运部分的票价，调整了银行利率和外汇牌价。由于我们严格控制了货币发行量和信贷规模，因此这样价格调整的措施没有引起大的反应。在这种情况下，有计划有步骤地适度推进价格改革，逐步取消价格双轨制，既有利于理顺价格，进一步发挥市场的调节作用，又能够为经济结构的调整创造条件。

（三）微观方面

作为国民经济微观基础的企业，必须是真正自主经营、自负盈亏的经济实体，这是经济改革的基本任务。对于"八五"期间到期的承包企业，可以继续实行承包制，但是要规范承包的形式，要改税前承包为按行业的平均利润率承包。在"八五"期间要继续搞好股份制的试点。这方面可以多做点基础性的工作，要规范股票的发行，培育股票市场，要抓紧股份制企业的立法工作。股份制可能是使企业产权明晰化的一种比较好的形式。我们完全有可能在坚持公有制的前提下，通过持股多元化，硬化企业的预算约束。在国有制企业要明确国家的最终所有制和企业的法人所有制，以此来规范企业的行为。

"八五"时期中国经济改革的思路*

（1990年6月2日）

　　"八五"及"九五"时期亦即20世纪的最后10年（1991—2000）是我国社会主义现代化建设至关重要的时期。这期间，在经济发展方面要实现三步走宏伟战略目标的第二步，即到20世纪末国民生产总值再翻一番，人民生活达到小康水平；在经济改革方面要有重大突破，基本实现新旧体制的转换。因此，深化改革，加大改革的分量便成为90年代经济工作的重心。

　　近一个时期，中央领导同志反复强调："目前压倒一切的任务是稳定。"我们既要保证社会政治、经济的稳定，又要使改革顺利进行。这中间碰到一些矛盾，有些着眼于当前稳定的措施并不有利于长期的稳定，例如，用财政补贴的办法冻结物价，可以稳定物价于一时，但从长远来看，对未来经济会带来不稳定的因素；又如，产业结构的调整、价格体系的改革、财政体制的改革等，从长远看必须进行，但是由于这些改革牵涉到方方面面的利益，近期内进行有一定的困难。这里就有一个长期稳定与短期稳定的关系，因此，要把二者有效地衔接起来。办法是用改革来促进稳定，在稳定中求得发展。可以设想在"八五"期间的前两年要集中力量搞好治理整顿。在治理整顿的过程中，开始时用一些

★　1990年6月2日，《财贸经济》编辑部邀请在京的经济界和经济学界十余位专家举行座谈，就"我国当前宏观经济的分析和对策"进行讨论。本文系作者的发言摘要，原载《财贸经济》1990年第8期。

行政集中的办法是必要的，但要逐步转向用更多的经济办法，突出改革，加大改革的分量。从更长远来看，要使国民经济得以持续、稳定、协调地发展，也需要进一步转换经济机制。否则，微观经济的自我约束机制和宏观经济的调控机制都不能相应地建立起来，还将产生新一轮的经济过热，导致经济上的大起大落。

改革应该有一个相对宽松的环境，在总需求大大超过总供给、剧烈通货膨胀、市场秩序紊乱的条件下，改革是难以推进的。这也从一个方面说明开始于1988年下半年的治理整顿是非常必要的。我们经过了一年半的治理整顿，各方面取得了一定的成效，宏观环境大为改观，经济开始稳定，这不仅表现在社会总需求大大超过社会总供给的矛盾有所缓和，过热的工业发展速度已经降温，而且还反映在货币投放得到控制，物价涨势趋缓，流通秩序有所好转。但是，这并不意味着治理整顿已经达到目标，值得注意的是，这些成效仅仅是浅层次的。众多深层次的问题，如几年积累起来的总量失衡和结构失调以及经济效益下降等问题都还远没有很好解决。浅层的问题用行政强制手段可以立竿见影，深层的问题根植于经济机制内部，不经过深化改革、转换经济机制是难以真正解决的。为了在"八五"期间，通过不断地深化改革来推进经济机制的转换，我们不应追求过高的增长速度，国民生产总值有5%~6%的增长速度，工业生产有7%~8%的增长速度就不错了。我们可以采取这样一些措施，在短期计划上经常性的宏观管理要设有一些防线或几道警戒线，如投资的增长率、货币的增长率等，随时发出警戒，有效地控制增长速度不使之过高。这样就有利于进行各项改革，可以保证改革能有一个相对宽松的环境，否则很难将改革深化下去。

"八五"期间我国经济改革的总体设计可以从三个方面来考虑：一是宏观方面；二是市场方面；三是微观方面。我们要逐步推出强化这三个方面的改革措施，把国家管理、市场机制、企业行为三个环节的改革有机地构造为一体。

　　宏观方面。要真正建立起行之有效的宏观经济调控机制，也就是逐步建立符合计划经济与市场调节相结合原则的，综合运用经济、行政、法律手段的宏观调控体系，有步骤地推进由直接控制为主向间接控制为主，由行政手段为主向经济手段为主的转换。当然，间接调控为主并不意味着完全取消国家的直接调控。例如，一部分少量的关系到国计民生的产品，一些具有垄断性的产品仍要由国家直接调控。直接的行政调控和间接的市场调控这两者相结合的程度、范围和方式，要经常根据实际情况进行调整和改进。

　　市场方面。要逐步建立起反应灵敏的市场运行机制。目前市场的中心问题是价格扭曲，价格改革的关键在于改革价格形成机制，最终理顺价格。从现在的情况看，计划价和市场价大致各占50%。设想通过"八五"期间的改革，把市场价的比重提高到70%左右，那么经济运行的活力将大为增强。从现状看，如果工资福利补偿能够跟得上去，10%以下的物价上涨率社会是能承受的。如果把货币供给量超过经济发展的需要所引起的物价上涨率限制在3%~4%以内，那么就能够用6%~7%的物价上涨率支撑价格调整和改革，这样用上几年的时间就能够基本理顺价格，并提高市场价的比重。我认为，目前随着治理整顿取得更多的成效，随着宏观平衡和市场秩序的进一步完善，价格改革应不失时机地相继出台。1989年在价格结构方面，我们适当提高了粮食棉花的合同收购价、盐和盐制品的价格，下半年又较大幅度地提高了交通客运票价、外汇牌价、银行利率等。由于我们严格控制信贷投放和货币发行，人们对于市场涨价的预期有所消除，因此，这些调价措施并没有引起剧烈的反应和震荡。所以，在这种条件下，有领导、有步骤地适度推进价格改革，不失时机地对一些明显不合理的物价结构进行调整，既有利于进一步发挥市场的调节作用，又能够为经济结构的优化创造条件。

微观方面。要构筑充满生机和活力的微观经济基础。作为微观主体的企业，必须是真正自主经营、自负盈亏的经济实体；必须是政企分开、产权明晰，具有自我约束的独立法人。基于此，我认为，作为一种过渡形式的企业承包制，还有一定的生命力，"八五"的前两年可以在克服短期行为，规范承包形式、内容和基数等方面采取些措施，并允许和鼓励企业兼并、租赁和组织企业集团。与此同时，创造条件向企业股份制过渡。目前可以先做一些基础性的工作，如进行股份制的试点、抓紧进行立法、规范股票的发行、培育股票市场等。股份制可能是使企业产权明晰化的一种较好的形式，我们完全可以在坚持公有制为主的前提下，通过持股多元化，硬化企业预算约束。尤其要强调的是，无论对调整结构的要求而言，还是从提高效益的角度来看，都难以容忍经营性亏损企业的长期存在。所以，企业的关停并转、企业破产制度势在必行。至于破产后带来的失业等社会问题，可以通过完善、健全社会保障制度来解决。

"八五"及"九五"期间
中国经济改革大思路[*]

——《改革时报》特约记者专访
（1990年6月9日）

记者（何德旭）：您能否先谈谈"八五"及"九五"期间中国经济工作的基本任务和总体目标？

刘国光："八五"及"九五"亦即20世纪的最后10年（1991—2000）是我国社会主义现代化建设的关键时期。这期间，在经济发展方面要实现宏伟战略目标的第二步，即到20世纪末国民生产总值再翻一番，人民生活达到小康水平；在经济改革方面要有重大突破，基本实现新旧体制的转换。经济改革虽然不是目的，但它是经济发展的基础。只有通过改革，建立起合理、有序、高效的新经济体制，才能为国民经济尽快步入长期持续、稳定、协调发展的轨道创造最基本的条件。我国在20世纪80年代提前完成第一个"翻番"的任务，毫无疑问是推进改革的结果。"八五"及"九五"期间即90年代的经济发展任务依然很艰巨，这就对经济改革提出了更高的要求。可以说，90年代经济发展的程度取决于经济改革的进度和深度。因此，深化改革，加大改革分量应成为"八五"及"九五"期间经济工作的主旋律和重心。

记者：在治理整顿过程中，您曾多次强调要在宏观经济环境

---

[*] 原载《改革时报》。

略为改善的情况下，不失时机地加大改革步伐。那么，您对目前的经济环境如何评价？现在或者"八五"期间是否具备深化改革的条件？

刘国光：我一贯主张改革应该有一个相对宽松的环境，在总需求大大超过总供给、剧烈通货膨胀、市场秩序紊乱的条件下，改革是难以推出的。这也从一个方面说明，开始于1988年下半年的治理整顿是非常必要的。现在看来，经过近两年的治理整顿，宏观经济环境大为改观。这不仅表现在社会总需求大大超过社会总供给的矛盾有所缓和，工业生产速度明显回落，而且还反映在货币投放得到控制，物价涨势逐月减弱，流通秩序明显好转。当然，这并不意味着治理整顿已经达到目标，值得注意的是，已取得的这些成就主要还是浅层的，众多深层问题，如经济结构扭曲、经济效益低下以及经济体制方面的问题等都还没有很好地解决。不仅如此，在治理整顿过程中还暴露出了一些新的矛盾，表现在：1989年下半年以来工业生产增长速度急剧下降（某些月份还出现了负增长），市场疲软，产品严重积压，大量企业开工不足，"三角债"现象严重等。

归纳起来，我的意思是：第一，治理整顿初见成效，为深化改革提供了可能空间；第二，深层问题不可能单单通过治理整顿求得解决，而必须依靠改革的深化予以消除；第三，治理整顿中新涌现出来的矛盾，尽管有的是必须付出的代价，但大都与已进行的改革"不到位"、不彻底密切相关。基于此，我觉得，"八五"期间深化改革是既十分必要，也完全可能的。而且再通过进一步的治理整顿，必将为"八五"（尤其是"八五"中后期）的改革创造更为宽松的环境和条件。

有必要强调的是，我这里并不是把治理整顿和深化改革截然分开，而是应该很好地、有机地结合起来：深化改革有赖于通过治理整顿来创造一个良好的环境或必要的条件；而治理整顿又有赖于深化改革的配合。如果人为地将二者割裂开来，就既不利于治理整顿，也有碍于深化改革。

记者：几年之前，您在设计中国经济改革方案时，曾提出过"稳中求进"的思路。针对目前形势及"八五""九五"期间的中国经济改革，您是否又有新的设想？

刘国光：近一个时期，中央领导同志反复强调，目前压倒一切的任务是稳定，不仅政治要稳定、社会要稳定，而且经济也要稳定发展，避免大起大落、忽冷忽热。看来"稳中求进"——在稳定中求发展的思路被事实证明是正确的，它符合我国的实际，现在和将来都应该坚持。所以，至今我也没有改变我的观点。不过，我要说明的是，这种"稳定"不是通过行政强制、高度集权等保守、消极的办法达到，而是采取积极、进步的手段，也就是通过改革来实现。因此，作为"稳中求进"思路的延伸，也是为了使这一思路更加明确，我认为"八五"及"九五"期间的经济改革和发展应坚持"改中促稳，稳中求进"的方针，用改革促进稳定，在稳定中求得发展。

记者：根据"改中促稳，稳中求进"的大思路，请您再谈谈"八五"及"九五"期间中国经济改革的大致构想，好吗？

刘国光：考虑到治理整顿的任务远未完成，而且年内也不可能完成，所以，我认为在"八五"的前两年（1991—1992）还是要集中力量搞好治理整顿，改革也主要应围绕治理整顿来进行，并着重在稳定、充实、调整、改进和完善已有的各项改革。"八五"的中后期及"九五"期间，在社会稳定和经济环境改善的前提下，推出一些根本性的改革，加快经济机制的转换。大致而言，"八五"及"九五"期间我国经济改革的总体设计可从三个方面来考虑：

一是宏观方面，要真正建立起行之有效的宏观经济调控机制，也就是逐步建立符合计划经济与市场调节相结合原则的，综合运用经济、行政、法律手段的宏观调控体系，有步骤地推进由直接控制为主向间接控制为主、由行政手段为主向经济手段为主的转换。当然，完成这个转换需要一个过程。在这个转换过程中，适当地采取一些行政手段是非常必要的，它可以弥补间接调控手段的不完善。但是，运用行政手段有个限度，就是不能给进一步改革设置障碍，不能成为深化改革的对象。为了保证宏观调控行之有效和富有弹性（而不是一控就死），必须对宏观经济体制进行改革，并对一系列宏观调控政策进行相应的调整、完善。在财政税收体制方面，必须改变国家财力分散、宏观调控能力削弱的状况，适当提高中央财政集中的程度，并积极准备在条件成熟时，逐步由财政包干制向分税制过渡。要尽快推行复式预算制度，消除财政赤字，加强税收的征管工作。在金融体制方面，（1）进一步解决中央银行的相对独立性问题，为中央银行独立地推行以稳定币值为主要目标的货币政策创造条件；（2）建立正常的货币发行程序，严格控制货币发行"总闸门"；（3）在控制信贷总规模的同时，着力调整和改善信贷结构，提高资金使用效益；（4）启动利率杠杆，充分发挥利率的宏观调控作用；（5）建立专业银行正常的风险—利益机制，并逐步走上企业化的道路；（6）大力培育和完善金融市场。在收入分配体制方面，也必须继续深化改革，培育市场，改善宏观调控和收入分配政策，促进人力资源的合理流动，建立一定程度和范围内的竞争性的就业、工资和收入分配制度，创造大体均等的体制环境和条件，逐步缓解直至最终消除收入分配不公。

二是市场方面，要逐步建立起反应灵敏的市场运行机制。市场问题的中心是价格扭曲。所以，价格改革的关键在于价格形成机制，最终理顺价格。理顺的途径显然不是简单地恢复过去那种僵化的国家定价制度，而是对现存的价格双轨制进行清理、改革，逐步建立少数重要商品实行在价值规律基础上的国家定价

（计划价），其他大量商品价格由市场调节（市场价）的新价格制度，从而使价格既能够客观地反映价值，又能客观地反映资源的稀缺程度，各种产品的比价关系基本合理。从现在的情况看，计划价和市场价大致各占50%，我设想，通过"八五"期间的改革，把市场价的比重提高到70%左右，那么，经济运行的活力将大为增强。这种可能性也不是没有。目前看来，10%以下的物价上涨率社会是能承受的，如果其中2%~3%的物价上涨率是由货币供给过量引起的（我的前提当然是严格控制货币发行），那么就能够用6%~7%的物价上涨率支撑价格调整和改革，这样用上几年的时间，是能够基本理顺价格，并提高市场价的比重的。

　　顺便说一点，在改革中时机的掌握非常重要，它是改革成功与否的关键因素，时机掌握不好，改革必将流产。所以，我经常强调要不失时机地推进改革。据我观察，目前就是一个很不错的价格改革时机：物价涨幅明显回落、市场销售疲软、居民物价上涨预期逐步消除，而且前几个月出台的一些价格、汇率、利率调整措施，都没有引起大的波动。所以，在这种条件下，有领导、有步骤地适度推进价格改革，抓住时机调整一些明显不合理的价格结构（可以考虑先提高一些明显偏低的农业、能源、原材料、交通、运输等价格），既有助于进一步发挥市场调节的作用，又能够为经济结构的优化创造条件。

　　三是微观方面，要构筑充满生机和活力的微观经济基础。作为微观主体的企业，必须是真正自主经营、自负盈亏的经济实体，必须是政企分开、产权明晰、自我约束的独立法人。基于此，我认为，作为一种过渡形式的企业承包制，还有一定的生命力，"八五"的前两年可以在克服短期行为、规范承包形式、内容和基数等方面采取些措施，加紧向税利分流、税后承包、税后还贷过渡的试验，并允许和鼓励企业兼并、租赁和组织企业集团。与此同时，创造条件向企业股份制过渡。当然可以先做一些基础性的工作，如进行股份制试点、抓紧进行立法、规范股票的发行、培育股票市场（包括发行市场和流通市场）等。股份制可能是使企业产权明晰化的一种较好的形式，我们完全可以在坚持公有制为主的前提下，通过持股多元化，硬化企业预算约束。尤其要强调的是，无论是对调整结构的要求而言，还是从提高效益的角度来说，我们恐怕都难以容忍长期经营性亏损企业的长期存在，国家也难以给企业经常的"父爱式"保护，所以，企业破产制度势在必行，对经营管理不善造成严重亏损的企业，要坚决依法宣布破产。至于破产后带来的失业等社会问题，可以通过完善、健全社会保障制度来解决。

记者：最后，能否谈谈您对我国"八五"及"九五"期间经济改革的展望？

刘国光：对20世纪90年代的中国经济改革，我是充满信心的。在改革的征途中，尽管我们面临一系列棘手的难题，也会遇到形形色色的新矛盾、新问题，但只要我们团结一心，齐心协力，一切困难、矛盾、问题都将迎刃而解。可以肯定，经过"八五"和"九五"期间的改革，中国经济必将步入长期持续、稳定、协调发展的轨道，必将出现一个繁荣昌盛、欣欣向荣的崭新局面。

略论逐步加大改革分量*

（1990年6月）

进入20世纪90年代，我们面临着三个任务：第一是治理整顿，第二是经济改革，第三是经济发展。目前，我们要研究如何把三个任务很好地结合起来。治理整顿是1988年提出来的，成绩很大，但还没有完成。无论是控制总量平衡，产品结构调整，还是整顿经济秩序，都有很多事情要做。所以，"八五"计划的前一两年，还要把治理整顿作为主要任务。从现在开始，在治理整顿期间我们应当逐步加大改革的分量，深化改革。要把改革作为"八五"计划中后期的一个突出任务。在经济发展方面，主要集中力量搞好经济结构、特别是产业结构的调整。在速度上不追求高速度，保持一个中速度，这样就可以巩固治理整顿的成果，保持一个稳定的经济环境。有了这么一个稳定的经济环境，我们就可以顺利地推进经济体制的改革和经济结构的调整，为我们在90年代后期和21世纪的大发展准备条件。现在要讲讲，为什么我们要强调，从现在起，在继续治理整顿的过程中，还要逐步加大改革的分量，使改革成为第八个五年计划中后期的一个突出任务。

加大改革分量的必要性，可以从以下四个方面来看：

---

* 本文系1990年2月至1990年10月间几次讲演的记录摘要，部分内容曾发表于《广州经济》1990年第5期、《中国社会科学院研究生院学报》1990年第6期。

第一，从实现三步走的战略目标的第二个目标来看。20世纪90年代经济发展的目标，就是要实现三步走的发展战略的第二个目标——国民生产总值在这十年再翻一番，人民生活从温饱转向小康水平。第一步的战略目标（翻一番），在第一个十年（80年代）是以9.5%的速度提前完成了。90年代如果再翻一番，我们只要5%或6%的速度也就差不多了。那么具体到工业上也就是6%~8%。这样的速度对我们来讲不是很困难的。难点不在数量，不在速度，而在于经济结构的合理化和经济效益的提高。我们现在产业结构中农业、基础工业、基础设施、第三产业发展滞后，一些新兴产业和高科技部门也都是这种情况。经济效益的提高和经济结构合理化调整的障碍，主要在于经济管理体制和经济运行机制上的缺陷，包括价格机制上的扭曲、财政收入分配上的过于分散、企业的大锅饭、软预算，等等。不克服这些体制和机制上的缺陷，调整产业结构和提高经济效益的目标是难以达到的。而经济体制、管理体制和运行机制的转化，只有通过深化改革来实现。如果在90年代的后期要在结构调整和效益提高上真正有所建树，那么我们在90年代的前期，也就是在"八五"期间，就要致力解决深化改革的问题。

第二，从当前的政治任务来看。现在我们维护国家和社会的稳定，是压倒一切的头等大事，而经济的稳定又是社会和政治稳定的基础。1989年国际、国内那么大的风波，中国能够站得住，其中很重要的一条就是我们经过了十年改革，经济上还可以。虽然问题不少，但经济上不错。工人、农民基本上是稳定的，这很有关系。工人、农民所想的，还是要巩固社会主义制度，完善社会主义制度。

我们要求经济的稳定，不能只注意短期的、近期的稳定，也要着眼于维护长期的稳定，不能只顾近期的稳定而忽视长期的稳定。而在近期稳定与长期稳定之间，往往存在着矛盾。我国当前的经济生活中有许多的矛盾、许多的两难问题。比如：要控制需求、平抑物价，又怕压抑市场、影响速度；要放松银根、刺激需求，刺激经济的增长，但又怕需求过旺，再度引起通货膨胀、物价上涨。我们的财政收入在国民收入中的比重过低，国家对经济宏观控制的能力降低，造成财政困难。特别是中央财政，日子很不好过。我国财政收入占国民收入的比重，原来是百分之三十几，现在降到不足20%。中央财政占整个国家财政收入的比重，原来是60%上下，现在只有百分之四十几。国民收入的分配向地方、企业、个人倾斜，这就使得国家宏观调控能力削弱。但是我们如果提高两个比重，就要改变收入分配的格局，那又怕挫伤地方、企业的积极性。所以这又是个两难问题。经济生活的两难问题，往往表现为着眼于近期稳定的措施可能不利于长期稳定，而某些有利于长期稳定的措施又导致近期的不稳定。比如，你们冻结物价，可以收效于一时，稳定社会，稳定人心，但是不利于长期的稳定。物价要补贴，财政的赤字越来越大。现在我们有1000亿元的财政补贴。财政赤字越大，总量就越平衡不了，造成通货膨胀。有利于长期稳定的措施，比如调整结构，对一些产品不适销对路、素质很差、效益很低、长期亏损的企业，能不能关停并转呢？这样可以保证结构优化。但关停并转会影响当前稳定，造成社会不安。"八五"期间我们面临着紧缩和放松的矛盾，稳定物价和理顺物价的矛盾，制止通货膨胀和保持一定速度的矛盾，积累与消费的矛盾。"八五"期间，又要还债，又要建设，又要加强国防，又要实现小康水平，这些问题都纠缠在一起。这些矛盾，都同近期、长期稳定的矛盾有关。要把近期稳定与长期稳定的矛盾解决好，也就是要把20世纪90年代三大任务之间的关系处理好。90年代的三大任务，一是要稳定，二是要改革，三是要发展，怎么衔接好、调节好？社会科学院提出的"八五"计划基本思路，概括起来就是两句话：用改革来促进稳定，在稳定中求得发展。这样才能有长期的、牢靠的稳定，才能够有持续稳定协调的发展。在稳定、改革、发展的链条中，改革是关键的一环。如果不抓改革这一环，而求稳定、发展，特别是长期持续稳定和发展，不过是缘木求鱼。

第三，从当前治理整顿的进程来看。1988年第四季度开始实行治理整顿的时候，当时面对严重的经济形势，需要有针对性地解决过去改革中放权让利过多的问题。当然，过去改革放权让利，调动积极性，也是对的，让地方、企业、个人更好地发挥作用。但是有个"度"的问题，放权让利过多，使中央的宏观调控能力大大削弱。针对这种情况，我们在调整的初期，多一点集中，多一点计划，对过于分散的财力、物力，适当增加中央控制的比重，并且暂时多采取一些行政性的调控办法，都是必要的。采取一些应急的行政措施，可以赢得时间，使过热的经济比较快地降温。好比治疗发烧，先用冰块把温度降下来，然后再调理。有些行政手段，如必要的、少量的国家订货，指令性计划，特别是和宏观控制有关的，可以酌情长期采用。但有些行政手段，如关闭市场、实行专营、冻结或变相冻结物价，这些都是临时性的非常规手段，只能够在短期内采用，否则它就会产生阻碍经济正常运行的副作用。比如用政府财政补贴的办法来冻结物价，可以收到稳定物价于一时的效果，但会加大财政赤字，不利于总量平衡；又会加剧价格的扭曲，不利于产业结构的调整。所以这种单纯的行政办法显然难以持久，其结果也有悖于治理整顿的初衷。在当前通货膨胀的势头得到遏制的条件下，应该有步骤地放弃一些临时性的、非常规的行政手段，要尽可能多地采用经济手段，进而考虑加大改革的步伐。这样做既有利于继续推进治理整顿任务的基本完成，也有利于消除海内外人士那种认为我们治理整顿导致改革停滞倒退的误解。

第四，再从实现经济持续稳定协调发展的方针来看。四十年来，我国经济进程中屡次发生大起大落。最近一次的大起大落，使我们现在仍在爬坡。问题的根子有两个，一个是政策上的失误，一个是经济机制上的缺陷。政策的失误，主要是指在经济发展的指导思想上急于求成，贪大求快；热衷于投资要大，速度要高。经济机制上的缺陷，主要是指传统和现行的经济机制当中的一些促使总量膨胀的弊病，比如追求数量、投资饥渴等，和大锅饭、软预算、负盈不负亏等老毛病都有关系。上上下下都要求更多的资金、物资、外汇，扩大本地区、本部门、本企业规模。这种膨胀的冲动是旧体制所固有的弊病，这种弊病在改革的过渡时期又有所强化。治理整顿以来，政策上的失误已初步得到纠正，持续稳定协调发展的思想开始树立起来，但是还很不牢固，而且光有正确的指导思想也不能保证八字方针（持续、稳定、协调、发展）的实现。因为现行的经济机制仍然是一种内在的自我膨胀冲动的机制，包括投资的膨胀和消费的膨胀，这种膨胀机制随时可能反弹，就像弹簧一样。现在治理整顿，主要是用行政手段将这个弹簧压了下去，一旦行政管制放松，总需求膨胀的机制马上就会出现反弹。即使在治理整顿过程中，由于各方面遇到的困难，如市场销售的困难、生产的困难、资金的困难等，反映压力的呼声自然很大，就像1986年、1988年出现的那种情况，那时甚至理论界的部分人士也在推波助澜。面对这样一种压力，如果领导信心不坚定的话，就有可能放松管制，结果必定出现反弹。所以现在调整宏观控制的力度，进行微调，是非常谨慎的，不是全面放松，而是有选择的、幅度很小的调整。这是考虑到前几年政策的失控，树立了正确发展的指导思想。我们要继续努力，掌握好宏观控制的力度和方向，避免再次发生政策的失误。除此之外，更重要的是要克服机制内部存在的膨胀冲动的缺陷，这就必须加紧机制本身的改革。只有这样，才能保证我们不仅在治理整顿期间，而且在以后也能使经济长期持续、稳定、协调发展。

略论逐步加大改革分量

以上四个方面讲了我们为什么必然要强调从现在起要逐步加大改革的分量，为什么"八五"中后期要使改革成为我们经济工作的一个突出任务。1989年党的十三届五中全会以后，我到处讲这个问题，可能有的同志听得厌烦了。现在虽然没有人不提改革了，但要注意不能把改革限制在一个从属的次要的地位，湮灭在一些发展任务下面。20世纪90年代的发展任务首先应该是调整结构和提高效益，没有改革，就不可能很好地实现这些任务。所以，我认为，进入90年代特别是"八五"期间，要加大改革的分量，要突出强调这一点，不然的话，我们调整结构、提高效益根本解决不了，从长期看总量平衡也解决不了，还会大起大落，所以，我认为改革应该是第一位的。

逐步加大改革的分量，不但有客观的必要性，而且也有现实的可能性。这是因为，随着治理整顿取得成效，随着宏观平衡和市场秩序的改善，为深化改革提供了有利的、相对宽松的环境。

改革究竟要个什么环境？这是个多年争论的问题。20世纪80年代初期，多数同志已统一到这种观点：改革需要一个相对宽松的环境，不能搞得速度太高，经济生活太紧张。如果出现剧烈的通货膨胀、物价上涨，在这样的紧张环境中搞不了改革。但是，1984年以后，有一套新的理论出来了，认为改革只能在紧张的环境中进行，而相对宽松的环境是改革的结果，不能先把环境搞宽松了，然后再搞改革，所以经济环境紧张不要紧。于是，"通货膨胀无害论"出来了，岂止"无害"，"通货膨胀有益论"也出现了。虽然有另一面的反对意见，可是听不进去。因此造成前几年经济工作的重大失误，不得不进行大的治理整顿。实践已经作了结论，经济体制改革要有个相对宽松的环境，现在经过治理整顿，可以说在一定程度上出现了一个相对宽松的环境。我们应当利用当前有利时机，推出一些适于出台的改革措施。比如1989年，在价格结构问题上，适当提高了粮食、棉花的合同收购价格；调整了盐和盐制品的价格；9月份大幅度调整了铁路、民航、水运的客运票价，上调了120%；12月份又调整了外汇的牌价，人民币兑换1美元的比价，从3.72元长到4.72元，上调了近1/3。1990年又陆续出台一些调价措施，包括最近调整的邮价。邮票是40年一贯制了，8分钱一封信。还有公共汽车票等，也靠国家补贴，补贴就发票子，发票子就涨价，就是这么个机制。那么1989年、1990年的调价措施如果放在1987年、1988年，能不能搞？不能！在经济过热，物价涨得很厉害的时候，你如果搞，就会引起连锁反应，火上加油，助长物价的涨势。但是1989年和1990年，我们做了相当大的调整，由于严格控制了投资需求和消费需求，控制了货币发行，结果物价的涨势趋于缓和，通货膨胀控制住了。人们对于物价的预期也趋于缓和。在这样情势下，我们的动作没有出太大问题。反过来看1988年下半年，我们本来准备对煤炭、钢材等一系列生产资料价格作大幅度调整，物价、工资要改革。消息一传出，全国的抢购风潮就起来了。因为1988年上半年已经很不安定了，物价指数不断在涨，在那时候我们已经提出警告，这是全面的通货膨胀，不是个局部问题，再出现大的改革步子是不行的，首先要制止通货膨胀。到了8月出现风潮，银行存款挤兑，商品抢购。本来上半年物价不稳，已时起时伏，但还只是这个城市那个城市，到了7—8月份却是全国性的了。所以，物价改革、工资改革都停了。9月份就开始治理整顿了。所以，经济形势紧张不能进行改革。实践已对这个争论作了检验。我们要利用当前有利时机推出一些由于过去经济环境过紧、通货膨胀压力很大而不能进行的改革措施。从现在起就要加大改革的步伐，治理整顿阶段过去以后，"八五"要继续保持一个中速，不要追求高速，采取一切措施稳定这个速度。应保持5%~6%的国民生产总值的速度，7%~8%的工业增长速度。当然再多一点也可以，但绝对不能追求高速度。这样就可以保持一个稳定的、相对宽松的态势，就可以把改革的步子迈得更大，更好地理顺经济体制和各方面的经济关系，为我国经济在"九五"时期和21世纪的大振兴大发展提供一个良好的经济体制条件。

学习陈云同志的经济思想

——在中国管理科学院召开的陈云论著研讨会上的发言

（1990年6月12日）

新中国成立以来，陈云同志长期主持经济工作。他坚持一切从实际出发，实事求是和理论联系实际的原则，对我国的革命与建设、改革与发展中的许多关键问题，进行了全面的分析，提出了正确的方针、政策。实践证明，凡是按照陈云同志的意见去办的，都取得了很大的成功。陈云同志的经济思想是几十年来我国社会主义经济建设正反两方面经验的总结。陈云同志的论著是我们的思想宝库，是毛泽东思想的重要组成部分。他的许多远见卓识，不但在提出的当时是切中要害的，而且直到今天仍然有重要的现实意义，有许多话，好像就是针对我们当前的问题而说的，反复学习，愈感亲切。陈云同志四十年来有关经济问题的著述，内容十分丰富，在这样一个简短的发言中，只准备就其中的几个观点作一点温习，谈一点个人的感受。

一、关于"一要吃饭，二要建设"的思想

正确处理人民生活和经济建设的关系，是社会主义经济的一个根本问题。"一要吃饭，二要建设"，这是陈云同志提出的发展社会主义经济的一项根本方针。这项方针包含两层意

思。第一层，它指明了社会主义生产的目的，陈云同志说："搞经济建设的最后目的，是为了改善人民的生活。"【《陈云文选》（1956—1985）（以下简称《文选》），第252页】又说："经济体制改革，是为了发展生产力，逐步改善人民的生活。"（《文选》第304页）根据马克思和恩格斯的论述，社会主义生产目的是客观存在的，是由社会主义生产关系的根本性质决定的。所以，建设也好，改革也好，最终目的都是为了提高人民的生活。这就决定了，在国家建设与人民生活的关系上，必须把人民生活放在第一位。而且，从长远的观点上看，我们进行经济建设的目的，也是为了保证人民生活的不断提高。应该看到，这是陈云同志经济思想中的一个核心内容。它贯穿在许多方面。1956年，他针对社会主义改造过程中出现的权力集中过多，合并升级不当，商品品种减少，质量下降等毛病，提出了在社会主义改造基本完成后，"我们必须使消费品质量提高，品种增加，工农业产量扩大，服务行业服务周到，而决不是相反"（《文选》第12页）。在三年困难时期，他怀着沉重的心情，以极大的热忱关注着人民的生活，想方设法要给城市居民每人每天供应一两豆子，每人每月供应半斤鱼。他语重心长地说："我们花了几十年的时间把革命搞成功了，千万不要使革命成果在我们手里失掉。现在我们面临着如何把革命成果巩固和发展下去的问题，关键就在于要安排好六亿多人民的生活，真正为人民谋福利。"（《文选》第200—201页）

第二层意思，是要恰当地处理积累和消费的关系。陈云同志说："经济建设和人民生活必须兼顾，必须平衡。看来，在相当长的一段时间内，这种平衡大体上是个比较紧张的平衡。建设也宽裕，民生也宽裕，我看比较困难。"（《文选》第30页）他又说："……这里（就）包含着一个提高人民生活水平的原则界限：只有这么多钱，不能提高太多，必须做到一能吃饭，二能建设。"（《文选》第276页）陈云同志说的提高人民生活的原则界限，我认为要受两个方面因素的制约。一个是社会可提供的消费资料的数量、质量、品种同人民需要相适应的程度，也就是说，受制于社会生产中两大部类、农轻重的比例关系。另一个是为了满足社会日益增长的需要，不进行积累和扩大再生产是不行的，不能只顾吃饭这一头。依照现实的经济条件，确定积累和消费的最优比例，是一个关系国民经济全局的大问题。陈云同志所以特别强调人民生活和国家建设必须兼顾，是从实践经验中概括出来的。十一届三中全会前的二十多年中，我们的主要倾向是偏于只顾建设这一头，偏于片面优先发展重工业这一头，结果造成重大比例失调，挫伤了人民群众的积极性。第一个五年计划期间和1962—1965年的调整时期，兼顾得比较好，情况就大不相同。十一届三中全会以后，人民生活和经济建设两个方面照顾得比较好，但是出现了基础产业和基础设施滞后的情况，要在八五计划和十年规划中注意克服。总之，今后我们仍然要注意防止两种片面性。只顾国家建设，不顾人民生活；或者只顾人民生活，不顾国家建设，都会带来严重的后果。

二、关于"建设规模要和国力相适应"的思想

这个思想同"一要吃饭，二要建设"的思想是相联系的，因为建设规模首先不能挤掉人民生活的必要改善，这是国力的第一条界限。这个思想本身还有极深刻的含义。陈云同志反复强调，建设规模要和国力相适应，是制约基本建设的客观规律。1957年，陈云同志针对上一年经济工作中出现的急于求成的问题，指出："建设规模的大小必须和国家的财力物力相适应。适应还是不适应，这是经济稳定或不稳定的界限。像我们这样一个有六亿人口的大国，经济稳定极为重要。建设的规模超过国家财力物力

的可能，就是冒了，就会出现经济混乱；两者合适经济就稳定。当然，如果保守了，妨碍了建设应有的速度也不好。"（《文选》第44页）陈云同志的上述论断，对当前很有现实意义。首先，他强调了经济稳定的极端重要性。陈云同志讲这段话时是在1957年，我国人口还只有六亿，现在已增长到十一亿多，经济稳定就更加重要。当前，维护国家和社会的稳定是压倒一切的头等大事，而经济稳定又是政治稳定和社会稳定的基础。1989年春夏发生的政治风波有国际大气候、国内小气候许多原因，而前几年经济过热引起的经济不稳定也是原因之一。1985年以后我国改革和发展中出现的问题，迫使我们不得不在1988年第四季度重新进行治理整顿。当此之际，回顾陈云同志的谆谆告诫，可以更痛切地领悟到经济稳定这一思想的深远意义。其二，早在1957年陈云同志就指出，基本建设规模过大是造成我国经济不稳定的重要原因。令人惋惜的是，陈云同志的这一意见，并没有在实践中得到贯彻。新中国成立以来几次大起大落，除了政治上的原因，都是同盲目扩大基本建设规模分不开的。基本建设超过了国家能够负担的能力，必定造成供应紧张，需求膨胀，使生产不能正常进行，使人民生活得不到改善。一旦矛盾尖锐到无法再维持下去的程度，不能不进行国民经济的大调整。三十多年的循环往复向我们提出了一个值得深思的问题：我们的上层建筑和经济基础究竟存在什么样的障碍，使建设规模必须与国力相适应这样的正确思想，在实际上起不到应有的指导作用呢？应该采取怎样的改革措施，来消除这些障碍呢？其三，马克思曾经指出："有些事业在较长时间内取走劳动力和生产资料，而在这个时间内不提供任何有效用的产品；而另一些生产部门不仅在一年间不断地或多次地取走劳动力和生产资料，而且也提供生活资料和生产资料。在社会公有的生产的基础上，必须确实前者按什么规模进行，才不致有损于后者。"（《资本论》第2卷第396—397页）陈云同志把马克思的上述原理应用到中国，具体地提出了一系列防止建设规模超过国力的有力措施。这就是：财政收支和银行信贷都必须平衡，而且应该略有结余；物资要合理分配，排队使用；基本建设规模和财力物力之间的平衡，不但要看当年，而且必须瞻前顾后；充分估计农业对建设规模的强大约束力，等等。在如何保证基本建设规模和物力财力保持平衡的问题上，陈云同志提出的"要先生产，后基建；先挖潜、革新、改造，后新建"（《文选》第240页）以及多次强调的"不能用发票子来搞基本建设"这两点，我认为有特殊重要的意义。关于前者，即先生产，后基建，先挖潜革新，后新建，也就是先保证简单再生产，行有余力，再搞扩大再生产。1957年陈云同志就精辟地指出："在原材料供应紧张的时候，首先要保证生活必需品的生产部门最低限度的需要，其次要保证必需的生产资料生产的需要，剩余部分用于基本建设。"这就是说，要在保证当前生产正常进行的基础上，有多少剩余搞多少基建，这样就可以避免盲目扩大基本建设规模，挤掉必需品生活资料和生产资料的生产，影响经济的稳定。至于不能用发票子来搞基本建设，陈云同志也讲了许多精辟的意见。他说："基建投资年年有赤字是不行的，因为年年用发票子来搞基建，到了一定的时候，就会'爆炸'。"（《文选》第237页）陈云同志的这些意见，经过实践的检验，至今仍闪耀着真理的光辉。1988年夏天发生的经济风潮，就同连年用发票子的办法来搞基建有很大的关系。我相信，所有持实事求是态度的人都会认识到，陈云同志的这些思想，不但对于当前的治理整顿是适用的，而且对我国长期经济发展，都具有重要的指导意义。

三、关于"按比例是客观规律，综合平衡就是按比例"的思想

人民生活和经济建设的关系，当前生产和基本建设的关系，都是国民经济按比例发展的重大问题。按比例是经济规律，按比例才能做到综合平衡，这是陈云同志长时期来对计划工作的指导思想。马克思曾经把按一定比例分配社会劳动视为人类社会生产的普遍规律。生产越是社会化，这一规律的作用也越明显。在社会主义公有制基础上，按比例有可能通过人们自觉地、有计划地调节来实现，这是社会主义计划经济的特点和优越性。陈云同志从中国的实际出发，特别强调国民经济的发展要按比例。早在我国第一个五年计划编制的过程中，陈云同志就深刻论述了比例和平衡的关系。他说："按比例发展的法则是必须遵守的，但各生产部门之间的具体比例，在各个国家，甚至一个国家的各个时期，都不会是相同的。一个国家，应根据自己当时的经济状况，来规定计划中应有的比例。究竟几比几才是对的，很难说。唯一的办法只有看是否平衡。合比例就是平衡的；平衡了，大体上也会是合比例的。"【《陈云文选》（1949—1956）第241页】陈云同志把按比例和综合平衡看作是反对高指标，防止大起大落，使国民经济持续稳定发展的重要保证。为了使国民经济能够按比例地平衡发展，陈云同志对于关系国民经济全局的重大比例和综合平衡问题进行了长期的调查研究。例如，他对于积累和消费的比例关系，农业、轻工业、重工业的比例关系，两大部类的比例关系，以及农业为基础、工业为主导的问题，能源、交通必须先行的问题，重点建设与一般建设的关系问题，都提出了切合实际的重要意见。陈云同志关于综合平衡的思想，也是很丰富的，这里要特别提一下陈云同志强调的三大平衡：财政收支平衡、银行

信贷平衡、物资供需平衡，后来又加上外汇收支平衡，这四大平衡以及它们之间的相互衔接，确实是国民经济综合平衡的核心问题。这四大平衡及其相互衔接搞好了，整个国民经济就能按比例地平衡发展。再一点是关于按什么原则来平衡，按长线部门还是按短线部门平衡的问题，陈云同志明确反对曾经一度甚为流行的按长线平衡的观点，力排众议，主张按短线平衡，这也是陈云同志很有胆识的一例。他说："再说按什么'线'搞综合平衡，无非是长线、短线。过去几年，基本上是按长线搞平衡。这样做，最大的教训就是不能平衡。结果，建设项目长期拖延，工厂半成品大量积压，造成严重浪费。在这方面，这几年的教训已经够多了。按短线搞综合平衡，才能有真正的综合平衡。"（《文选》第202页）所谓按短线平衡就是当年能够生产的东西，加上动用必要的库存，再加上切实可靠的进口，使供求相适应。在这个基础上来搞平衡，才是可靠的平衡。

　　回顾新中国成立以来，围绕着比例、平衡问题，党内党外，经济工作者和经济理论工作者，在许多问题上存在着不同的看法。比如，什么叫综合平衡，能不能做到综合平衡？怎么看待积极平衡和消极平衡？按长线平衡好还是按短线平衡好？长期争论不休。在北京发生政治风波前的两三年内，资产阶级自由化思潮泛滥，综合平衡已经很少有人提起，好像有了"宏观控制"这个新名词，综合平衡就可以不要了，不懂得宏观管理离开不了综合平衡的道理。事实证明，在上述长期争论的一些问题上，陈云同志的观点是正确的。我们应该很好地学习陈云同志关于按比例和综合平衡的一系列论点。这些论点是马克思主义再生产理论在中国的运用和发展。我们要努力掌握好这个思想武器，不断提高经济计划工作的水平。

四、关于在计划的指导下搞活经济，发挥市场的调节作用的思想

十一届三中全会决定进行经济体制改革以来，我们在所有制结构，在集中与分散、计划与市场等方面，进行了探索和实验，取得了很大进展。应该看到，经济体制改革中这些问题，陈云同志早就看到了，并且早已提出了解决这些问题的正确方向。

陈云同志是最早提出要搞活经济、发挥市场的调节作用的党和国家的领导人之一。还在资本主义工商业改造的过程中，陈云同志就指出："市场管理办法应该放宽。现在从大城市到小集镇大部分都管得太死，放宽后，害处不大，好处很多。但这并不是说完全不要市场管理，不要社会主义计划经济的领导，而是说要改变过去对资本主义工商业利用、限制、改造的那一套办法。"【《陈云文选》（1949—1956）第333页】1956年9月，陈云同志在党的第八次代表大会上的发言，更是系统地分析了社会主义改造基本完成后的新问题，提出了一系列带有原则意义的方针、政策。他主张要及时纠正在改造过程中只注意集中生产，集中经营，而忽视分散生产、分散经营的错误做法，主张对一部分商品采取选购和自销，让许多小工厂单独生产，把许多手工业合作社划小、分组或按户分散经营，把许多副业产品归社员个人经营，放宽小土产的市场管理，等等。总的精神是要在正确的方针、政策的指引下，把经济搞活，市场搞活。在社会主义改造取得伟大胜利，许多人心目中向往的社会主义是越大越公越集中越好的形势下，陈云同志却敏锐地发现了存在的问题，及时地提出了带有根本性的意见。这需要有多么深刻的洞察力和多么高度的政治责任心呀！我们还应该特别注意学习陈云同志在八大的发言中，如下的一段很著名的话。他说："我们的社会主义经济的情况将是

这样：在工商业经营方面，国家经营和集体经营是工商业的主体，但是附有一定数量的个体经营。这种个体经营是国家经营和集体经营的补充。至于生产计划方面，全国工农业产品的主要部分是按照计划生产的，但是同时有一部分产品是按照市场变化而在国家计划许可范围内自由生产的。计划生产是工农业生产的主体，按照市场变化而在国家计划范围内的自由生产是计划生产的补充。因此，我国的市场，绝不会是资本主义的自由市场，而是社会主义的统一市场。在社会主义的统一市场里，国家市场是它的主体，但是附有一定范围内国家领导的自由市场。"（《文选》第13页）我认为，陈云同志的这一段极为精辟的概括具有深远的历史意义。因为他实际上回答了社会主义改造基本胜利后，我们将建设一个什么样的社会主义经济的问题。他设想了多种经济成分并存，计划经济与市场调节相结合的经济模式，突破了传统社会主义政治经济学理论的局限性，为以后的经济体制改革提供了理论的、政策的依据。顺着这样的思路，1957年陈云同志对工业、商业和财政的管理体制改进问题发表了重要的意见。他主张下放一部分权力给地方，减少企业的指令性指标，扩大企业的自主权，增加地方的机动财力等。到了十一届三中全会以后，陈云同志进一步阐发了计划经济与市场调节相结合的思想，把计划与市场的关系形象地比喻为笼子和鸟的关系，引起中外人士广泛的研究的兴趣。

近几年来，随着改革实践的发展，理论也前进了，人们对于计划经济和市场调节的关系，在认识上不断深化。陈云同志很早就提出并一贯坚持的搞活经济，发挥市场调节的作用的思想，他的许多精辟的见解，无论在社会主义建设的实践上，还是在社会主义经济理论的发展上，都起了并将继续起着十分重要的推进作用。

陈云同志的经济思想是经过实践检验的真知灼见，是全党、全国人民一份宝贵的精神财富。其所以具有如此强大的生命力和科学的预见性，是同陈云同志一贯坚持辩证唯物主义和历史唯物主义，坚持一切从中国的实际出发，调查研究，实事求是的马克思主义立场和科学方法分不开的。所以，我们学习陈云同志的经济思想，不能仅仅限于学习他在著作中所阐明的几条基本经济原理，而要认真学习他"不唯上，不唯书，要唯实"的战斗的唯物主义的精神；学习他"全面、比较、反复"的辩证思想方法，才能把陈云同志的思想真正学到手。

我对陈云同志的著作学习得不够，理解也不深，以上讲的一点粗浅的感受，不对的地方，请各位指正。

逐步加大改革分量使之成为"八五"中后期经济工作的中心*

（1990年6月）

一、关于形势和任务的总看法

进入20世纪90年代，经济形势的特点是，治理整顿任务还没有完成，要继续进行，同时深化改革问题要提上日程，要逐步加大改革分量。改革应成为"八五"中后期经济工作的中心。"八五"期间应保持中速发展，集中力量搞结构调整，以创造一个稳定的环境，保证改革推进，为90年代后期和21世纪的大发展准备条件，特别是经济体制、经济机制条件。

二、关于速度问题

从1980年到20世纪末实现翻两番目标只需要7.2%的平均增长速度。前十年的任务已经提前完成，速度为9.5%。后十年只需要5~6年的速度即可，分解到工业上速度达到6%~8%即可。"八五"时期应吸取"六五""七五"计划速度在实际执行过程中被远远超过，几度发生经济过热的教训，严格控制投资和信贷规模，确定几条宏观经济预警线，如货币发行增长率、投资增长

---

* 原载中国社会科学院《要报》1990年第3期。

和储蓄等，及时微调，不要等发生危机时再动大手术，以避免大的损失。

三、关于结构问题

产业结构失衡是当前经济生活中的突出矛盾，能源、原材料、交通运输等"瓶颈"已成为经济发展的严重障碍。产业结构调整应是20世纪90年代经济发展的中心。在工农关系方面，要提高工业自身积累水平，进一步改变通过低价收购农产品、挖农补工的做法，以增强农业自身对扩大再生产的投入能力。国家还应尽量提高对农业的投资（对农业的投资应逐步提高到占总投资的10%）；在轻重关系方面，"八五"时期重工业发展应适当超前。这是因为目前交通、能源、原材料等基础产业相对落后，"八五"需要补"欠账"；国民经济的整体技术水平还很低，农村工业化的需要，农业的发展要求提供越来越多的农业生产资料，消费品结构的变化导致对冶金、化工原料的生产增长的要求，城乡住宅建设适当增长导致对建材的需求量增加。考虑"八五"期间重工业增长超过轻工业1~2个百分点可能比较合理。

四、关于积累与消费关系问题

20世纪90年代面临还债、建设和改善人民生活的多重任务。估计"八五"期间借债不再像"七五"那么容易，而"八五"还债额却高于"七五"，因此积累率要适当降低。根据"六五""七五"时期百元积累创造国民收入的水平估算，"八五""九五"如能保持30%的积累率，即可保证国民收入以5%~6%的速度增长，同时又有足够的余地进行产业结构调整。

"八五"期间消费基金总量与国民收入应同步增长，但人均收入低于国民收入增长。在"八五"前期，名义工资增长要跟上物价上涨率，但由于存在时滞，居民实际生活水平可能略有下降；在"八五"后期，名义工资应高于物价上涨率2~3个百分点，使居民生活有所改善，但仍低于国民收入5%~6%的增长水平。

鉴于我国积累的来源已由政府积累为主转向政府积累与社会积累并重的局面，在资金短缺的情况下，应充分利用居民储蓄。大力提倡勤俭，保持实质利率为正数，以鼓励储蓄；发展各种间接融资方式，使金融资产多元化，把居民结余购买力由随时可能冲击市场的"笼中虎"变为稳定的积累源泉。为了支持基础产业的发展和重大技术改造项目，除了适当提高中央控制的财政积累资金比重外，还要建立有利于资金积累和集中的融资机制，使社会和企业资金也能流向并用于基础产业。

五、关于深化改革问题

总的看法是，要逐步加大改革分量，使改革成为"八五"中后期整个经济工作的中心，以便为"九五"和21世纪的大发展准备体制条件。

"八五"期间强调加大改革分量的理由在于：（1）实现翻两番目标的难点不在速度而在结构、效益，不克服经济体制和经济运行机制中的缺陷，结构不能改善，效益不能提高。（2）从当前的政治任务看，稳定压倒一切，而经济稳定则是社会和政治稳定的基础。不应只顾近期稳定，忽视长期稳定。有时近期稳定和长期稳定有矛盾，如提高两个比重与地方积极性的关系、冻结物价与价格改革的关系都涉及近期稳定与长期稳定的矛盾。在稳定、改革与发展三大任务的关系方面，用改革促稳定，在稳定中求发展，才能有长期的稳定。改革是关键的一环，不抓紧改革而

逐步加大改革分量使之成为『八五』中后期经济工作的中心

求稳定特别是长期稳定，只不过是缘木求鱼。（3）从经济形势看，在目前通货膨胀得到初步控制的情况下，经济生活中一些非常规的临时行政手段应考虑减少，以加速改革步伐，这样做也有利于消除海外人士关于治理整顿导致改革倒退的误解。（4）从实现经济持续稳定协调发展方针看，过去几次经济增长中的大起大落主要是由于政策失误（急于求成、贪大求快）和机制缺陷造成的。目前经济建设的指导方针已经扭转过来，但投资膨胀、消费膨胀的机制还存在，一旦治理整顿措施放松，可能出现反弹。因此当前除了继续坚持治理整顿方针外，主要是注意克服机制缺陷，因而需要加强改革。

"八五"期间加强改革的可能性在于：随着治理整顿取得成效，总量平衡矛盾得以缓解，经济环境趋于宽松，改革的环境正逐渐出现。例如，前一时期的客运调价和汇率调整措施，虽然步子不小，但并没有引起大的波动。因此目前应抓住有利时机，逐步加快推进宏观管理、市场、企业三方面的改革，逐步加大有计划商品经济新体制的分量。

六、关于计划与市场的关系问题

在治理整顿期间，针对过去改革中放权让利过头过多，中央宏观调控能力削弱的情况，多搞一点集中，多搞一点计划，多用一点直接的行政手段是必要的。一般说来，在经济发展遇到危机困难时，都需要这样做。而在正常的发展和改革进程中，还是要按照中央过去历次的提法，宏观管理要从直接调控为主转向间接调控为主。

所谓向间接管理为主过渡，就是要更多地利用市场机制的作用。相对于过去排斥市场机制的传统体制而言，在一定的意义上我们的改革也可以说是市场取向的改革，当然这种市场取向的改革并不是不要计划指导和宏观控制。过去的改革在发挥市场机制的作用方面取得令人瞩目的成就，但没有认真解决好计划与市场的结合问题，以致出现了混乱。当前要继续推进以市场为取向的改革，争取在"八五"后期基本理顺价格和消除市场的分割现象；与此同时，加强、完善计划的调控和引导，使计划与市场更好地结合起来。

关于计划与市场结合的形式，过去有多种说法，如板块式结合、渗透式结合和有机结合等。现在看来，这些结合方式将长期共存。拿板块式结合来说，即使已过渡到间接管理为主，总还有直接管理部分存在，尽管这一部分的趋势是尽可能减少，除非遇到紧急情况。当然，实行直接计划调控也要考虑价值规律和市场供求，因此板块结合同渗透结合是分不开的。但是，假如能真正完全按照市场供求、价值规律来进行调控，也就不需要直接调控，可以转为间接调控了。强制性行政干预之所以必要，是因为在有些场合，为了全局的长期利益，不可能完全按照市场供求和价值规律的要求办到。尽管这样，无论计划与市场采取什么结合形式，我们都要强调尽可能尊重价值规律，这是一个核心问题。制订计划，如果不考虑价值规律的作用，一样会出现失控。我国这几年县以上的固定资产投资项目审批权都在政府手里，如110个彩电生产线，97个电冰箱生产线，都是各级政府审批的，但同样也造成了失控。这就是没有研究市场供求的长期变化趋势，没有考虑价值规律作用的结果。早在1956年孙冶方提出的"把计划和统计放在价值规律的基础上"的观点，至今仍然有生命力。当然，他讲的不是市场价值规律，我们要尊重市场价值规律，这比孙冶方讲的更进一步了。这样做，我们就能使计划经济与市场调节结合得更好，以促进国民经济持续、稳定、协调地发展。

正确认识和贯彻以经济建设为
中心的战略方针[*]

（1990年6月）

党的十一届三中全会，提出了把全党全国的工作重点转移到以经济建设为中心的轨道上来的伟大战略决策；党的十三大又把以经济建设为中心，坚持四项基本原则，坚持改革开放，纳入了党在社会主义初级阶段建设有中国特色的社会主义的基本路线中。面对当前国际上的风云变幻以及国内的新情况、新问题，对于如何更好地坚持贯彻以经济建设为中心的战略方针，有进一步深入领会和思考的必要。

一

中国的社会主义四十多年，取得了举世瞩目的伟大成就，初步地、有力地显示了社会主义制度的优越性。但由于社会主义制度的不成熟、不完善，由于缺乏经验，在经济建设过程中出现过某些严重失误，致使社会主义的优越性未能得以充分发挥，经济发展未能取得更大的、应有的成效。其中最重要的一点，就是在生产资料所有制的社会主义改造基本完成以后，没有及时地把党和国家的工作重点转移到以经济建设为中心的轨道上

 * 本文系与刘溶沧合作，略作压缩后发表于1990年7月16日《人民日报》。

来，没有始终把发展社会生产力作为巩固和发展社会主义制度的一项根本任务。

造成这种情况的原因固然是多方面的，但从理论指导和历史渊源来看，重要的一条就是在社会主义改造基本完成以后，对社会主要矛盾的变化认识不清，判断有误。在1956年社会主义改造基本完成，阶级斗争已经退居次要地位的情况下，由于1957年国内政治形势的变化和国际上发生的某些政治事件，使我们放弃了"八大"关于国内主要矛盾已经变化的正确结论，把阶级斗争重新认定为主要矛盾，从而产生了长时间"以阶级斗争为纲"的错误。在"文化大革命"的十年动乱期间，更是把阶级斗争置于压倒一切的地位，甚至提出了反对所谓"唯生产力论"的观点，使社会生产力的发展受到了严重的干扰和破坏，国民经济濒临崩溃的边缘。沉痛的历史教训，使我们党在十一届三中全会以后，特别是在十一届六中全会通过的《关于建国以来党的若干历史问题的决议》中，明确提出了必须把全党全国的工作重心转移到以经济建设为中心的社会主义现代化建设上来的伟大战略决策，并尖锐地指出："我们过去所犯的错误，归根到底，就是没有坚定不移地实现这个战略转移"，"今后，除了发生大规模外敌入侵（那时仍然必须进行为战争所需要和容许的经济建设），决不能再离开这个重点。党的各项工作，都必须服从和服务于经济建设这个中心"。这可以说是我们党在理论上拨乱反正，深刻总结了长期实践经验的基础上所得出的科学结论，也是战略选择上一次伟大的历史性转折。

从本质上说，坚持以经济建设为中心，是巩固和发展社会主义制度的客观需要和根本保证。这主要包括如下的三重含义：

第一，社会主义经济的不断发展和有效增长，是社会主义制度最终战胜资本主义制度的具有决定性意义的首要因素。列宁早就指出："劳动生产率，归根到底是保证新社会制度胜利的最重要最主要的东西。资本主义造成了在农奴制度下所没有过的劳动生产率。资本主义可以被彻底战胜,而且一定会被彻底战胜,因为社会主义能造成新的高得多的劳动生产率。"① 由于历史的原因,社会主义首先是在资本主义最薄弱的环节,在一些经济文化比较落后的国家中取得胜利的。因此,如何利用社会主义的制度优势,加快生产力的发展步伐,迅速增强国民经济特别是综合国力,逐步缩小与资本主义发达国家的差距,创造出远比资本主义为高的劳动生产率,就成了充分体现和发挥社会主义优越性,巩固和发展社会主义的决定性因素。在取得政权并大体上镇压了剥削者的反抗,初步奠定了社会主义的经济基础以后,如何集中全力发展社会主义经济,就成了决定社会主义兴衰成败的头等大事。

第二,促进社会生产力和国民经济的持续稳定发展,是不断满足人民的物质文化生活需要,坚定人民的社会主义信念,增强社会主义凝聚力的重要物质基础和基本手段。社会主义经济不是为发展而发展,而是为了在此基础上不断解决落后的社会生产力与日益增长的社会物质文化需要之间的矛盾。这就是社会主义生产目的与资本主义生产目的的根本区别,也是社会主义制度之所以深入人心,之所以成为亿万人民自觉为之奋斗,从而具有强大的感召力和凝聚力的根本原因所在。

第三,努力发展社会主义经济,并同时促进社会的全面发展和全面进步,是挫败国际敌对势力对社会主义国家进行颠覆、渗透和"和平演变"图谋的根本保证。20世纪70年代以来,国际形势由紧张趋向缓和,由对抗转向对话,不同社会制度国家在国家关系上处于和平共处状态。一些社会主义国家也相继实行了改革开放政策。在这种情况下,国际敌对势力对社会主义国家加紧推

① 《列宁选集》第4卷,人民出版社1972年版,第16页。

行"和平演变"战略，企图达到"不战而胜"的目的。防止"和平演变"，当然需要在思想、政治、组织等多方面采取措施。但最根本的还是要以经济建设为中心，努力把国民经济搞上去，使人民安居乐业，经济稳定繁荣，综合国力不断增强，从而使社会主义的优越性深深植根于广大人民的心中，才能在对社会主义的严重挑战面前，坚如磐石，稳如泰山，永远立于不败之地。

对以经济建设为中心的战略方针，我们必须作全面的理解。事实上，强调以经济建设为中心，并不意味着经济建设就是一切。社会主义需要全面发展，社会需要全面进步。"中心"的提法，主要是指经济建设的不断推进，社会生产力的不断发展，对于巩固和发展社会主义制度，对于促进其他事业的发展和任务的完成，具有最终的、决定性的意义。这是符合历史唯物主义的基本原理的。中心任务并非唯一任务，根本任务也不是全部任务。没有其他方面的密切配合，中心任务就不可能完成；而离开了经济建设这个中心任务，其他任务的实现就将缺乏必要的物质基础，并因此而受到极大的制约。对于这一点，邓小平同志曾经作过十分明确而深刻的论述。他指出，"为了建设现代化的社会主义强国，任务很多，需要做的事情很多，各种任务之间又有相互依存的关系，如像经济与教育、科学，经济与政治、法律等等，都有相互依存的关系，不能顾此失彼"，"不能单打一。但是说到最后，还是要把经济建设当作中心。离开了经济建设这个中心，就有丧失物质基础的危险。其他一切任务都要服从这个中心，围绕这个中心，决不能干扰它，冲击它"。[①]我们党提出的建设有中国特色的社会主义基本理论，在明确和强调以经济建设为中心，发展生产力是社会主义的根本任务的同时，还包括了建

①　《邓小平文选（1957—1982）》，人民出版社1983年版，第213—214页。

设社会主义精神文明、建设社会主义民主政治、建立健全社会主义法制、加强和改善党的领导等重要内容。这些无疑都是促进社会全面发展、全面进步的题中应有之义，也是实现以经济建设为中心的内在要求。

在党的社会主义初级阶段基本路线中，一个"中心"和两个"基本点"也是相辅相成、内在统一的。坚持四项基本原则，是为了在党的领导下，保证我国的现代化建设遵循马列主义的基本理论指导，在稳定的社会政治环境中，沿着社会主义的正确方向健康发展。坚持改革开放的总方针，则是为了立足本国国情，根据社会生产力的现实水平和进一步发展的客观要求，自觉调整生产关系中与生产力不相适应的部分，调整上层建筑中与经济基础不相适应的部分，从而增强社会主义的内在活力与生机，充分调动广大劳动者和企业的生产经营积极性，这本身就是发展社会主义经济的强大动力和重要途径。与此同时，在当代国际经济关系越来越密切，世界经济的一体化趋势日益明显的条件下，任何国家都不可能在封闭的状态下求得发展。在经济文化较为落后的基础上建设社会主义，尤其需要广泛发展对外经济技术交流与合作，努力吸收世界各国的文明成果，引进消化国外的先进科学技术和成功的管理经验。这也是搞好以经济建设为中心，促进社会主义经济有效发展的一个重要方面。

党的十一届三中全会以后，以经济建设为中心的方针得到了较好的贯彻，并在11年的经济建设与改革中取得了巨大的成就。但与此同时，在经济工作中又的确出现了忽视社会主义方向、淡化思想政治工作等不良倾向，给社会主义的物质文明和精神文明建设造成了许多不容忽视的消极影响。平息了1989年春夏之交发生的那场风波之后，党中央针对一些值得注意的问题，强调要坚持四项基本原则，加强思想工作，抵制和反对形形色色的资产阶级自由化思潮，这是完全必要的。有些同志于是产生了以经济建设为中心的方针是否会改变的疑问，甚至担心又要回到"以阶级斗争为纲"的老路上去了。实际上，政治和经济是密不可分的。社会主义的现代化建设，需要有与之相适应的舆论力量、价值观念、文化条件和社会环境，对精神文明建设提出了更新的也是更高的要求。强调要坚持正确的政治方向，加强思想政治工作，绝不意味着以经济建设为中心的方针有所动摇和改变，而正是为了保证这个方针能够得到更好的贯彻，使之具有良好的政治环境和强大的精神动力，沿着正确的轨道前进。那种把加强政治思想工作同以经济建设为中心割裂开来甚至对立起来的观点，是不对的，由此而产生的担忧和疑虑也是没有必要的。

二

在解决正确认识以经济建设为中心的战略方针的同时，还必须着重解决如何贯彻执行这一战略方针的问题。根据我国长期的社会主义建设实践，特别是最近十一年改革开放的经验，尤为重要的是应认真解决和处理好以下三个方面的问题。

第一，正确处理好政治与经济、改革与发展的辩证统一关系，排除各种干扰和冲击，在不发生大规模外敌入侵的情况下，始终要毫不动摇地坚持和确保经济建设的中心地位。

恩格斯早就指出："政治权力不过是用来实现经济利益的手段。"[①]列宁也说："任何民主，和一般的任何政治上层建筑一样（这种上层建筑在阶级消灭之前，在无阶级的社会建立之前，是必然存在的），归根到底是为生产服务的。"[②]政治是经济的集中表现，政治为经济、为生产建设服务，同时又反作用于经济和社会生产，这本来是马克思主义的基本原理。然而，自1956年

---

① 《马克思恩格斯选集》第4卷，人民出版社1972年版，第246页。
② 《列宁选集》第4卷，人民出版社1972年版，第439页。

以后到十一届三中全会以前的长时间里，连绵不绝的政治运动，却给社会生产力和国民经济的发展造成了严重的影响，使经济建设的中心地位迟迟未能树立起来。至于社会动乱给经济建设造成的冲击和破坏性影响，则更是十分明显、无须赘言的。十年"文革"的大动乱，以及1989年春夏之交的那场风波，就是人们记忆犹新的。因此，如何保持国家的政治稳定、社会稳定，就成了稳定发展社会主义经济，坚持和贯彻好以经济建设为中心的战略方针的重要前提。

改革与发展的关系是很明确的：改革是为了适应发展的需要，为了促进社会生产力的不断发展，从而是完成以经济建设为中心，大力发展社会生产力这项根本任务的重要途径。然而，二者之间又不是没有矛盾的。改革搞得不好，也会给发展带来不同程度的干扰和冲击。首先，如果改革走偏了方向，即不是把它视为社会主义制度在自身基础上的不断发展和完善，而是把改革与四项基本原则相对立，那就将给社会主义经济建设带来根本性的危害。其次，如果在改革本身的设计和部署上脱离国情、急于求成、盲目推进，并因此而造成严重的社会经济混乱和发展上的不协调，那就无疑会使改革丧失它对发展社会生产力的适应性功能和促进作用，妨碍以经济建设为中心的方针的有效贯彻。

从本质上说，政治和经济、改革和发展的关系，就是上层建筑与经济基础、生产关系与生产力之间的辩证统一关系。社会主义革命的基本出发点是为了解放生产力，社会主义建设时期的根本任务是发展社会生产力。这是党和国家制定政策，调整、完善生产关系和上层建筑的基本依据，也是检验其政策和改革效应的重要标准。马克思主义的历史唯物史观认为，生产力与生产关系、经济基础与上层建筑之间的矛盾运动，是推动人类社会前进的根本动力，社会主义社会也概莫能外。我们的任务就在于，根据生产力发展的客观要求，在每一个时期、每一个阶段上创造出与之相适应和便于继续前进的生产关系的具体形式，适时调整、改革那些不适应经济基础的上层建筑，既不致因生产关系、上层建筑的落后、僵化而束缚、阻碍生产力的发展，又不致因主观随意性的盲目变革，违反社会经济规律而对经济发展造成有害的干扰和冲击。这是促进我国社会主义经济不断发展的必要条件和基本途径，也是贯彻执行好以经济建设为中心这一战略方针的一个关键性问题。

第二，贯彻落实以经济建设为中心的战略方针。必须认真总结历史经验，严格遵循经济发展的自身规律，牢固树立和长期坚持国民经济持续、稳定、协调发展的指导思想。

我国数十年社会主义建设中的一个重大失误，就是在经济发展上往往超越国力，急于求成，大起大落，多次走上"高速度—调整—再高速度—再调整"恶性循环的老路，经济比例关系长期严重失调，致使国民经济迟迟不能步入良性循环轨道，造成了巨大的经济损失。这种欲速则不达，片面追求经济增长速度的状况，不仅严重干扰和冲击了国民经济的有序、有效发展，而且也很容易使经济建设的中心地位受到因违背客观规律而产生的各种矛盾的困扰。理论和实践一再表明，只有认真吸取这种历史教训，牢固树立和坚持国民经济持续、稳定、协调发展的指导思想，并逐步形成与之相适应的经济体制和运行机制，才能取得良好的、持久的发展效应，真正贯彻落实好以经济建设为中心的战略方针。

人们不禁要问：长期以来，我国经济为什么一直不能走上持续稳定协调发展的正轨，老是大起大落，折腾不已，甚至在改革之后仍然重犯这个毛病？究其根源，主要出自两方面的病因：一是政策失误，二是经济体制上的缺陷。

政策失误，主要是指经济发展的指导思想上脱离国情，急于求成，片面追求过大的建设规模和过高的增长速度，一旦国民经济无法承受而跌了下来，造成大起大落，就必然严重挫伤干部群众的积极性。但是情况一有好转，就又头脑发热，出现新一轮的发展过热和大起大落。

体制缺陷，主要是指内在于传统的和现行的经济体制中的促使总量膨胀的固有弊端。传统体制中存在的投资饥渴、数量驱动及其带来的膨胀效应，人们已经熟知了。改革以来，由于过分强调对企业、对地方放权让利，改革措施又不配套，于是形成了这样一种局面：一方面微观经济的膨胀得到强化；另一方面微观经济的自我约束机制和宏观经济的调节机制却未能相应地建立起来。在新的间接调控手段尚不健全甚至尚未具备的时候，就过早过多地否定了原有的直接调控手段；在企业和地方政府的自我调节能力还没有树立以前，中央宏观调控能力却已大大削弱。所有这些，都是造成近几年经济过热、宏观失控和某些秩序混乱的根源。

解决政策失误和多年积累下来的体制缺陷问题，一方面固然必须深刻汲取历史的教训，树立国民经济持续、稳定、协调发展的指导思想，防止政策选择上重蹈急于求成、大起大落、比例失调的覆辙；另一方面，在现行经济体制依然存在着诸多膨胀病根的情况下，尤其要把有利于实现经济良性循环的机制转换摆在十分重要的地位。就是说，要把传统和现有经济机制中那些导致经济过热、投资膨胀、软预算和软信贷约束、数量攀比、短期行为等弊端去掉，按照计划经济与市场调节相结合的原则和国民经济长期良性循环的根本要求，逐步建立和健全宏观与微观经济的新机制。否则，正确的指导思想也会因相关机制的缺乏而不能得到有效贯彻，不能实现经济的持久稳定和协调发展。

事实上，我国分三步走的经济发展战略的前两步，即从1980年算起到2000年，二十年中需要把国民生产总值翻两番，平均每年需递增7.2%。前十年我们以10%以上的速度提前走完了第一步。这样，后十年每年只需要递增5%~6%就够了，其中工业稍高一点，有6%左右，农业有3%~4%就足够了。如果平稳地保持这个速度，20世纪90年代完成第二步发展战略目标应该是问题不大的。因此，今后我们的主要注意力不应该放在速度上，而应放在如何通过政策调整和机制转换去促进国民经济的持续、稳定、协调发展方面。这是一个难度较大的问题，也是贯彻落实好以经济建设为中心的战略方针，不断提高经济发展质量，做到速度与效益相统一，从粗放经营向集约化经营转变的关键之所在。

第三，近期必须集中全力，进一步完成治理整顿和深化改革的艰巨任务，为我国社会生产力的稳定、有效发展，创造适宜的社会经济环境和必要的体制保障条件。

千里之行，始于足下。十多年的改革开放，使我国经济呈现出前所未有的勃勃生机，取得了举世瞩目的巨大成效，综合国力大为增强，人民的物质文化生活明显改善。但与此同时，近些年来，由于改革和发展两方面都急于求成，步子迈得过大过快，又出现了总量失衡，结构失调，通货膨胀明显加剧，经济秩序混乱等突出问题，致使我国的经济发展面临着诸多的困难和障碍，这是多年积累的一些深层次问题的集中反映。因此，只有及时地、果断地进行治理整顿，逐步清理和扫除前进道路上的这些障碍，理顺各方面的关系，才能为改革和发展的进一步顺利进行，创造一个比较良好的经济环境和正常的经济秩序。否则就可能越搞越乱，越急越出问题，矛盾的积累将最终导致难以收拾的经济发展态势。

经过一年多的努力，过高的工业发展速度降了下来，农业获得较好收成，固定资产投资有所控制，物价上涨势头趋于缓和，社会经济秩序有了一定好转，整个国民经济正在向好的方面转化。实践证明，治理整顿的确是非搞不可、完全必要的。那种认为治理整顿是"倒退了"的说法和认识是不正确的。恰恰相反，这正是为了今后更好、更稳、更有效地前进奠定可靠的基础。

要使治理整顿达到预期的目的，必须在实行总量控制的同时，把重点放到优化经济结构、提高经济效益上来。这既是改变当前在治理整顿过程中出现的资金紧缺和某些商品的市场疲软等状况，保证工业生产和整个国民经济适度增长的根本出路，也是逐步解决长期困扰我国经济发展的一些深层次矛盾的必然要求。前几年的经济过热，不仅有总量失控的问题，而且更反映在比例失调、结构恶化、效益下降等突出问题上。实际上，正是由于后一方面的严重缺陷，才使我们应该对过去那种片面追求速度的倾向进行深刻的反思。而结构协调、效益增进的速度则是无可指责的。我们当前的任务，就是要抓住治理整顿的大好时机，下决心、花力气首先从调整不合理的产业、产品结构入手，从提高经济效益着眼，理顺各方面的关系，把国民经济逐步引上持续、稳定、协调、有效发展的良性循环轨道。

与此同时，治理整顿一方面将为深化改革创造必要的环境和条件；另一方面治理整顿本身也需要改革的密切配合，它们都是为了实现经济的持续、稳定、协调发展。因此，不能把治理整顿与深化改革割裂开来，更不能对立起来。那种认为治理整顿就是"不搞改革了"，就是改革暂停的说法是不正确的。

十年改革中，国家对企业、中央对地方实行放权让利，以调动它们的积极性，这是必要的。但是，放权让利过多，也使中央对经济的调控能力大大削弱。针对这种情况，在治理整顿期间强调要多一点集中，多一点计划，对过度分散的财力物力，适当增加中央控制的比重，并且暂时多采取一些行政性的调控办法，这些也是必要的。采取一些应急的行政措施，可以赢得时间，使过热的经济比较迅速地降温，以便于进一步调理。有些人把这一类行政措施看成是"旧体制复归"，是不对的。因为，纠正过去改革中放权让利过头的东西，并非改革方向的逆转，而是改革措施的完善。遇到严重的经济困难时，暂时强化某些行政管制的做法，即使在实行市场经济的国家也不乏其例。从长远看，我们还是要把集中与分散，把中央拥有足够的宏观经济调控能力与充分调动地方和企业的积极性有机地结合起来。

　　还应看到，治理整顿任务的完成，单靠强化行政措施是不行的。比如用政府补贴的办法限制物价，可以暂时收到稳定物价的效果，但却会增加财政赤字，不利于总量平衡，同时会掩盖和加深价格的扭曲，不利于结构调整。这种单纯的行政办法显然难以持久，其结果也有悖于治理整顿的初衷。所以，在治理整顿过程中，在采用必要的行政措施的同时，也要尽可能采用经济办法，考虑进一步深化改革的对策，把计划与市场，经济手段与行政、法律手段更好地结合起来。解决浅层次的经济问题，用行政性的强制手段就可以收到立竿见影的效果；但深层次问题的解决，却必须依靠经济体制的进一步完善；经济机制的根本性转换，才是内在的起作用的因素。当然，在集中力量进行治理整顿期间，由于经济环境、经济秩序还未能走上正轨，改革的步子不可能太大，首先应着力于稳定和完善已经出台的行之有效的改革措施，特别是要把深化企业改革和建立健全宏观调控机制作为重点。随着治理整顿的深入进行，随着宏观平衡、结构调整和经济秩序的进一步改善，一些较大的改革措施则可以积极地进行试点，努力探索新的改革途径，搞好总体规划和制定各项综合配套改革措施，以便使经济体制改革更有计划、有步骤、有成效地深入展开，不断完善，促使我国经济生活中一些深层次问题逐步得到解决。并在此基础上使国民经济持续稳定协调发展的指导思想，以经济建设为中心的战略方针，得到切实而有效的贯彻。

正确认识和贯彻以经济建设为中心的战略方针

以改革促稳定在稳定中发展*

——"八五"时期"稳中求进"的发展和改革的基本思路
（1990年6月）

一、对于我国进入20世纪90年代面临经济形势的判断

目前，经济形势错综复杂，判断各异。一种见解认为治理整顿已经到位，当前的主要矛盾是社会总需求不足，因而要增加需求以解决市场疲软、工业滑坡、工人失业等问题。另一种见解认为治理整顿并未到位，治理整顿的六条目标尚未实现，社会总需求特别是潜在需求仍然很大，问题并未解决，紧缩需求保持经济稳定仍是"八五"时期的首要任务。

去冬今春，我国确实发生了部分商品销售不畅和部分工厂停工减产等问题，这本是调整经济消除过热难免出现的现象，也是控制货币供应中的某些"一刀切"做法造成的。不能笼统地说市场销售疲软，疲软的主要是前一段发展过快的家电

---

* 1990年春，国家计委委托中国社会科学院对"八五"计划和十年规划的基本思路进行研究，提出方案。这是中国社会科学院经济学科片课题组经过几个月的研究后提出的研究报告。课题负责：刘国光，主持研究：张卓元、周叔莲，主要执笔：戴园晨、吕政、冒天启、李晓西、蔡昉，参加讨论和提供素材：经济研究所、工业经济研究所、农村发展研究所、财贸物资经济研究所、数量经济及技术经济研究所、人口研究所、社会学研究所部分研究人员。

等加工工业产品和质次价高产品，有的本应淘汰或减产，有的属于近期的暂时的现象。从中期和长期发展前景看，因扩张冲动引起需求过旺的可能性依然存在。在此期间，还要安排新增适龄劳动力就业，还要改善人民生活，还要增强综合国力，加以偿债高峰来临，这些因素都会成为增大需求总量的压力，不能因为暂时的部分产品市场销售不畅而忽视对过热和短缺的警惕。

除了总量失衡之外，还有产业结构调整缓慢，经济效益继续下降等许多问题。当然，应当充分看到20世纪80年代所取得的成就，商品供应比过去富余充足，日子比过去好过得多。这应该归功于中国共产党第十一届三中全会以来的改革与开放。目前面临的是前进中的问题。这些问题从深层看，根子还在于体制。如果通过改革逐步理顺各方面关系，促使经济走上良性循环、稳定运行的轨道，效益逐步提高，那么发展的潜力也很大。

从国际形势看，总的趋势是世界战争危险减轻，和平演变威胁增重，经济竞争加剧，技术进步加速。在这场竞争中，我国既面对着偿债和制裁的压力，又存在着国际上资本寻找出路、产品寻找市场的机遇。只要我们善于应对，既有原则性又有灵活性，减少不利因素，扩大有利因素，就有可能打开新的局面，在国际竞争中缩小与经济发达国家的差距。

总之，对于进入20世纪90年代的经济形势要作为一个系统来通盘掌握，不能就事论事，陷于片面。经过一年多的治理整顿，经济中的不稳定因素虽有缓解，但未根本消除；经济生活中问题虽然不少，但也有着走出困境的有利条件和希望。只要处理得当，是能够平缓波动，实现经济的持续稳定协调发展，取得新的成就的。

二、加大改革的分量，协调好稳定、改革和发展的关系

我国当前出现了一系列的"两难"问题：要控制需求，平抑物价，又怕压抑市场，影响速度；要放松银根刺激经济增长，又怕需求过旺再度引起物价上涨；要稳定物价怕加重价格扭曲，要理顺价格又怕加剧物价上涨；财政收入占国民收入比重过低造成了财政困难，特别是中央财政的日子很不好过，但改变这种状况又怕挫伤地方和企业积极性，等等。应当看到，互有联系的经济目标之间是可以互换的。用扩大需求的办法刺激经济增长会引起通货膨胀，紧缩需求稳定物价又不能不以降低增长速度为代价，就是一种互换关系。在经济目标选择中不能忽略这种互换关系，也不能吝于付出某些必要的代价，掌握好各个目标之间的协调。否则，就有可能引起经济波动和政策摇摆，就会陷于僵持，以致难以摆脱两难困境。

当前，维护国家和社会的稳定是压倒一切的头等大事，而经济稳定发展又是政治和社会稳定的基础。我们不仅要维护近期的稳定，也要维护长期的稳定。而在近期稳定与长期稳定之间也存在着矛盾和互换关系，必须掌握两方面的协调和衔接。我国当前经济生活中的两难往往表现为某些立足于近期稳定的措施（如冻结物价）可能不利于长期稳定，而某些有利于长期稳定的措施（如关停并转）又可能导致近期的不稳定。"八五"时期紧缩与放松的矛盾、稳定物价与理顺物价的矛盾、制止通货膨胀与扭转低速增长的矛盾、积累与消费的矛盾等，都同近期稳定与长期稳定间的矛盾有关。正确处理近期稳定与长期稳定的关系，也就是要协调好治理整顿、改革、发展三者之间的关系。治理整顿是为了经济稳定，为了给改革和发展创造一个相对宽松的经济环境。

治理整顿本身离不开改革的配合，改革也是为经济的持续稳定协调发展提供体制条件。以改革促进稳定，在稳定中求得发展，才能有长期的牢靠的稳定。所以，绝不能把治理整顿、改革和发展割裂开来，形成三张皮，而是要互相衔接，稳中求进，促使经济运行逐步走向良性循环，这应当是"八五"规划的总的指导思想。

目前，对处理治理整顿与发展、改革的关系有三种设想：第一种设想是尽快结束治理整顿，转入发展和改革；第二种设想是继续治理整顿，待到经济根本好转后再转入改革，促进发展；第三种设想是在继续治理整顿阶段就要把治整、发展与改革三者统筹兼顾、有机结合、协调推进，特别是要加大改革的分量。前两种设想把治理整顿和发展、改革对立起来，割裂开来，互不衔接，是不可取的。我们认为，应当选择第三种设想。我国经济陷入困境是多种因素在长时期里造成的。摆脱困境不能急于求成，只能逐步缓解。"八五"时期的着眼点是逐步转入良性循环，而不是企图一下子好起来，更不能坐等经济的根本好转。因此，"八五"期间在三者的衔接与协调中，突出改革的分量，为经济转入良性循环稳定发展奠定体制基础，是十分必要的。

三、"八五"期间治理整顿、发展、改革三者目标及其衔接

本着治理整顿、发展、改革三者兼顾的精神，在确定各自的目标时要互相照顾，不能彼此打架，顾此失彼。具体设想是：

1. 党的十三届五中全会提出治理整顿需要三年或者较长一些的时间。现在看来，五中全会规定的治理整顿的目标，三年难以完全实现。"八五"时期的前两年甚至更长一点时间还要用来继续完成降低通货膨胀率，扭转货币超经济发行，逐步消灭财政赤

字等治理整顿的任务。至于调整产业结构，提高经济效益，完善宏观调控体系，则是更长期的任务。

1988年四季度开始治理整顿时，面对当时严峻的经济形势，如果只采取经济手段，将会因经济措施生效的时滞而不易把局势尽快稳定下来。所以那时候着重采取行政手段是必要的、正确的。有些行政手段，如控制基本建设投资规模、对某些有关国计民生的重要物资实行计划调拨分配等，是要长期采用的；但是有些行政手段，如关闭市场、实行专营、冻结和变相冻结物价等，则是临时性的非常规手段，只能在短时期里采用，否则会产生阻碍经济正常运行的副作用。在通货膨胀的势头已经得到初步控制的条件下，属于临时性的非常规手段应当有步骤地放弃，应更多地采用以各种经济手段进行调节的方法。这样做，既有利于推进改革和发展，也有利于消除海内外人士对治理整顿会导致改革的停滞或倒退的误解。

2. "八五"时期的经济发展应以调整经济结构为中心。我国20世纪90年代经济发展中的最主要问题是改善结构，提高效益。到20世纪末实现翻两番的战略目标，主要不是速度和数量问题，而是质量和结构问题。结构改善了，经济发展才有后劲。"八五"前期主要是调整产品结构，适应市场结构变化。"八五"后期应着重产业结构调整，推进产业结构合理化和高度化。"八五"期间总的保持5%~6%的中速增长。最近，中央决定适当松动银根，有的同志认为这意味着调整阶段已告结束，"八五"期间要准备迎接新的上马和增长高潮。我们认为这种想法很危险，又有可能导致盲目追求数量和速度，妨碍结构调整。

3. 在保持相对宽松经济环境的条件下，逐步加快推进宏观管理、市场、企业三方面的改革，逐步加大有计划商品经济的新体制的分量。

社会主义经济是公有制基础上的有计划的商品经济，进行经济体制改革就是要寻找能够体现计划和市场相结合的适当形式。对比于排斥市场机制的传统体制而言，改革是以市场为取向的。但是市场取向的改革并不是不要计划指导和宏观控制。过去的改革特别是1984年下半年以来的改革，在发挥市场机制作用方面取得了令人瞩目的进展，但没有认真解决好计划与市场的结合问题，以至于在经济中特别是在流通领域中出现了混乱和无序。当前，要继续推进以市场为取向的改革，争取在"八五"后期基本理顺价格和消除市场的地区分割现象；与此同时，加强、完善计划的调控和引导，使改革循着计划和市场有机结合的方向前进。

4. 划分阶段，各有侧重。鉴于"八五"前两年总量平衡和结构调整的任务很重，应把治理整顿放在主要位置，年GNP增长速度控制在5%或略低一点；同时要对部分商品的价格进行调放结合的改革，并进行相应的宏观管理改革。后三年还要继续实现某些治理整顿的目标，GNP速度可以略高于5%；要把优化结构的任务放在更加重要的位置，为此要进一步加大改革的分量，使之成为"八五"中后期整个经济工作的中心任务，以便为20世纪90年代后半期经济的进一步发展准备条件。

四、经济增长不宜超过中速

当前，针对过低的工业增长速度和部分商品滞销作适当的松动是必要的。过低增长和负增长会带来许多新的问题，人口和就业压力、财政收入、商品供给方面都不允许，因而要做出努力保持一定的增长速度。但是，必须清醒地看到，导致经济过热和再度追求高速增长的体制根源与思想根源还没有真正消除，各个方面都在期待着一轮新的高速增长的到来。为了避免经济发展再次出现大上大下、剧烈波动的局面，实现持续、稳定和协调增长，20世纪90年代我国经济发展的指导思想和计划安排，仍然需要防止追求脱离实际的高速度。

20世纪90年代我们要实现三步走发展战略的第二步目标，就是到2000年，国民生产总值要比1980年翻两番。1980年我国国民生产总值为4470亿元，2000年实现国民生产总值翻两番，应达到17880亿元。按1980年价格计算，1989年我国国民生产总值为10020亿元，比1980年增长了1.24倍，平均每年增长9.38%，已经提前实现了翻一番。如果1990年国民生产总值比1989年增长5%，达到10520亿元，以1990年为起点，平均每年增长5.5%，到2000年就可以实现再翻一番。

国民收入增长与国民生产总值的增长过去基本上是同步的。"八五"时期平均每年增长5%，"九五"时期平均每年增长6%。按1989年价格计算，1990年、1995年、2000年的国民收入总额分别为13650亿元、17420亿元、23300亿元，2000年的人均国民收入为1820元，将比1990年的人均国民收入增长50%，平均每年增长4.1%。

关于工农业总产值增长目标，我国国民生产总值增长率平均比同期工农业总产值增长率低2个百分点左右。考虑到20世纪90年代我国建筑业、交通运输业、邮电通信业、商业和其他第三产业在国民经济中的比重将进一步提高，以及技术进步和经济效益提高等因素，今后十年国民生产总值增长率与工农业总产值增长率之间的差距将会逐步缩小，但是其差距不会低于1.5个百分点。按1.5个百分点的差距测算，要保证国民生产总值平均每年增长5.5%，工农业总产值的平均增长率应达到7%。预计我国农业在正常情况下，年平均增长率可达到3.5%~4%。根据经验数据，工业与农业之间的增长比例保持在2~2.5：1的水平上，它们的关系比较协调。因此，"八五"和"九五"期间，工业增长率宜保持在年均7%~9%。

保持上述的中速增长，可以避免因追求高速而过量增发通货，可以把因货币超发而引起的物价上涨率控制在3%以下，腾出余地理顺价格。

我国"六五"和"七五"计划安排的增长指标都不高，但实际执行中大大超过。"八五"时期应该吸取这方面的经验教训，在短期计划和经常的宏观管理中采取切实有效的措施，要严格控制固定资产投资规模特别是严格控制银行信贷资金的规模，确定和守住投资增长率、消费增长率、货币增长率三条警戒线，不使经济增长超过中速，防止过热现象的再现，保证一个相对宽松的经济环境，以利于结构调整和体制改革的进行。

五、调整产业结构是"八五"乃至"九五"期间经济发展的中心环节

产业结构失衡是当前我国经济发展中的突出问题。农业、交通运输和通信、能源和原材料工业等基础产业和基础设施发展滞后，供给与需求之间存在着巨大缺口。1986—1988年我国农业和工业总产值的平均增长率分别为4.36%和16.65%，两者之间的比例为1∶3.8，明显低于1∶2~2.5的正常水平；铁路货运量和国民生产总值的平均增长率分别为3.5%和10%，两者的比例为0.35∶1，低于0.5∶1的合理界限；能源生产弹性系数为0.4，低于"六五"时期0.61的水平；三年累计进口钢材4000万吨，相当于同期国内钢材产量的30%。这些情况表明，基础产业落后，已成为实现国民经济持续、稳定和协调发展的严重障碍。因此，必须把调整产业结构作为"八五"乃至"九五"期间经济发展的中心环节。

调整产业结构，应着重处理好工业与农业，重工业与轻工业，能源、原材料工业与加工工业，交通运输、通信与国民经济发展之间的关系。

在工业与农业关系方面，鉴于我国已基本上奠定了工业化的基础，初步形成了门类齐全、规模很大的工业体系，今后工业的发展主要应依靠工业自身的积累，要进一步改变过去挖农业补工业的政策，以保证农业发展自身投入的逐步增加。

重工业的发展应适当超前。这是因为：（1）能源、原材料和交通运输业发展滞后，需要加强这些部门；（2）国民经济总体技术水平落后，20世纪90年代需要进行大规模的技术改造；（3）农村工业化的趋势不可逆转，需要为从农业转移出来的劳动力提供技术装备；（4）农业的发展要求工业向农业提供的生产资料日益增加；（5）城乡住宅建设将持续增长，要求建材产品相应增长；（6）由于消费品工业的产品结构的变化，对冶金、化工等部门提供的工业原材料的需求日益增长。

但是，重工业的优先增长绝不应再以牺牲农业和轻工业为代价。20世纪80年代我国经济发展的一个重要经验，是重视了农业和消费品工业的发展，使国内市场供应达到了前所未有的丰富程度，同时为扩大出口提供了可靠保证。轻工业必须保持一定的增长速度，以增加有效供给，缓解通货膨胀的压力，保证市场的稳定。在出口贸易中，我国轻纺工业产品具有比较优势，在机电产品出口还没有上升到主导地位的时候，仍需要继续扩大轻纺产品的出口，以换取外汇和替代国内短缺的能源等初级产品的出口。"八五"时期，轻工业发展的重点应放在改造技术，降低消耗，增加花色品种和提高产品质量上面。

目前，把轻工业与重工业的产值增长率大体持平作为衡量轻、重工业关系协调的标准，缺乏科学依据。根据20世纪80年代我国轻重工业对比关系的实际情况和20世纪90年代我国经济发展的趋势，并考虑到进出口贸易的影响，"八五"时期在我国工业产值的构成中，重工业产值增长率高出2~3个百分点，可能是比较合理的。

交通运输和通信是基础产业中历史欠账最多、现阶段短缺最为严重的部门。除农业外，交通运输和通信建设应放在基础产业补短任务的第一位。在铁路先行的同时，积极发展各种运输方式，改造和更新交通运输的技术装备，提高综合运输能力。发展交通运输和通信事业，如果主要依靠中央提高投资比重，无论是在资金上还是在建设周期上，都难以保证20世纪90年代国民经济发展的要求。因此，必须调动地方发展交通运输和通信事业的积极性。

我国能源、原材料的严重短缺，一方面是由于能源发展滞后，加工工业发展过快；另一方面是由于整个国民经济技术进步缓慢，资源利用效率低下。因此，缓解能源、原材料工业与加工工业的矛盾，应当实行适度倾斜与充实提高相结合的方针。适度倾斜是为了补短，充实提高是为了升级。所谓补短，就是加强交通运输、通信、能源和原材料等基础产业，逐步缓解和消除经济发展中的"瓶颈"障碍；所谓升级，就是充实、改造和提高加工工业，推进加工工业的技术升级、规模效益升级、专业化协作水平升级、产品结构和技术性能升级。如果不补短和加强基础产业，就难以保证经济持续、稳定和协调发展，难以迈过转向工业化更高发展阶段的门槛；另一方面，如果只补短，不升级，采取基础产业的单纯防御战略，加工工业仍然是高消耗、低水平、低效益的粗放发展，基础产业的重点加强政策也将难以达到预期目标。因此，必须有重点地加快机电工业的技术改造和产品更新，用先进的机电产品改造和装备国民经济各个部门，逐步把国民经济转移到先进的技术基础之上。

"八五"和"九五"时期，一次能源产量应力争保持平均每年增长4%的水平，能源生产弹性系数保持在0.65~0.72；发电量平均每年增长7%~8%，电力弹性系数保持在1.2~1.3；钢产量平均每年应增长3.5%~4%，力争到2000年钢产量达到9500万吨，以保证国民生产总值平均每年增长5.5%~6%的需要。要大力发展新型化工材料，并扩大应用范围，以替代一部分传统材料。

要重视发展第三产业，继续解决人民群众生活中的诸"难"，也为解决就业开辟门路，尤其要为发展情报信息咨询和技术服务等新兴第三产业积极创造条件。"八五"和"九五"时期第三产业总量的增长可以控制在比国民经济增长高出1~2个百分点内，使第一、二、三产业比较协调地发展。

调整产业结构是一个复杂的过程，需要付出时间和代价，不能急于求成。由于产业政策调整涉及利益分配关系的变化，不仅需要有明确、科学的产业政策，而且需要有财政、金融、税收、投资等政策和相应法律法规的配套。从动态上讲，产业结构调整是一个不断进行的过程，是长期的任务，"八五"期间只能实现使产业结构大体协调的目标。切不可在基础产业供求关系稍有缓和后即放松调整。

六、保持农业稳步增长，适当增加粮食进口，改善农业内部结构

农产品供给总量的稳定增长，对于稳定经济、保证"八五"乃至今后十年国民经济发展和改革目标的实现有重大意义。

过去十年我国农业的发展主要得益于农村经济体制改革的推动，调动了农民的积极性，但对农业的物质技术投入明显不足。为了增强农业的物质技术基础，提高农业的综合生产能力，应当增加对农业的投入。结合国内外经验和现实要求，国家对农业投资的比重应尽快地从过去十年平均不到3%恢复到10%以上。

粮食总供给量的增加是社会安定、实现小康生活水平的重

要保障。"八五"期间粮食增产的主要途径是提高单产。据估计，如果将已有的增产粮食的技术，以每年推广面积占播种面积3%~5%的经验速度持续下去，平均每年可增产粮食112亿斤，2000年粮食总产可达到9400多亿斤，每年平均增产1.39%。这一增长率可以大致保证我国人均占有粮食水平不下降。原来提出的在20世纪末人均占有粮食量达到800斤的目标，不大可能实现。原来的目标需要年增长2.1%，比上面计算的增长速度高出0.8个百分点。

当然，硬要达到人均800斤的目标也并非毫无可能，但过分突出粮食，不利于理顺农业内部关系，不利于处理粮食和棉、油、其他经济作物争地的矛盾。我国人均占有耕地面积少而劳动力丰富，因此，同用地少用工多的经济作物相比，生产粮食不具有比较优势。这使得粮食比价总处于不利地位，影响了农民种粮积极性，而目前又不具备大幅度提高粮价的条件。经验表明，每当国家稳定地增加一些粮食进口，粮食相对宽裕时，粮食和经济作物的关系就比较顺。因此，对于粮食供给不足的问题，在"八五"及"九五"期间，采取适当的粮食进口政策，将有利于改善农业结构。我国粮食生产可保证的增长率与要求的供给增长率之间的缺口，如果完全依靠进口解决，需要的外汇过多，港口及向内地转运也不好安排。根据历史经验，如果通过适当措施加快新技术的推广和农业综合开发，年进口粮食控制在300亿斤左右，是比较适当的。解决粮食供给问题，还要看到粮食的生产后的损失，据估计约占粮食产量的10%，达800亿斤，其中一个重要原因是储运能力不足，"八五"期间国家应增加对食品仓库特别是粮库建设的投资，由此而减少的损失，等于农业增产；而且还可以增强国家以丰补歉的能力，避免或减轻农产品"买难""卖难"的反复出现。

七、加强现有企业技术改造，促进高科技成果产业化

目前，我国引进技术的消化、吸收和创新推广速度慢，国内科研成果投入生产的比例低，物质生产部门的大中型骨干企业的技术装备，只有15%左右达到国际先进水平，以致主要物质生产部门物耗水平高，出口产品缺乏国际竞争力。造成这种状况的主要原因是企业缺乏推进技术进步的动力和压力；在科技政策上，没有把关系国民经济全局的几十万个工交企业的技术进步放在战略位置上，高科技的开发与经济发展脱节。这样，既难以为高科技的发展奠定雄厚的经济基础和工业基础，又限制和降低了高科技成果的应用和推广，削弱了我国同发达国家在经济和科学技术方面的竞争能力。因而我国至今还未摆脱卫星早已上天，一般工业长期落后的不协调局面。虽然在高科技的少数领域能够与发达国家媲美，但国民经济综合技术水平的差距却在扩大。

改变这种状况的关键，在于建立一种有活力、有效率的科技研究、创新机制。应通过科技体制改革，完善技术市场，使科技人员收入与科技成果应用效益挂钩。并通过这样一种经济机制，把我国科技发展真正转变为经济建设导向型，使科技进步既能提高国家实力，又能通过节约稀缺资源，增强产品竞争能力，促进经济效益的提高，成为经济增长的主要推动力和兴国之源。在"八五"期间就应建立起连接科研、创新、推广三个环节有效率的经济机制。

今后十年科技进步的重点是：（1）围绕十多亿人的吃饭问题，加强能够增加农产品产量的技术的研究和推广，利用科学改造中低产田和实行农业综合开发计划。（2）把推进现有企业技术进步作为科技工作的中心环节，全面提高现有企业的技术水

平，引进技术和进口关键设备应以改造传统产业和现有企业为主要目标。力争在2000年使我国大中型骨干企业的技术水平基本上达到20世纪80年代初的世界先进水平，部分企业（20%左右）达到当时的国际先进水平。（3）有选择、有重点地发展高科技。发展高科技应由生产实践导向，把高科技成果产品化、产业化和市场化作为目标。

我国已经形成了比较完整的工业体系和较强的重工业基础，并拥有一支庞大的科技队伍，另一方面又存在着大量的劳动力要求就业和建设资金短缺的压力。根据我国经济发展所处的阶段和资源条件，为了发挥劳动力资源丰富和科技力量较强的优势，今后十年产业结构调整，处理劳动、资金、技术三者关系时，应当在加强基础产业的同时，继续大力发展以出口为导向的劳动力密集产业，并努力采用先进技术，提高产品档次，实现产品升级。

八、实行适度倾斜与协调发展相结合的区域经济发展政策

目前，对区域经济发展有较大争论，沿海地区强调梯度推进，要求给沿海发展创造更有利的条件；内地则强调缩小差距，要求实行"逆梯度"的发展战略，把投资重点转移到内地。鉴于新中国成立以来我国经济布局重心在沿海与内地之间多次摇摆，造成重大损失，在"八五"期间经济布局政策和区域发展战略不宜作大的变动，而应在"七五"的基础上进一步完善和适当调整。根据产业政策的要求，实行适度倾斜与地区协调发展相结合的方针，应作为"八五""九五"期间区域发展的基本战略。如果沿海开放地区和经济特区在吸引外资方面能够打开新的局面，把沿海地区的经济发展推上新的台阶，则有可能扩大沿海与内地

的经济差距，因而还要考虑相应的区域补偿政策，发挥互补作用。同时，要消除区域经济封锁，促进国内统一的要素市场和产品市场的形成，加快资金、劳动力、技术和商品在各地区的合理流动，提高资源的地域配置效益。还要看到"八五"期间矿产资源开发的重点是在内地，这对于带动交通运输干道的建设，加快内地的发展，增加对中部和东部地区能源和原材料的供给，改善经济布局，会起到一定作用。

沿海开放地区的经济发展应以产业结构高度化和开拓国际市场为目标，推进技术升级。应限制在沿海地区配置耗能高、用料多、运量大的建设项目。对现有的高耗能企业和产品，有条件的应逐步向内地能源丰裕地区转移。沿海开放地区的开发要量力而行，循序渐进，防止再次出现一哄而起，造成新的紧张和损失。中央要加强这方面工作的宏观控制。

中西部的资源转换战略，应当与东部沿海地区外向型经济发展战略互相联结，互相促进，逐步建立起中西部原材料生产及粗加工—东部深加工—向中西部返回资金和技术，进一步带动中西部地区经济发展的地域分工格局。

加快内陆腹地和边境地区对外开放的步伐，加强对三线地区企业的调整和改造，发挥军工科技力量集中的优势，推动军民结合和军用技术向民用工业的转移。

实行产业政策与地区发展相协调的倾斜政策。国家对重点产业的支持，应区分优势地区和一般地区，重点支持那些建设条件和技术改造条件好的地区，把产业优惠同地区优惠政策结合起来。在沿海开放地区，不是对所有的产业均给予优惠，优惠应限于国家要求重点发展的高技术产业和出口创汇产业。在内地，国家要求重点发展的产业，亦应实行相应的优惠政策。

国家对"老、少、边、穷"地区的财政支持应增强这些地区的"造血"机能，提高其自我发展能力。

九、保持30%的积累率，改革积累机制，着手解决个人收入分配不公问题

20世纪90年代我国面临着既要偿债，又要建设，还要改善人民生活的多重任务，在安排国民收入的使用上需要妥善处理好三者关系。"八五"期间平均每年偿还外债额约为500亿元人民币，占国民收入总额的3%~4%。因此，"八五"时期的积累率应低于外债来源较多的"七五"时期，这也正是"八五"时期只能中速增长的一个原因。从我国投入产出的经验系数看，每百元积累额可增加国民收入：在"五五"期间为24元，"六五"期间为41元，"七五"前三年平均为46元，即使按效益最低的要求，"八五"和"九五"期间保持30%左右的积累率，就既可以保证5%~6%的国民收入年增长率，又有足够大的余力用来调整产业结构，消除产业"瓶颈"。同时，国民收入使用额中的66%~67%可以用作人民消费，人均消费在"八五"和"九五"时期可以有适当增长。

在积累总额既定的条件下，应努力提高积累资金的使用效率。随着社会储蓄总额的增加，我国建设资金已从政府积累为主转向政府积累和社会积累并重，因而在使用资金的方式上，应更多地转向利用间接融资渠道。要提倡勤俭，在任何情况下都要鼓励储蓄，不能够因为暂时的市场缘故而盲目刺激消费。许多国家经济起飞都靠的是居民储蓄，我国目前资金短缺，尤其应该如此。"八五"期间要采取积极措施使居民金融资产多元化，使节余购买力转变为稳定的积累源泉。目前积累资金的使用上存在着分散化、小型化、低技术化的弊病，社会和企业资金难以自动流向基础产业，对此除了适当提高中央控制的财政积累资金比重，以支持基础产业的发展和重大技术改造项目之外，还有必要建立

有利于资金积聚和集中的融资机制，使社会资金也能用于基础产业，并实现资金的合理流动。

"八五"期间为了在控制货币供应的同时还要有步骤地理顺价格，平均每年物价上涨率以维持在10%左右为宜。因此，要使工资调整和物价调整相衔接，保证居民实际收入有所提高。根据国民收入增长率，通过每年的调资升级，使工资和物价间接挂钩，是一种较为主动的衔接方式，国家有较大的回旋余地，也为工资改革创造了条件。但必须坚持每年调整，治理整顿期间使名义工资增长率跟上物价上涨率。治理整顿阶段基本结束后，名义工资增长率要高于物价上涨率2~3个百分点，使人民生活在经过治理整顿以后能够每年有所改善，改善幅度低于国民收入的实质增长率2~3个百分点。要采取措施，使工资增长速度低于劳动生产率增长速度，防止出现前几年的消费基金失控现象。

分配不公和实物化倾向，是当前收入分配中的两大突出问题，对此必须进行整顿。对于分配不公要有明确的政策界限，对效率高、贡献突出、勤劳致富的要予以保护，属于市场和非市场两种分配机制以及因双轨价格而形成的不合理的收入差距要运用经济杠杆进行调节，属于违法收入特别是贪污受贿要坚决打击，通过整顿把不合理的高收入压下来。收入分配实物化面广量大，这方面的整顿党政机关要带头，宁肯提高货币工资，也要改变社会上认为"党政干部货币工资含金量大"的印象，开货币工资的前门，堵实物分配的后门，使隐性的实物分配转为显性的货币分配。

十、宏观管理改革从放权让利为主转向机制转换为主

宏观管理改革的总思路，要以建立有计划商品经济为指针，

遵循以下几项原则：一是促进宏观调控机制的转换；二是增强宏观调控的实力；三是促进统一市场的形成，从这三个方面为正确处理计划与市场关系创造条件。

宏观管理在前几年存在的问题，主要是偏重于放权让利，忽视机制转换；直接调控放松了，间接调控的改革没有跟上，宏观管理改革严重滞后，以至于宏观失控成为我国经济运行中的突出问题。宏观管理改革的方向是逐步从直接调控为主转向间接调控为主，但是转换的范围和程度不能操之过急。"八五"期间继续转换一部分，并立足于保证总供需的平衡。要更多地运用财政金融手段调控经济运行，其主要内容有：（1）尽快制定《预算法》，实行复式预算。关于财政收支平衡的原则，不能笼统地说应该"基本平衡、略有结余"或者"基本平衡、略有赤字"，而应区别情况，分别对待。经常预算（即所谓"吃饭财政"）必须确保收大于支，留有结余，绝对不得打财政赤字；经济建设预算除对国有资产收费之外，可以通过发行债券股票等方式进行融资筹资，但绝对不得自动向银行透支。这是实现总供需平衡的重要制度保证，"八五"前期就应尽快实现。（2）对预算内外资金范围重新划定，一部分预算外收支主要是政府部门掌握的预算外收支，可以纳入经济建设预算，以利于宏观调控，但原来专款专用的资金仍可以专用。仍旧作为预算外管理的资金，要建立相应的制度，实行有约束力的指导性计划。继续清理各单位的"小钱柜"，制止化大公为小公的现象。（3）在治理整顿期间，要完成对于税收制度从整体上重新评价修订的工作，改变乱开优惠口子造成的不合理的现象，集中税权，对现行税收的减免规定进行清理；根据发挥税收调节作用的要求，归并改进所得税制，改变税负国有高于集体、集体高于个体的不正常状况，有步骤地改产品税为增值悦。减少重复征税，改进税收调节。（4）改革银行体制，强化中央银行的宏观调控功能。"八五"初期改存贷包干为实存实贷，并相应地改进存款准备金制度和中央银行再贷款制度。"八五"后期要推进专业银行企业化，以摆脱地方行政干预，发挥银行功能。（5）改革货币发行管理。过去采取的按经济实质增长率加物价上涨率确定货币供应增长率的做法，很不科学，这会使通货膨胀成为惯性运动。从现在起就应该主要按经济增长率来确定货币增发量。

增强宏观调控的实力，是因为进行宏观调控，还得有进行调控的财力物力，才能使调控收到效果。1989年财政收入占国民收入比例已低于19%，而保证"吃饭财政"也得在20%左右。"八五"前期就要提高财政收入占国民收入比例。如果财政收入占国民收入的比例能够提高3~4个百分点，增加三四百亿元财政收入，国家的日子就会比现在好过得多。实现这个目标的途径，既要改革，又要整顿。其措施是：（1）集中税收减免权限，严禁各地越权减免税收，凡是这样做的不予承认，追补的收入一律归中央财政。（2）改税前还贷为税后还贷。1990年以前的旧贷可以仍从税前归还，新贷一律不准。对于以产品税还贷的"土政策"不予承认，要追补产品税归中央财政。（3）制止偷漏税收。目前不仅个体户和私人企业偷漏税严重，集体、合资、国营企业中也同样存在，都要进行整顿。（4）严禁各种摊派。企业自愿的赞助必须从企业留利中开支，打入成本的要追补税利。（5）整顿价格补贴和企业亏损补贴。经过清理，除了必须补贴之外，对于不应该补的和可补可不补的，一律停止补贴。目前对流失额的估计高低不等，但按保守的估计，通过整顿拿回300亿~400亿元是有可能的，这是克服财政困难和增强宏观调控实力的比较现实的途径。

促进统一市场的形成，是宏观管理改革的又一重要目标。目前实行的各种地方包干办法，一方面调动了地方积极性；另一方面也造成了以"诸侯经济"为特征的地区封锁和市场分割。宏观调控是全局性的调控。目前实行的财政包干以及宏观调控指标包括货币投放和物价指数都分解给地方包干负责的做法，不利于统一市场的形成，应当尽快转移到用经济方法调控经济运行，废除各种地方包干办法。改财政包干为分税制，"八五"期间要迈出实质性的一步。与统一市场紧密相关的产品税、营业税、增值税、关税等应集中到中央。鉴于中央财政和地方财政收入分配比例关系涉及面广，要结合中央政府、地方政府职能分工的改变，有步骤地推进，可以采取部分分税、部分共享的办法，照顾地方利益，逐步过渡到分税制。

十一、利用有利时机推进价格改革和市场改革，基本解决生产资料价格双轨制问题

一年多的治理整顿创造了一个相对宽松的市场环境，目前正是进行价格改革的良好时机。应不失时机地推进价格改革。价格改革的目标，一是理顺价格关系，其标志是各类商品得到大体平均的资金利润率，形成合理的比价；一是改变价格形成机制，大多数商品价格由市场形成。"八五"期间要求价格总水平上涨幅度逐年比上年有所回落，但如果在价格极度扭曲状况下采用行政性冻结某些商品价格的办法在一两年内就把物价上涨率降到5%以下，然后再进行价格改革又使物价指数上升乃至上升到两位数，那是不明智的也是广大群众不易接受的。"八五"期间每年需要通过有控制的步骤，调放结合，把扭曲价格大体理顺。具体设想是：在继续控制总需求、坚决控制货币供给量的前提下，把因通货增多引起的价格自发上涨的因素逐步降到3%以内；腾出余地进行调放结合的改革，把每年因调价和把价格放开而引起的物价上涨控制在7%~8%。由于1988年前三个季度物价猛烈上涨既引起群众强烈不满，又提高了群众对于物价上涨的心理承受能力，只

要工资补偿和社会保障制度的建立跟得上，按照上述设想进行价格调整和放开，大体上处于群众可以承受的范围之内。过去匡算把扭曲价格理顺大约要使物价总指数提高50%~70%。按照上述设想三五年内还不可能完全把价格理顺，但引起全行业亏损和形成"价格逆调节"的扭曲现象可以大体上得到解决。

深化价格改革，需要区分哪些产品属于国家直接管理，哪些产品属于国家间接调控。直接管理的产品的计划价格要力求科学、合理，并坚决管住、管好，加强政策执行的检查和监督。其他产品的价格要有步骤地放开，同时要完善对这类产品的价格间接管理的方式和制度，健全市场法规，反对垄断价格和非法涨价。"八五"前期应把那些本来已经放开、1989年又管了起来的商品价格陆续放开；与此同时，还要分别情况，对那些市场供求基本平衡、放开不致引起价格剧烈波动的商品，陆续放开，尤其应尽量放开工业消费品价格。"八五"期间由市场调节或半市场调节的价格从目前的50%左右提到70%左右。鉴于控制物价总水平主要是控制总需求和总供给的平衡，是国家宏观经济管理的任务，因而对地方下达物价上涨指数控制指标的行政控制方法，应尽快取消。

控制和逐步减少价格补贴，是深化价格改革的一个重要内容。"八五"期间除了粮食价格之外，其余商品都要有步骤地变"暗补"为"明补"，化"明补"为收入，最后实现购销价格基本上随行就市，国家通过数量"吞吐"调控价格。

生产资料价格双轨制是我国当前经济生活中的一个突出问题。理顺生产资料价格，应根据"调放结合、调管结合"的原则，区别不同行业、不同品种的具体情况，由易到难分步进行，争取在"八五"时期初步或基本实现并轨。对少数国家垄断经营的短缺而重要的生产资料价格和公用事业收费，如石油、电力、铁路、航空、重要有色金属产品价格，公有住房房租等，调管结

刘国光
经济论著全集

第
8
卷

合，由国家直接定价、调价。在取消这些产品双轨价时，可以按计划价和市场价的综合平均价水平来制定单轨计划价水平；对为数众多的机械、电子等产品和供求平衡的原材料如水泥、玻璃等，可以采取放开价格的办法，变双轨为单轨；对煤炭、钢材、化工等几大类可按品种实现并轨，必保、统分和稀缺的品种，由国家定价（固定价或浮动价），供求平衡的品种可放开；对于近期内难以并轨的商品，可通过适当调高计划价和控制自销价、控制需求等办法，逐步缩小价差，缓解矛盾。在变双轨为单轨过程中，部分产品并为计划轨，大多数产品并为市场轨，应防止把双轨价只并为计划轨的单一化倾向。

流通体制的改革和市场的进一步发育，是实现国民经济持续、稳定和协调发展的重要条件。国营商业、物资、供销、粮食等部门的企业，承担着既要稳定市场、平抑物价、保证供给，又要自主经营、自负盈亏、追求企业经济效益的双重责任。因此，流通企业解决政企分开、"两权分离"具有其特殊性和复杂性。特别是对于承担"蓄水池"任务的国营批发商业，在实行自负盈亏的改革时要针对其任务的两重性，做出相应的规定，要拨给足够的自有流动资金与储备资金，或者给予利率优惠；对于亏损企业要划清政策性亏损与经营性亏损的界限，提高补贴的效益。

流通体制改革的目标是促进统一市场的形成和保证流通渠道的畅通，因而要制定《反垄断法》；要正确处理各种流通企业之间的关系，使多渠道能协调，多种成分有主次，多种经营方式能优化组合。

农产品流通体制改革的重心是粮食购销体制和价格形成机制的改革。基本的改革方向是在有效的宏观调控下更多地利用市场调节机制。可以从几个方面着手，逐渐逼近目标。（1）压减粮食平价销售，相应减少合同收购量，扩大粮食市场调节的比重。可以采取统一目标、分散决策的办法，即由中央规定一个过渡期限，按控制指标逐年减少平价粮食的财政补贴，各城市可以自行把握改革的进程和具体方式。（2）对粮食的合同定购价格进行调整，使其逐渐与市场价格接近。相应地，要提高定购合同的法律效力和兑现率。在此基础上，放弃在收购季节关闭市场的做法，解除地区封锁，保持粮食市场的一贯性和统一性。至于放开全部粮食市场、彻底改变粮食价格形成机制，涉及面广，一般认为要放到其他产品价格基本理顺之后再着手进行。但是从越南近几年的实践看，放开粮食市场的困难并不像预想的那样大，我们的步子也可以迈大一些。"八五"前期，口粮配给标准可适当缩减，其余的平价配给可以取消；"八五"后期或者"九五"期间，配给制可以全部取消。随着粮食市场的逐步放开，要提高实物税比率，要建立粮食储备系统，使国家拥有调节与平抑粮食价格和确保供给的必要实力。对经济作物来说，亟须在流通领域设立平衡基金，以稳定年度间的供需波动和农民收入，防止生产的大上大下。

"八五"期间，应巩固和完善已形成的各类市场，发展商品市场特别是使生产资料进入市场。以实现生产资料经营的贸易制为中心，把物资企业推上市场化经营的轨道，从而推进生产资料市场的拓展和物资流通体制的改革。放开技术市场，实行供需双方的对等自由交易和技术商品市场上的"技贸结合"。发展资金市场，近两三年以恢复短期资金市场为主，同时试验性地发展长期资金市场和非银行的信用机构。继续培育、发展各种正在形成的市场，如证券市场、外汇市场、劳务市场、信息市场、期货市场，使各类市场协调、均衡、稳步地发育。不断健全和完善计划指导下的市场调节机制，以促进经济持续、稳定、协调发展。每一类市场的培育都和相应的价格形成机制的改革相联系，要通过逐步实现价格形成机制的转换和广义的价格体系的内在统一，使得工资、利率、汇率、房租、各种证券的价格和商品价格能适应供求变化和符合价值规律要求，引导资源合理配置。

十二、完善和发展企业承包经营责任制，进一步推动政企分开、"两权分离"的企业改革

改变国家与企业关系、实现政企分开，搞活企业，是经济体制改革的中心环节。前几年过多地把注意力放在调动地方积极性上，没有切实推动企业机制的转变，相反因为强化了地方政权和企业的结合，加剧了"诸侯经济"的倾向。现在看来，解决国家同企业的关系，实现政企分开，企业自主和自负盈亏，是比解决中央和地方的关系，实现向分税制过渡更为本质更为重要和难度更大的问题，需要在今后五到十年的改革中着重解决。进入"八五"后预算内企业的承包制即将到期，以后怎么办，争论较大。实行承包制是在价格关系没有理顺、市场体系没有完善、竞争机会还不均等的条件下，减少政府对企业行政干预，实行"两权适当分离"的现实选择，它有利于扩大企业经营自主权，调动厂长和职工增产增收的积极性。但企业承包制还没有完全跳出政府对企业实行行政管理的"框框"，而仅仅是一种委托经营制，因此，难免出现某些弊端，应该总结经验，在1992年新的一轮承包制中兴利除弊加以完善。（1）针对谈判承包基数中存在随意性的弊病，国营企业的承包要从税利承包向资产及其收益承包负责的方向发展，按不同行业地区，确定不同档次的资金平均收益率，并在对国有资产严格评估的基础上，正确确定各个企业的承包基数。（2）推行"税利分流、税后承包、税后还贷"，可以先在那些经济效益比较好的企业中试行，争取"八五"后期全面推广。（3）针对一些企业行为短期化问题，要使承包和企业的中长期发展规划、技术改造、设备维修等结合起来，在企业内部要使工资总额、实现税利、资产增值和全员劳动生产率之间形成

连环约束的分配机制。

　　企业承包制由于其固有的缺陷，难以使企业真正自主经营和自负盈亏。为了使企业真正自负盈亏，必须在坚持公有制为主的前提下使企业有一定的产权。一个可以设想的方案是对国家所有权实行分割，使国家保留"终极所有权"，企业得到"法人所有权"，并要找到体现这个要求的组织形式。看来股份制可以成为这种形式。"八五"前期继续整顿已有的试点使之规范化，在总结经验的基础上完善立法，"八五"后期推出新的试点，并积极创造推广的条件。现在已经成立了国有资产管理系统，应该按照国家政权管理职能和资产所有者职能分开的原则，使国有资产管理系统履行其职能，逐步理顺国家和企业之间的关系，争取在"八五"期间建立起适应商品经济发展的资产管理体系的基本框架。

　　除了完善承包制之外，还应当考虑企业改革的其他形式。这包括：（1）在企业自有资金扩大、企业横向联合发展、社会闲散资金集中的基础上，各种类型的股份制将会有新的发展。新建企业应尽可能利用股份制形式，以促进资金的积聚。原有企业改为股份制比较复杂，"八五"期间还只能在局部的范围内继续试行。在试行中要防止股票债券化的倾向，堵塞国有资产流失的漏洞，使股份制逐步规范化。（2）在一些劳动密集型小企业中试行的租赁制，比承包制更体现了两权的进一步分离，因此仍然应该继续推广，但要科学确定租金。租金不仅要以固定资产、流动资金为依据，而且还要考虑各种级差收益，如坐落地点、专利、商誉等。（3）对那些长期经营不善而亏损的企业，可以拍卖。

十三、继续发展多种所有制形式

　　十年改革开放，我国已大体上形成了国有经济居主导、公有制经济占主体、多种经济成分并存的新格局，"八五"期间仍应发展多种所有制形式。

1. 强化国有经济主导作用是调整所有制结构的基点，要拆除企业经营自主权落实的利益障碍，稳定、完善、调整和充实已出台的各项改革措施，使企业增强活力。当前，要按产业政策和集约化经营的要求，对大中型企业的技术改造给予支持。由于通货膨胀，现有固定资产的重置价值比原始价值上升40%~50%。折旧过低使国营企业利润虚增，是国有资产收益的一大漏洞，有必要根据实际状况和国际通用准则增提折旧基金。国有资产增量的投向应该服从社会利益、经济发展和协调的目标，发展外向型产业和基础产业，使国有经济增强活力，提高收益并对社会经济发展目标的实现起导向和保证作用。

2. 乡镇集体企业的健康发展，能充分发挥资源的优势，适应农村剩余劳动力转移的要求，加速农村工业化发展。按农村新增劳动力和农村人均收入提高的要求，"八五"期间应保持15%~20%的适度增长，要用利率和税收杠杆，淘汰那些高耗低效质差的企业，提高乡镇企业的质量。

在城市劳动集体所有制得到发展的同时，社会集团所有制正在崛起，由各种社会团体投资兴办的劳动服务公司、联社等在解决就业、服务社会等方面发挥积极作用，应该通过立法，明确其社会地位。

3. 个体经济和私营经济是一种非公有制经济成分，在发展社会生产、方便人民生活、扩大劳动就业等方面有其积极作用。"八五"期间应该稳定既定的政策，引导鼓励其在国家允许的范围内积极发展。在中国，个体和私营经济注定只能走小型化、分散化的发展道路。因此，它的实力再翻番，比如在工业产值中的比重即使到10%也动摇不了公有制的主体地位。但是要针对出现的偏差，运用经济、行政和法律的手段加强管理和引导，要完善税收政策，对生产经营型的产业予以鼓励；对流通消费型的产业予以引导限制，严格税收的征管工作；要实施雇工劳动保护法维护雇工权益，缓解雇主和雇工之间的分配矛盾；要依法保护私人产权不受侵犯。

4. "三资"企业到1989年年底，已达2.2万家，协议投资337亿美元，直接投资154亿美元，占国有固定资产的8%左右。"八五"期间，"三资"企业的进一步发展，可能有某些不利因素，但我国劳动力成本低，销售市场广，只要政治经济环境稳定，对外商还是有吸引力的。应该在投资、税收等经济政策方面，引导"三资"企业在那些有利于增加出口创汇和进口替代、推动技术进步和城市基础设施建设的行业中得到进一步发展。另外，随着亚太经济中心的形成和苏联经济开发中心东移，也要注意"三资"企业的布局，东西南北呼应。

巩固和完善联产承包制。十年来我国农业持续增长和农村经济繁荣，是以家庭联产承包制为主要内容的一系列农村改革的结果。改革的成果能不能巩固，改革进程能不能深入，是决定今后十年农业稳定增长、粮食迈上新台阶和农村持续繁荣的关键。巩固和完善联产承包制的中心内容是建立和完善双层经营体系。双层经营的基础是农户承包经济，近年来这一经营层次发展较快，是农村商品经济发展的主要贡献者。但是，原来的集体经济作为统一经营的层次却削弱了，在许多地方双层经营中统一服务的层次名存实亡。因此，应完善社会化服务这一层次。这一工作应发挥多种积极性：（1）利用原集体组织的经济实力，围绕农民一家一户所无力承担且迫切需要的生产服务项目建立各种形式的地域性合作组织。（2）县政府和乡镇政权也应以科技集团承包、供产销一体化等形式承担起为农业生产提供社会化服务的职责。（3）农民自发组织起来的各类专业性合作组织也是为农业生产服务的很好形式，这一积极性特别要加以利用。各地探索和实践农业的适度规模经营，一定要在条件成熟和农民自愿的前提下进行。规模经营的重点应放在目前过于零散土地的适度改整上面。为防止土地零散化和鼓励计划生育，应实行增加人口不再增土地的政策。

十四、下好发展出口和改善对外经济关系这步棋

1989年春夏之交的政治风波以后，西方国家对我国实行经济制裁，给我国制造了许多困难。但是，资本家总是要赚钱，生意还是要做，只要我们应付得当，局面可以转变过来。由于"八五"期间对国内需求要继续控制，国内市场不能去刺激，这就缓解了内外贸争夺货源的矛盾，正是发展出口的良机；工业消费品虽然在西方市场上竞争力差些，但在苏联东欧国家却是俏货；借外债虽然遇到阻碍，但国际上仍有几千亿美元的游资在寻找出路。所以在看到困难条件的同时还应看到有利条件。

在"八五"期间，国内各种因素的基本格局已定，弹性最大的变量是在对外这一环，如果把这一步棋下好，整个棋局可以活起来。发展对外贸易的主要障碍是效益差，贸易发展越快，亏损补贴越多，财政包袱越重。所以进出口贸易的增长应注重提高宏观效益，要改进出口商品结构，提高技术含量高、附加价值大的出口商品的比重，提高单位出口商品的换汇额；同时要克服进口中的盲目性，控制进口的品种和数量，力求实现贸易顺差，以利于度过"八五"期间的还债高峰。

"八五"期间，应继续进行外贸体制的改革，在完善外贸承包经营制的同时，试验和推广贸工技结合和综合商社等不同的外贸经营形式，促进工贸结合和进口代理制，提高出口生产企业的出口积极性和经济效益；在实行大宗出口产品集约化出口战略和统一对外经营管理的同时，支持多种经济成分的中小企业的出口

创汇；大力发展进口替代，严格限制各种消费品的进口，减少进口用汇，争取外贸进出口收支平衡；通过推进财务体制、外汇管理体制改革，继续在打破国家"统负盈亏"的大锅饭体制改革上做文章。

外汇、外债、外资管理要作进一步改革。外债管理的改革在于进一步明确"债务主体"，控制地方和企业盲目借债，减轻中央财政的外债负担和维护还债信用；利用外资的改革在于形成好的、宽松的政策环境，以扩大外资的引进和通过法规加强对"三资"企业的管理，近期内适当着重独资企业的引进；外汇管理改革在于理顺创汇、用汇的关系，理顺外汇的行政管理和经营管理的关系。在外汇、外债、外资管理中不能只强调分权，现在需要加强集中化的管理，克服对外经济活动中的混乱和"肥水外流"。

外汇市场的发展和完善，是"八五"时期外汇管理体制改革和提高用汇效益的重要内容。外汇市场及其市场汇率应作为国家组织调剂外汇和官定汇率的重要补充而存在，要采用出口结汇证的办法，既加强对出口结汇的控制和管理，有利于中央银行控制货币供应量和市场汇率；又有利于发展以结汇交易为内容的外汇市场，增加出口企业扩大出口的机会和压力，促使用汇单位提高用汇效益。

进一步办好经济特区和继续发展沿海地区外向型经济，稳定已出台的各项改革政策，并且在条件具备时实行更加开放的改革措施，以充分发挥它们在对外开放方面的窗口和基地作用。

十五、配合劳动就业制度的改革，建立社会保险保障制度

劳动就业问题是"八五"期间经济工作的一大难题。因为

20世纪70年代的生育高峰使进入20世纪90年代时适龄劳动力大量增加。1990—2000年，每年进入劳动年龄的人口近千万，每年新增劳动力也有700万人。加以产业结构的调整，要求调整劳动力的就业构成；市场竞争中提高效率，形成淘汰机制，这使得"八五"期间的劳动就业面临着严峻形势。解决这个问题有三种选择：第一种选择是通过经济增长来提供新的就业岗位吸收就业。由于就业增长率通常要低于经济增长率，如果要全部就业就得大大提高经济增长率。第二种选择是继续采取"三个人的事五个人做"的办法吸收就业。目前企业冗员已经很多，据估计"在职失业"的冗员已在20%左右，再增加将更加降低企业生产效率，与企业承包后自负盈亏的目标相矛盾。第三种选择是承认失业，但失业率过高会影响社会稳定。因而，在"八五"期间只能三种方法兼容，适度放弃全员就业的目标，把失业率控制在3%~4%的社会可承受的范围之内。其中在"八五"前期还可以容许吃一点"大锅饭"，保持15%的在职失业。"八五"后期要促进就业的市场化。

　　承认失业，就产生让哪些人失业的问题，这就需要改变能进不能出的状况，改革就业机制。对此，过去曾设想通过劳动合同制和优化劳动组合等途径，逐步建立有选择有淘汰的新机制，但实际上并未触动传统的统包统配体制，就业机制并没有转变过来。"八五"期间需要下决心，在劳务市场的建立和培育、劳动力供需双方双向自由选择上，迈出较大步伐。

　　就业机制需要转换，再加上我国老龄化速度加快，离退休人数和支付退休金都将猛烈上升，如果不及早准备建立养老基金，将引起一系列社会问题，因此，需要尽快推出相应的社会保险保障制度改革。（1）统筹建立全国独立的待业保险基金。基金来源主要由职工和企事业照章缴纳，也可以由税收部门代理征收，由劳动就业部门掌握使用。（2）建立法定的社会养老保险基金制度，要在科学测算的基础上，确定基本养老金和保险水平，采取现收现付与少量积累相结合的方式。建立社会保险基金，筹资模式采取国家、集体和个人三方面合理负担的方式，并以税收的形式缴纳；也可以划出一部分国营企业产权交由养老基金会，以股权收益来补充资金来源；也可以用已有的资金投资兴办企业从事经营活动或参股，赚取收益，保证基金增值。除法定养老保险外，还要鼓励个人和企业开展补充养老保险。（3）建立全国贫困救济金制度。要在深入调查的基础上，准确掌握全国低收入家庭数量和地区分布，根据国力确定救济标准和形式。（4）试办医疗保险基金会，继续改革公费医疗制度。医疗保险基金会作为一种非官方组织，用人单位和本人在投保时应按比例分担医疗保险费用。（5）在农村要积极引导农民建立老年保险、医疗保险等项制度，但仍要提倡由家庭赡养老人。

过去的传统体制中存在的社会保险保障制度，实际上是吃"大锅饭"的福利制度，按照计划经济和市场调节相结合的原则，赋予一些市场因素是非常必要的。没有切实可行的社会待业、贫困救济制度和养老、医疗保险基金制度，要想转变就业机制和实行企业破产淘汰机制是不可能的。要想打破旧的"大锅饭"体制，就得把建立新型的"大锅饭"社会保险保障制度尽早提上改革的议事日程。

十六、从严控制人口增长

由于受到1962—1973年生育高潮而形成的人口年龄结构的影响，1996年以前，我国将有1100万以上的妇女进入育龄期。20世纪90年代前三年，进入生育峰值年龄的妇女在1300万左右，从而形成了我国人口发展史上前所未有的庞大的育龄大军。一次新的人口增长高潮态势已经形成，要想完全避开这次高潮是不现实的。我们所能做到的，就是通过有效的人口控制，尽量削减生育高潮所形成的波峰高度，使出生率不致回升过猛。

当前已经进入并将持续到1996年的新的人口增长高潮，给"八五"时期的人口控制带来很大困难。在此期间，生育率的任何微小降低都是不容易的。20世纪90年代后四年，人口增长势头将会有所缓和。因此"八五"和"九五"人口数量的控制目标，应当使生育率比目前略有降低，具体目标见下表。

年份	总生育率 （‰）	出生率 （‰）	自然增长率 （‰）	年末人口 （亿人）
1990	2.10	20.6	14.1	11.27
1995	1.90	19.1	12.6	12.06
2000	1.70	15.1	8.6	12.80

上述"八五"时期和20世纪末人口控制目标建议，仍然偏紧，只有在从严控制并采取有效措施情况下，才有可能完成。从实际出发，当前的重点主要是稳定现行政策，总结和运用多年来成功的人口控制经验，加强法制建设，加快推进农村养老保险事业的发展。通过以上措施把多胎和计划外生育所占比例大大降下来，巩固和扩大一对夫妇只生育一个孩子所占的比例。从长远和发展的观点看，不能将人口控制总是建立在以行政手段为主的基点上，而要逐步移向以经济利益导向和法律保障为主的轨道，实现个人生育行为利益选择的转变和国家人口控制由以行政机制为主向利益调节机制为主的转变。

治整·改革·发展*

——《中国统计信息报》记者专访
（1990年7月23日）

记者（陈冰）： 当前人们对经济形势见仁见智，判断不一，比如，究竟应以什么样的标准判断治理整顿是否到位。

刘国光： 要从十三届五中全会提出的六条目标着眼。你看，在逐步降低通货膨胀率方面，在扭转货币超经济发行方面，我们都已经取得成效，但是，在逐步消灭财政赤字、调整由于经济过热而扭曲的产品结构、改善产业结构不合理状况以及建立计划经济与市场调节相结合的宏观调控体系等方面还有很大差距，这些问题的解决不能单靠行政的总量紧缩，还要靠强有力的改革措施。总之，这六条目标还要具体化，找到判断到位的杠杠。

记者： 当前，这个问题已经成了企业生产乃至整个经济发展的拦路虎，怎样才能摆脱这种局面呢？

刘国光： 的确，市场疲软现象已经给经济带来资金紧缺、效益下降、财政困难等问题。对此，既不能视而不见，也不能夸大其词，因为这种疲软涉及的毕竟是一部分产品。现在工业滞销品面占百分之二十多，主要是在经济过热、需求过旺时期刺激起来的，质次价高也可以销售出去的产品是应扭曲需求而生产的东西，本该淘汰，谈不上滞销；另一部分，如建材、机电等投资性产品，是与投资过热、继而降温有关的产物，属于正常的暂时现

　　* 原载《中国统计信息报》。

象。但是总的来看，产品销售不畅更重要的是结构问题，尤其是消费品，购买力还是有的，只要适销对路，疲软就不存在。

记者：但如果从消费角度看，的确存在即期需求不足问题，您是怎么看这个问题的？

刘国光：即期需求不足，的确是个事实。不过，我们国家当前的某些需求不足绝不同于发达国家的稳态式的经常的有效需求不足，也不意味着我国经济已经从短缺经济转入丰足经济、过剩经济。目前的需求不足是转瞬即逝的现象，从中、长期发展看，经济扩张性冲动引起的需求过旺的潜在可能性依然存在。现在各方面都在摩拳擦掌，等着大干快上，而且一有信号，就会排浪式出现，这是中国的特点。不仅如此，在今后几年，还要加强综合国力，改善人民生活水平。目前，还有安排好就业和还债高峰的问题，所有这一切汇合起来，都会增大总需求压力。

1989年第四季度以来，我们曾采取增加滚动资金贷款的办法来启动市场，可结果呢？投入的资金越多，积压越严重，这究竟是什么原因？原来，这种启动方法只是启动了中间性需求，而最终需求并没有刺激起来。有的同志建议把滚动资金贷款适当转向固定资产投资，刺激最终需求，这种观点是有道理的。因为，固定资产投资的连带效应比较大，能带动的最终需求面也比较宽，同时，适当地有选择地松动固定资产投资还有利于实现产业结构的调整。

记者：请您谈谈对我国中、长期经济发展与改革的构想。

刘国光：进入20世纪90年代，我国经济面临的课题是三大任务，即治理整顿、经济改革与经济发展。在治理整顿阶段，就要把三大任务统筹兼顾起来，使之有机结合、协调推进。与此同时，逐步加大改革的分量，"八五"中、后期，要着重抓深化改革。为什么呢？

第一，从我国经济三步走战略的第二目标的实现看，难点不

治整・改革・发展

347

在数量，也不在速度，而在于结构与效益。调整结构、提高效益的根本障碍是经济体制上的缺陷。解决这个问题只有深化改革。

第二，从当前政治任务看，维护稳定是头等大事。而经济稳定发展又是政治稳定、社会稳定的基础。我们要的是长治久安，不能只顾眼前，忽视长远。要正确处理近期稳定与长期稳定的关系，就要协调好三大任务之间关系。要用改革促稳定、稳定中求发展，只有这样，才能实现长治久安。在三大任务链条中，改革是关键环节，不思改革，而求稳定、求发展，无异于缘木求鱼。

第三，从治理整顿进程看，1988年第四季度开始进行治理整顿时，面对当时严峻的经济形势，我们强调多一点集中、多一点计划，是必要的。但是，有些行政手段属于临时性、非常规性的，不能长期实行，否则就会阻碍经济的正常运行。在总量控制与治理通货膨胀已经取得初步成效的情况下，应尽可能更多地改用经济手段。这样既有利于继续推进治理整顿，又可以加大改革步伐，还可以消除海内外一些人士对治理整顿会导致改革停滞的误解。

第四，四十年来，我国经济经历了几次大起大落。这些大起大落，特别是最近的大起大落，根子是什么？既有政策的失误，又有经济机制的缺陷。政策失误主要指在经济发展的指导思想上脱离国情、超越国力，片面追求过大的建设规模、过高的速度，一旦国民经济承受不了，跌了下来，往往造成重大损失。但是情况稍有好转，就又头脑发热，于是开始新一轮的大起大落。从机制上看，内在于传统经济体制中总量膨胀的固有弊病没有得到制约。改革以来，由于过分强调放权让利，同时改革措施不配套，致使微观的膨胀机制不断强化，在企业和地方自我调控能力建起之前，中央宏观调控能力大大削弱，这才是近几年经济过热的体制根源。因此膨胀反弹的可能性还存在。要防止反弹，除搞好治理整顿、掌握治整力度、避免发生政策失误外，更重要的仍然是要加紧经济体制的改革。

我还要强调一下，三大任务必须协同，改革的分量与力度必须逐步加大，经济才会持续稳定协调发展。

治整·改革·发展

治理整顿深化改革和我国 90年代的经济发展[*]

——在杭州召开的治理整顿深化改革 经济理论研讨会上的发言 （1990年7月）

一、治理整顿为进一步深化改革创造条件

改革是社会主义制度的自我完善，是社会主义经济模式的转换。

十多年来，我们在深入进行改革理论研究和探索的同时，在全国范围内开展了大规模的各种改革的实践和试验，从而使我国经济出现了勃勃生机。十年来，我国经济实力增长之快，人民所得实惠之多，都是前所未有的。

在我国经济改革取得了举世瞩目的成就的时候，我国经济的发展又进入了一个以治理整顿为中心的新的调整时期。

自1988年秋中央决定实行治理整顿以来，国内外一些人士曾发生过疑虑。有人认为，治理整顿意味着改革的停止和后退，也有人怀疑，十年改革是否搞错了，所以才来一个大的调整。这些看法显然不符合中国的实际。之所以要进行这场治理整顿，并不是因为改革搞错了，而是因为，在十年改革和发展取得显著成就

　　*　原载《浙江学刊》1990年第5期。

的同时，由于在改革和发展两个方面都急于求成，步子迈得过快，导致了我国经济在前进中出现了一些难题。主要是供求总量失衡，产业结构失调，从而引发了比较严重的通货膨胀和市场秩序紊乱，到1988年夏季，爆发了银行挤兑存款、市场抢购商品的风潮，严重阻碍了经济改革和发展的顺利进行。

　　在激烈的通货膨胀和市场秩序混乱的情势下，原定在1988年下半年出台的价格改革和工资改革不得不中止进行。这件事又一次证明，在供求紧张的经济环境中，经济改革难以顺利开展；改革需要一个相对宽松的环境，也就是供求总量大体平衡，并略有余地的有限买方市场。这条浅显的道理，1984年以后被忽视被否定，而用另一条相反的道理——"改革只能在紧张的经济环境中进行"——来指导经济发展和改革，采取了用通货膨胀来加速经济发展的政策。这终于把我国的经济引入了一条难以通过的胡同。正是针对这种情况，1988年秋，中共十三届三中全会决定对经济实行治理整顿，以便为我国改革和发展的进一步顺利进行，创造一个比较良好的经济环境和秩序。

　　经过一年多的努力，治理整顿已经取得预期的初步成果，过热的工业速度逐渐降温，过高的物价涨势逐渐缓和。但是，几年累积起来的总量失衡和结构失调问题一时还难以解决，经济紧缩过程中又出现了一些新问题。1989年11月召开的五中全会，决定用三年或者再多一些时间基本完成治理整顿任务，以更好地推进改革的深化，促进经济的持续、稳定、协调发展。所以，治理整顿方针的提出和贯彻，都是为改革创造一个适宜的经济环境，是在坚持改革开放总方针的指导下进行的，而绝不是对改革开放总方针的背离。

　　十年改革中，国家对企业、中央对地方实行下放权力，让税让利，以调动它们的积极性，这是必要的。但是，放权让利过多，也使中央对经济的调控能力大为削弱。针对这种情况，在治理整顿期间，强调要多一点集中，多一点计划，对过度分散的财力物力，适当增加中央控制的比重，并且暂时多采取一些行政性的调控办法，这些也是必要的。采取一些应急的行政措施，可以赢得时间，使过热的经济比较迅速地降温，以便于进一步调理。有些人把采取这些行政性措施看成是"旧体制复归"，这是不对的。因为，纠正过去改革中放权让利过头的东西，并非改革方向的逆转，而是改革措施的完善。遭到严重的经济困难时，暂时强化某些行政性管理的做法，即使在实行市场经济的国家也不乏实例。从长远看，我们还是要把集中与分散、把中央拥有足够的宏观经济调控能力与充分调动地方和企业的积极性更好地结合起来。

还应看到，治理整顿本身，单靠强化行政性措施是不行的。比如用政府补贴的办法限制物价，可以收到物价稳定一时的效果，但是这会加大财政赤字，不利于总量平衡；又会加深价格的扭曲，不利于结构的调整。这种单纯行政办法显然难以持久，其结果也有悖于治理整顿的初衷。所以，在治理整顿过程中，在采用必要的行政办法的同时，也要尽可能采用经济办法，考虑进一步深化改革的措施，把计划与市场、经济办法与行政办法更好地结合起来。

治理整顿进行到目前，已经取得的成就主要还是浅层次的，如过热的工业增长的退烧，物价暴涨的缓和，等等，而深层次的问题，诸如结构失调、效益下降等，尚未根本扭转。浅层次的问题，用行政性的强制手段就可以收到立竿见影的效果。但深层次的问题，根源于经济机制内部，光靠行政手段而不通过机制的转换和完善是解决不了的。所以，随着浅层次问题的逐一解决，深层次问题的逐一显露，有必要在继续坚持治理整顿的同时，逐渐加大深化改革的分量，这是当前面临的一个重要课题。

二、在治理整顿中加大改革的分量，实现国民经济的持续稳定协调发展

无论是治理整顿，还是深化改革，它们都不是目的，而仅仅是手段，目的在于整个国民经济的持续稳定协调发展。治理整顿是为了给改革和发展创造一个相对宽松的经济环境，改革则是为经济的持续稳定协调发展提供体制条件，通过治理整顿实现经济稳定，在稳定中深化改革，再用深化改革来促进稳定，在稳定中求得发展。这应该是我们当前和今后经济工作中的基本指导思想。我们决不能把治理整顿、深化改革和经济发展三方面割裂开来。

回顾四十年来我国经济发展的历程，我国经济一直未能实现持续稳定协调发展的理想目标，反而呈现出大起大落的特征。近几年旧病复发，以至需要花三年甚至更长时间进行治理。理论界有一种观点认为，经济波动和经济周期带有一定的必然性。诚然，经济发展的某些方面会呈现出某种周期性，经济在一定幅度内的波动也是正常的。但大起大落，就不能说是规律了，不能视作正常情况了。那么，我国经济大起大落的原因何在呢？概括起来，一是政策失误，二是机制缺陷。

政策失误主要是指在经济发展的指导思想上，脱离国情，超越国力，急于求成，片面追求过大的建设规模和过高的增长速度。头脑发热致使经济过热，而当经济热到不可遏制之时，整个国民经济的承受能力，尤其是"瓶颈"部门承受能力几乎达到极限，不得不实施"急刹车"的经济手段，经济的"大落"也就难以避免了。但是情况一有好转，头脑又再度发热起来，出现新一轮的大起大落。改革以前，我国经济大起大落的政策性原因出于此，改革过程中我国经济大起大落的政策原因也出于此。五中全

会清理了这种急于求成的指导思想，提出要牢固树立持续稳定协调发展的指导思想，这是四十年经济建设的经验教训的总结，是付出了昂贵学费而得来的。不但在治理整顿期间，就是在治理整顿任务基本完成以后，这也是我们仍然要长期坚持的方针。

机制缺陷。主要是指内在于传统的和现行的经济体制当中，促使总量膨胀的固有弊病。传统体制中存在的投资饥渴、数量驱动及其所产生的膨胀效应，不需多讲了。改革以来，由于过分强调对企业对地方政府放权让利，而其他改革措施又不配套，尤其是各种约束机制如责任约束、预算约束等没有建立和硬化起来，宏观调节机制也没有相应地得到健全和完备，于是造成了权利和责任约束很不对称的局面，致使一方面微观经济的膨胀机制得到强化；另一方面微观经济的自我约束机制和宏观经济的调控机制未能相应发育起来，甚至出现了调控机制的"空档"缺位：新的间接调控机制尚不健全甚至尚未具备，就过早过多地否定了原有的直接调控手段；在企业和地方政府的自我调节能力还没有树立以前，中央的宏观调控能力却已大大削弱。所有这些，都是造成这几年经济过热和秩序混乱的体制根源。不言而喻，这些病源只有通过全面深化改革，实现机制转换，才能逐步得到解决。

总的来说，以上所讲的政策失误和机制缺陷两方面原因，对于解释我国经济大起大落的循环都是不可忽视的。但是，在不同的时期，不同的具体场合，这两方面的原因往往就有主有次，能否正确认识这两方面的主次关系，对于能否做出正确的政策选择也是至关重要的。例如，在1988年实行治理整顿以前，在讨论如何走出经济困境问题时，有一种意见认为，造成当时经济困境的主要原因不是决策失误而是机制缺陷。按照这种意见，就不必改变当时实际执行的通货膨胀等导致经济过热的政策，也就不必实行治理整顿政策了。尽管当时机制缺陷的原因也不能忽视，但当时改革与发展的正确思路，首先应当是强调纠正政策失误，强调立即停止通货膨胀等错误政策，稳定经济环境，起码不能使之继续恶化，以便实行"稳中求进"的方针。这也就是后来中央决定采取的治理整顿和深化改革的方针。

治理整顿的方针经过迄今一年多来的贯彻执行，前几年的政策失误逐步得到纠正，持续、稳定、协调地发展经济的指导思想开始树立起来。但是，光有正确的指导思想，并不能保证经济实现长期持续稳定协调发展，机制缺陷的问题，更加需要我们认真考虑和对待。因为正如前面所讲的，现行的体制中仍然存在着自我膨胀的机制，这种膨胀的机制随时可能"反弹"。不仅在治理整顿任务完成以后，新体制中有效的约束机制没有健全起来之前，行政管制一旦放松，将可能出现总需求膨胀的反弹；而且即使在当前的治理整顿过程中，由于各方面遇到暂时困难而反映出来的压力，也有可能迫使我们放松管制，出现反弹。事实上，我国目前潜在的需求仍然很大。稍有疏忽，就会引发新的膨胀。防止潜在需求转化为现实需求，防止膨胀机制的反弹，重新出现总需求膨胀、经济过热的局面，就必须既要在指导思想上避免发生政策性失误，又要抓住改革的时机，推进机制本身的改革，克服机制本身的缺陷。只有这样，才能避免再一次的大起大落，把国民经济纳入持续稳定协调发展的轨道。

纠正机制方面的缺陷，也要循序渐进，注意妥善安排好改革的步伐。前面已经讲了以继续坚持治理整顿的同时，要逐渐加重经济改革的分量，当然，在集中力量进行治理整顿期间，由于经济环境和秩序尚未恢复正常，改革的步子就不能过大，主要应围绕治理整顿来进行，着重在稳定、充实，调整和改善前几年的改革措施，如完善各种承包责任制等。但是，随着治理整顿取得更多的成效，随着宏观平衡和市场秩序进一步改善，一些较大的改革措施也可以相机出台。例如，1989年我们适当提高了粮食棉花的合同收购价格、盐和盐制品的价格，特别是1989年9月份较大幅度地提高了铁路、民航、水路的客运票价，12月份又调整了外汇牌价等。这些措施如果在前几年经济过热时出台，定会引起一系列的连锁反应，使物价涨势火上加油，这是完全可以想象得到的。但是在1989年严格控制信贷投放和货币发行，人们对于市场涨价的预期缓和以后，这些调价措施就没有引发什么剧烈的反应和震动。这表明，随着治理整顿的深入进行和经济环境的趋于宽松，适当加大改革的分量不但是必要的，而且是可行的。比如我们可以利用新近出现的某些买方市场的势头，推出一些原来由于经济环境过紧、通货膨胀压力很大而不能进行的改革措施，包括"调"与"放"相结合的价格改革；政企分开、两权分离为方向的企业改革，以及为建立以间接调控为主的宏观管理体系所需要的财政税收体制、银行货币体制等方面的改革，这些改革既要为当前的治理整顿服务，也要着眼于为经济的长期持续稳定协调发展创造体制条件。治理整顿的任务基本完成以后，改革的步子就可以放得更大。

尽管经济改革所需要的环境出现好转，我国当前仍面临着一系列的"两难"问题；要管住货币，控制需求，平抑物价，又怕压抑市场，影响速度；要放松银根刺激经济增长，又怕需求过旺再度引起物价上涨；要稳定物价怕加重价格扭曲，要理顺价格又怕加剧物价上涨；财政收入占国民收入比重过低造成了财政困难，特别是中央财政的日子很不好过，但改变这种状况提高两个"比重"又怕挫伤地方企业积极性等。所以，在改革措施的选择上，改革步骤的大小方面都要慎重从事。否则就会破坏国民经济的持续稳定协调发展，甚至还会葬送治理整顿所带来的相对宽松的环境，葬送治理整顿的成就。

解决问题的办法在于寻求互有联系的经济目标之间的最佳组合形式。事实上，互有联系的经济目标之间是可以互换的。用扩大需求的办法刺激经济增长会引起通货膨胀，紧缩需求稳定物价又不能不以降低增长速度为代价，这就是一种互换关系。在经济目标选择中不能忽略了这种互换关系，也不能吝于付出某些必要的代价，掌握好各个目标之间的协调。那么，如何选择这些经济目标的最佳组合呢？这就要求把治理整顿、深化改革和经济发展三方面统筹安排，互相协调。

　　当前，维护国家和社会的稳定是压倒一切的头等大事。而经济稳定发展又是政治和社会稳定的基础。我们不仅要维护近期的稳定，也要维护长期的稳定。而在近期稳定与长期稳定之间也存在着矛盾和互换关系，必须掌握两方面的协调和衔接。我国当前经济生活中的两难往往表现为某些立足于近期稳定的措施（如冻结物价）可能不利于长期稳定，而某些有利于长期稳定的措施（如关停并转）又可能导致近期的不稳定。紧缩与放松的矛盾，稳定物价与理顺物价的矛盾，制止通货膨胀与扭转低速增长的矛盾，积累与消费的矛盾等，都同近期稳定与长期稳定之间的矛盾有关。正确处理近期稳定与长期稳定的关系，也就是要协调好治理整顿，深化改革与经济发展三者之间的关系。治理整顿是为了经济稳定，为了给改革和发展创造一个相对宽松的经济环境；而深化改革又是为经济的持续稳定协调发展提供更好的体制条件。以改革促进稳定，在稳定中求得发展，才能有长期的牢靠的稳定。所以，绝不能把治理整顿、深化改革和经济发展割裂开来，形成三张皮，而是要互相衔接，稳中求进，促进经济运行逐步走向良性循环。

　　从长远来看，深化改革和治理整顿都要服务于经济发展，为经济的持续稳定协调发展创造条件。但是，在不同阶段，治理整顿、深化改革、经济发展这三方面应有所侧重。在今后的两年内，总量平衡和结构调整的任务仍然很重，应把治理整顿放在主要位置，把国民生产总值的增长速度控制得略低一些。在两三年以后，经济环境进一步改善了，国民生产总值的增长速度可以略高一些了，优化结构、提高效益的任务将放在更加重要的位置。改善结构、提高效益也是我国20世纪90年代经济发展中的最主要问题，到20世纪末实现翻两番的战略目标，主要不是速度和数量问题，而是质量和结构问题。结构改善了，效益提高了，经济发展才有质量、有后劲。

我相信，经过三年或者更长一些时间的治理整顿，我国将出现一个稳定、相对宽松的经济环境。为在"八五"期间逐渐加重改革的分量提供条件。而改革的深化又会为经济的稳定和发展扫除体制上的障碍，国民经济持续、稳定、协调发展的局面定将出现。

治理整顿与改革*

——《瞭望》周刊记者专访
（1990年7月）

记者： 自1988年秋开始的治理整顿，已历时近两年。过热的经济速度已经降温，过高的物价涨势得到控制，可与此同时，又出现了市场疲软等新问题，而且产业结构的调整尚未达到预期目标，国内外一些人士因此而产生了疑虑。有人认为，治理整顿意味着改革的停止和倒退，也有人怀疑，十年改革是否搞错了。对于这些问题，您是怎么看的？

刘国光： 这些看法显然不符合中国的实际。中国之所以要进行这场治理整顿，并不是因为改革搞错了，而是因为，在十年改革和发展取得显著成就的同时，由于在改革和发展两个方面都急于求成，步子迈得过快，导致了我国经济在前进中出现了一些问题。主要是供求总量失衡，产业结构失调，从而引发了比较严重的通货膨胀和市场秩序紊乱，到1988年夏季，爆发了银行挤兑存款、市场抢购商品的风潮，严重阻碍了经济改革和发展的顺利进行。

在激烈的通货膨胀和市场秩序混乱的情势下，原定在1988年下半年出台的价格改革和工资改革不得不中止进行。这件事又一次证明，在供求紧张的经济环境中，经济改革难以顺利开展，改革需要一个相对宽松的环境，也就是供求总量大体平衡，并略有

---

*　原载《瞭望》周刊（海外版）1990年7月第30期。

余地的有限买方市场。这条浅显的道理，1984年以后被忽视被否定，而用另一条相反的道理——"改革只能在紧张的经济环境中进行"——来指导经济发展和改革，采取了用通货膨胀来加速经济发展的政策。这终于把我国的经济引入了一条难以通过的胡同。正是针对这种情况，1988年秋党的十三届三中全会决定对经济实行治理整顿，以便为我国改革和发展的进一步顺利进行，创造一个比较良好的经济环境和秩序。

十年改革中，国家对企业、中央对地方实行下放权力，让税让利，以调动它们的积极性，这是必要的。但是，放权让利过多，也使中央对经济的调控能力大为削弱，针对这种情况，在治理整顿期间，强调要多一点集中，多一点计划，对过度分散的财力物力，适当增加中央控制的比重，并且暂时多采取一些行政性的调控办法，这些也是必要的。采取一些应急的行政措施，可以赢得时间，使过热的经济比较迅速地降温，以便于进一步调理。有些人把采取这些行政措施看成是"旧体制复归"，这是不对的。因为，纠正过去改革中放权让利过头的东西，并非改革方向的逆转，而是改革措施的完善。遇到严重的经济困难时，暂时强化某些行政性管理的做法，即使在实行市场经济的国家也不乏实例。

记者：那么应当怎样评价治理整顿的成效呢？

刘国光：应当看到，治理整顿本身，单靠强化行政性措施是不行的。譬如用政府补贴的办法限制物价，可以收到物价稳定一时的效果，但是这会加大财政赤字，不利于总量平衡；又会加深价格的扭曲，不利于结构的调整。这种单纯行政办法显然难以持久，其结果也有悖于治理整顿的初衷。所以，在治理整顿过程中，在采用必要的行政办法的同时，也要尽可能采用经济办法，考虑进一步深化改革的措施，把计划与市场、经济办法与行政办法更好地结合起来。

治理整顿进行到目前，已经取得的成就主要还是浅层次的，如过热的工业增长的退烧，物价暴涨的缓和，等等，而深层次的问题，诸如结构失调、效益下降等，尚未根本扭转。浅层次的问题，用行政性的强制手段就可以收到立竿见影的效果。但深层次的问题，根源于经济机制内部，光靠行政手段而不通过机制的转换和完善是解决不了的。所以，随着浅层次问题的逐一解决，深层次问题的逐一显露，有必要在继续坚持治理整顿的同时，逐渐加大深化改革的分量，这是当前面临的一个重要课题。

记者：谈及目前的经济形势，人们有这样两种担心：一是经济持续"冷"下去，以至影响到今后的发展甚至社会的安定；二是在结构没有得到调整的情况下又"热"起来，陷入新一轮大起大落。怎样才能避免这两种我们不愿看到的结果呢？

刘国光：回顾四十年来的历程，我国经济一直未能实现持续稳定协调发展的理想目标，反而呈现出大起大落的特征。近几年旧病复发，以至需要花两年甚至更长时间进行治理。理论界有一种观点认为，经济波动和经济周期带有一定的必然性。诚然，经济发展的某些方面会呈现出某种周期性，经济在一定幅度内的波动也是正常的。但大起大落，就不能说是规律了，不能视作正常情况了。那么，我国经济大起大落的原因何在呢？概括起来，一是政策失误，二是机制缺陷。

政策失误主要是指在经济发展的指导思想上，脱离国情，超越国力，急于求成，片面追求过大的建设规模和过高的增长速度。头脑发热致使经济过热，而当经济热到不可遏制之时，整个国民经济的承受能力，尤其是"瓶颈"部门承受能力几乎达到极限，不得不实施"急刹车"的经济手段，经济的"大落"也就难以避免了。但是情况一有好转，头脑又再度发热起来，出现新一轮的大起大落。改革以前，我国经济大起大落的政策性原因出于此，改革过程中我国经济大起大落的政策原因也出于此。五中全会清理了这种急于求成的指导思想，提出要牢固树立持续稳定协调发展的指导思想，这是四十年经济建设的经验教训的总结，是付出了昂贵学费而得来的。不但在治理整顿期间，就是在治理整顿任务基本完成以后，这也是我们仍然要长期坚持的方针。

机制缺陷主要是指内在于传统的和现行的经济体制当中，促使总量膨胀的固有弊病。传统体制中存在的投资饥渴、数量驱动及其所产生的膨胀效应，不需多讲了。改革以来，由于过分强调对企业对地方政府放权让利，而其他改革措施又不配套，尤其是各种约束机制如责任约束、预算约束等没有建立和硬化起来，宏观调节机制也没有相应地得到健全和完备，于是造成了权利和责任约束很不对称的局面，致使一方面微观经济的膨胀机制得到强化，另一方面微观经济的自我约束机制和宏观经济的调控机制未能相应发育起来；甚至出现了调控机制的"空档"缺位：新的间接调控机制尚不健全甚至尚未具备，就过早过多地否定了原有的直接调控手段；在企业和地方政府的自我调节能力还没有树立以前，中央的宏观调控能力却已大大削弱。所有这些，都是造成这几年经济过热和秩序混乱的体制根源。不言而喻，这些病源只有通过全面深化改革，实现机制转换，才能逐步得到解决。

治理整顿的方针经过迄今一年多来的贯彻执行，前几年的政策失误逐步得到纠正，持续、稳定、协调地发展经济的指导思想开始树立起来。但是，光有正确的指导思想，并不能保证经济实现长期持续稳定协调发展，机制缺陷的问题，更加需要我们认真考虑和对待，因为正如前面所讲的，现行的体制中仍然存在着自我膨胀的机制，这种膨胀的机制随时可能"反弹"。不仅在治理整顿任务完成以后，新体制中有效的约束机制没有健全起来之前，行政管制一旦放松，将可能出现总需求膨胀的反弹；而且即使在当前的治理整顿过程中，由于各方面遇到暂时困难而反映出来的压力，也有可能迫使我们放松管制，出现反弹。事实上，我国目前潜在的需求仍然很大。稍有疏忽，就会引发新的膨胀。防止潜在需求转化为现实需求，防止膨胀机制的反弹，重新出现总需求膨胀、经济过热的局面，就必须既要在指导思想上避免发生政策性失误，又要抓住改革的时机，推进机制自身的改革，克服机制本身的缺陷。只有这样，才能避免再一次的大起大落，把国民经济纳入持续稳定协调发展的轨道。

记者：您的意思是不是在目前的情况下应当适当加快改革步伐？

刘国光：纠正机制方面的缺陷，也要循序渐进，注意妥善安排好改革的步伐。前面已经讲了，在继续坚持治理整顿的同时，要逐渐加重经济改革的分量，当然，在集中力量进行治理整顿期间，由于经济环境和秩序尚未恢复正常，改革的步子就不能过大，主要应围绕治理整顿来进行，着重在稳定、充实、调整和改善前几年的改革措施，如完善各种承包责任制等。但是，随着治理整顿取得更多的成效，随着宏观平衡的市场秩序进一步改善，一些较大的改革措施也可以相机出台。例如，1989年我们适当提高了粮食棉花的合同收购价格、盐和盐制品的价格，特别是1989年9月份较大幅度地提高了铁路、民航、水路的客运票价，12月份又调整了外汇牌价，等等。这些措施如果在前几年经济过热时出台，定会引起一系列的连锁反应，使物价涨势火上加油，这是完全可以想象得到的。但是在1989年严格控制信贷投放和货币发行，人们对于市场涨价的预期缓和以后，这些调价措施就没有引发什么剧烈的反应和震动。这表明，随着治理整顿的深入进行和经济环境的趋于宽松，适当加大改革的分量不但是必要的，而且是可行的。譬如我们可以利用新近出现的某些买方市场的势头，推出一些原来由于经济环境过紧、通货膨胀压力很大而不能进行的改革措施，包括"调"与"放"相结合的价格改革；政企分开、两权分离为方向的企业改革，以及为建立以间接调控为主的宏观管理体系所需要的财政税收体制、银行货币体制等方面的改革，这些改革既要为当前的治理整顿服务，也要着眼于为经济的长期持续稳定协调发展创造体制条件。治理整顿的任务基本完成以后，改革的步子就可以放得更大。

尽管经济改革所需要的环境出现好转，我国当前仍面临着一系列的"两难"问题；要管住货币，控制需求，平抑物价，又怕压抑市场、影响速度；要放松银根刺激经济增长，又怕需求过旺再度引起物价上涨；要稳定物价怕加重价格扭曲，要理顺价格又怕加剧物价上涨；财政收入占国民收入比重过低造成了财政困难，特别是中央财政的日子很不好过，但改变这种状况提高两种"比重"又怕挫伤地方企业积极性等。所以，在改革措施的选择上，改革步骤的大小方面都要慎重从事。否则就会破坏国民经济的持续稳定协调发展，甚至还会葬送治理整顿所带来的相对宽松的环境，葬送治理整顿的成就。

记者： 看来，处理好治理整顿、深化改革和经济发展三方面的关系，十分必要。

刘国光： 对。当前，维护国家和社会的稳定是压倒一切的头等大事。而经济稳定发展又是政治和社会稳定的基础。我们不仅要维护近期的稳定，也要维护长期的稳定。而在近期稳定与长期稳定之间也存在着矛盾和互换关系，必须掌握两方面的协调和衔接。我国当前经济生活中的两难往往表现为某些立足于近期稳定的措施（如冻结物价）可能不利于长期稳定，而某些有利于长期稳定的措施（如关停并转）又可能导致近期的不稳定。紧缩与放松的矛盾，稳定物价与理顺物价的矛盾，制止通货膨胀与扭转低速增长的矛盾，积累与消费的矛盾等，都同近期稳定与长期稳定之间的矛盾有关。正确处理近期稳定与长期稳定的关系，也就是要协调好治理整顿、深化改革与经济发展三者之间的关系。治理整顿是为了经济稳定，为了给改革和发展创造一个相对宽松的经济环境，而深化改革又是为经济的持续稳定协调发展提供更好的体制条件。以改革促进稳定，在稳定中求得发展，才能有长期的牢靠的稳定。所以，绝不能把治理整顿、深化改革和经济发展割裂开来，形成三张皮，而是要互相衔接，稳中求良，促进经济运行逐步走向良性循环。

从长远来看，深化改革和治理整顿都要服务于经济发展，为经济的持续稳定协调发展创造条件。但是，在不同阶段，治理整顿、深化改革、经济发展这三方面应有所侧重。在今后的两年内，总量平衡和结构调整的任务仍然很重要，应把治理整顿放在主要位置，把国民生产总值的增长速度控制得略低一些。在两三年后，经济环境进一步改善了，国民生产总值的增长速度可以略高一些了，优化结构、提高效益的任务将放在更加重要的位置。改善结构、提高效益也是我国90年代经济发展中的最主要问题。到20世纪末实现翻两番的战略目标，主要不是速度和数量的问题，而是质量与结构的问题。结构改善了，效益提高了，经济发展才有质量、有后劲。

我相信，经过三年或者更长一些时间的治理整顿，我国将出现一个稳定、相对宽松的经济环境，为在"八五"期间逐渐加重改革的分量提供条件。而改革的深化又会为经济的稳定和发展扫除体制上的障碍，国民经济持续、稳定、协调发展的局面定将出现。